La juventud de Miguel de Cervantes
Una vida en construcción
(1547-1580)

CRÓNICAS DE LA HISTORIA

José Manuel Lucía Megías

La juventud de Miguel de Cervantes

Una vida en construcción
(1547-1580)

www.edaf.net

MADRID - MÉXICO - BUENOS AIRES - SAN JUAN - SANTIAGO
2016

© 2016 José Manuel Lucía Megías.
© Diseño de la cubierta y desplegable: Ricardo Sánchez.
© Edición: Melquíades Prieto.
© Javier Balaguer, Gonzalo Tapia (Ubícalo Ingenieria Inversa), VEGAP, Madrid, 2016: pp. 275-279.
   Procedencia de las imágenes: Banco de Imágenes de VEGAP.
© Banco de imágenes del Quijote, 1605-1915 (www.qbi2005.com).
© 1979-2016 Romagosa International M., S.L.-Todos los Derechos Reservados, p. 53.
© 2016. De esta edición, Editorial EDAF, S. L. U., Jorge Juan 68 -28009 Madrid (España)
Documentación: autor, BNE, RAE,.AHN,AGS, AGI, UCM, Gallica, Rikjmuseum, mps.

EDITORIAL EDAF, S. L. U.
Jorge Juan, 68. 28009 Madrid
Tel. (34) 91 435 82 60
http://www.edaf.net
edaf@edaf.net

ALGABA EDICIONES, S. A. DE C. V.
Calle 21, Poniente 3323, entre la 33 Sur y la 35 Sur
Colonia Belisario Domínguez
Puebla 72180. México
522222111387
jaimebreton@edaf.com.mx

EDAF DEL PLATA, S. A.
Chile, 2222
1227 Buenos Aires, Argentina
11 43 08 52 22
edaf4@speedy.com.ar

EDAF CHILE, S. A.
Coyancura, 2270 Oficina, 914
Providencia, Santiago de Chile
Tel (56) 2/335 75 11 - (56) 2/334 84 17
Fax (56) 2/ 231 13 97
e-mail: comercialedafchile@edafchile.cl

EDAF ANTILLAS, INC/FORSA
Local 30 A-2
Zona Portuaria Puerto Nuevo
San Juan PR 00920
Tel. (787) 707-1792 - Fax (787) 707 17 97
e-mail: carlos@forsapr.com

Queda prohibida, salvo excepción prevista en la ley, cualquier forma de reproducción, distribución, comunicación pública y transformación de esta obra sin contar con la autorización de los titulares de la propiedad intelectual. La infracción de los derechos mencionados puede ser constitutiva de delito contra la propiedad intelectual (art. 270 y siguientes del Código Penal). El centro Español de Derechos Reprográficos (CEDRO) vela por el respeto de los citados derechos.

1.ª edición: febrero de 2016
2.ª edición: febrero de 2016
3.ª edición: marzo de 2016
4.ª edición: mayo de 2016

ISBN: 978-84-414-3616-9
Depósito legal: M-2112-2016

IMPRESO EN ESPAÑA   PRINTED IN SPAIN

Graficas COFÁS. Pol. Ind. Prado Regordoño. Móstoles (Madrid)

a P. M.,
ese gran constructor de una nueva vida

Lo que se sabe sentir, se sabe decir
El amante liberal

No hay libro, que por malo que sea, no contenga algo bueno
El Quijote

Yo sé quien soy
El Quijote

Índice

Carta dedicatoria al lector 11

1.- Miguel de Cervantes, el escritor con rostro de papel 19
El retrato autorial en los Siglos de Oro: hacia la profesionalización
    de la escritura 19
El primer retrato escrito de Cervantes: las *Novelas ejemplares* (1613) 26
El primer retrato impreso de Cervantes: *Don Quixote* (1738) 30
Seis retratos falsos de Cervantes: Alonso del Arco, anónimo del siglo XIX,
    Velázquez, Francisco Pacheco, y dos cuadros atribuidos a Jáuregui 33
Mil rostros para un mito, ningún rostro para un hombre 45

2.- Miguel de Cervantes, la construcción biográfica de un mito . 55
Sobre las primeras biografías de Miguel de Cervantes 55
A la búsqueda de la documentación perdida 58
Una asignatura pendiente: la recuperación de la unidad documental 59
Hacia una tipología de los documentos cervantinos 64

3.- Miguel de Cervantes, estudiante (1547-1568) 71
El licenciado Juan, la llegada de los Cervantes a Alcalá de Henares 71
La casa de los Cervantes en Alcalá de Henares 80
De cómo se descubrió la partida de bautismo de Cervantes en Alcalá
    de Henares (1752) y de cómo sobrevivió a la Guerra Civil (1939) 88
Sobre la verdadera fecha del bautismo de Miguel de Cervantes
    y de la muerte de William Shakespeare 93
Alcalá de Henares en la obra de Cervantes 94
De profesión, cirujano: Rodrigo de Cervantes en Alcalá de Henares 97
Lope de Rueda, «varón insigne en la representación y en el entendimiento»
    (Sevilla, 1564) 101
Miguel de Cervantes, ¿estudiante del Estudio de la Villa de Madrid
    con López de Hoyos? 103
La vida literaria madrileña pasa por la «alcobilla» del príncipe don Carlos:
    la *Academia* del Duque de Alba 110
Los primeros poemas escritos por Miguel de Cervantes (1567 y 1568) 112
Cervantes, el cardenal Espinosa y el secretario Mateo Vázquez:
    la escritura como carta de presentación 117

4.-Miguel de Cervantes, soldado (1569-1575) 127
«Estante en corte romana» (1569) 127
¿Otro Miguel de Cervantes en Madrid en 1569? 132
Miguel de Cervantes, soldado de los tercios de Italia (1570) 134
Las galeras, «verdaderamente cosas encantadas» 141
La batalla de Lepanto, ¿la más grande ocasión que vieron los siglos? (1571) .. 145
El manco de Lepanto 164
La visita de don Juan de Austria a Miguel de Cervantes: la creación
    de un mito biográfico 168
Miguel de Cervantes, «soldado aventajado» en el Mediterráneo (1572-1575) . 172
Promontorio, el hijo napolitano que Cervantes nunca tuvo 176
Miguel de Cervantes, pretendiente de una patente de capitán:
    las cartas de Don Juan de Austria y del Duque de Sessa (1575) 180
Rodrigo de Cervantes, soldado: el espejo militar de su hermano Miguel 184

5.-Miguel de Cervantes, cautivo (1575-1580) 189
Argel a la llegada de Miguel de Cervantes 189
El corso: el Mediterráneo convertido en «heredad y cortijo» 193
Argel, ¿una tierra de oportunidades para un cristiano? 197
Los baños de Argel, el espacio del cautiverio 202
«500 escudos de España en oro»: el rescate de un «hombre grave» 205
Septiembre de 1575: comienza el cautiverio de Miguel de Cervantes 206
La *Información de Argel* (1580) y la (perdida) información de Juan Blanco de Paz:
    ¿dos Miguel de Cervantes en Argel? 212
El trabajo de Miguel de Cervantes en Argel: los cuatro intentos de fuga 222
Antonio de Sosa, el primer biógrafo (hagiógrafo) de Cervantes
    (*Topografía e historia general de Argel*) 234
La cueva de Cervantes en Argel 239
El apellido Saavedra 243
La *Epístola a Mateo Vázquez* y otros escritos durante el cautiverio 246
Aventuras y desventuras de la familia de Cervantes para conseguir
    el dinero de los rescates de Miguel y de Rodrigo 257
La libertad de Miguel de Cervantes, septiembre de 1580: el testimonio
    del *Libro de cautivos* 261

6.-Miguel de Cervantes, los huesos
(a modo de epílogo en construcción) 271

Bibliografía 285
Índice onomástico 293
Índice toponímicoo 299

Carta dedicatoria al lector

Esta que ves aquí, lector ocupadísimo, no es una biografía de Miguel de Cervantes. O no es una biografía al uso que intente descubrir a Miguel de Cervantes, las andanzas y aventuras de Miguel de Cervantes, gracias a la escasa documentación que ha ido dejando a lo largo de su vida, a sus escritos, al testimonio de otros escritores o al cúmulo de investigaciones que se han ido sucediendo desde 1738 hasta nuestros días. Hay y ha habido muchos Miguel de Cervantes a lo largo de la historia. El Miguel de Cervantes real, el que vivió entre 1547 y 1616, el del día a día, el de carne y hueso, el de las dudas y el de los golpes de fortuna (con mayúscula y minúscula), el de las risas y el del sudor, aquel que estrechó mil veces la mano a cientos de otros personajes reales —e igualmente desconocidos— como él. Pero también existe el Miguel de Cervantes que se proyecta, que se inventa, que se convierte en personaje de ficción en la utilización de las vivencias personales y en el recuerdo en los escritos del propio Miguel de Cervantes, comenzando por la redacción de las preguntas para la conocida como *Información de Argel* en 1580. Un Miguel de Cervantes sin matices, una imagen idílica, un personaje más en la paleta sorprendente de su obra literaria. Hay otros autores que han hecho de sus recuerdos, de la evocación de sí mismos una de sus mejores creaciones literarias (de Petrarca a Marguerite Yourcenar). En Miguel de Cervantes no podemos ir tan lejos, pero sí que es posible transitar los caminos de la autorrepresentación para preguntarnos por su sentido. Y, por último, hay un Miguel de Cervantes que se ha llenado de Historia y de las historias de los cientos de biógrafos y de cervantistas que desde el siglo XVIII se han acercado a su vida para intentar comprender al mito en que se ha convertido ya MIGUEL DE CERVANTES, un nombre que hay que escribir en mayúsculas. Datos de una vida que son los cimientos para intentar explicar una obra; una obra magnífica, única, donde, de manera inevitable, el mito cervantino termina por entremezclarse con el mito quijotesco. Vidas que terminan siendo paralelas. Vidas que se terminan justificando en el papel. La de don Quijote de la Mancha, en la lectura de los libros de caballerías; la de Miguel de Cervantes, en la lectura de sus biografías, algunas tan fantasiosas, tan hiperbólicas, tan cercanas a lo maravilloso (y hagiográfico) que parecerían uno más de esos libros de caballerías de entretenimiento que seguían gozando del favor de los lectores a principios del siglo XVII.

¿A qué Miguel de Cervantes prestarle atención? O dicho de otro modo, ¿por qué prescindir de alguno de ellos, del Miguel persona, del Miguel personaje o del Miguel mito? Este es el reto del libro que ahora tienes entre manos, lector amantísimo: el viaje a los orígenes de Miguel de Cervantes, a ese Miguel que es el cimiento del otro Miguel que es el creador de una obra literaria que aún hoy, cuatrocientos años después, sigue sorprendiéndonos, admirando y enseñando, alzándose por encima de las geografías y del tiempo como un mito universal. ¡Y qué escasos son los autores que han conseguido semejante universalidad, una predicación tan generalizada a lo largo del tiempo! Este libro es una primera etapa de nuestro viaje hacia la galaxia Miguel de Cervantes, a esta galaxia que, a pesar de estar tan cerca, sigue siendo una desconocida por seguir viviendo en los tópicos y en los lugares comunes que, en ocasiones, la convierten en una caricatura de sí misma. A mí lo que me gusta de Miguel de Cervantes es la complejidad de su vida y la variada recepción de la misma, la apropiación que cada época, cada movimiento literario, artístico o político ha hecho de su biografía. Las simplificaciones de un titular de prensa no me interesan.

El viaje que te propongo para acercarnos a la vida de Miguel de Cervantes tiene dos etapas, dos momentos bien diferenciados. Un primer momento de construcción, de búsquedas, dinámico, donde las posibilidades se multiplican y el futuro está por escribirse en las diferentes geografías en que se mueve Miguel de Cervantes, en que se construye Miguel de Cervantes. Y un segundo momento, de consolidación, de voluntad, estático, que tiene un único espacio de desarrollo (la corte de la Monarquía Hispánica) y una única preocupación (la merced solicitada, apoyada su petición en los trabajos y servicios prestados en el primer momento de su vida). En esta segunda etapa de su vida, a pesar de situarlo en Madrid, Lisboa, Valladolid, Sevilla o los diferentes lugares que visitó obligado por su oficio de comisario general de abastos, en realidad Miguel de Cervantes siempre estuvo en la corte, siempre se mantuvo en el cerco de la corte hispánica a la espera de su «merced». La corte le presta unidad a su vida, a esa nueva vida que comienza en 1580 cuando vuelve del cautiverio de Argel y que se prolongará hasta 1616, cuando muere en el corazón de Madrid. Una vida que, estando en el centro de la corte, vive en la búsqueda de una «merced» que le permita salir de su círculo. Cervantes sueña con una nueva geografía: América. Sueños, también en construcción, que acaban en 1590 cuando recibe la contestación final en el margen de su petición para cubrir alguno de los cuatro puestos vacantes que han quedado en América: «Busque por acá en que se le haga merced». Y esa «merced» no tendrá que buscarla muy lejos: representante de su Majestad en los pueblos andaluces como recaudador de impuestos; pero, como suele ser habitual en Cervantes, el portazo final de esa «merced» será el principio de una nueva vida, ahora proyectada en la literatura, esa literatura en la que el otro Miguel de Cervantes, el personaje ideal, siempre se ha sentido cómodo. Una obra literaria que le permitirá alejarse del Miguel de Cervantes de carne y hueso. Una obra literaria que será el pedestal donde brillará con luz propia el bronce de la efigie de su mito.

La vida literaria le regalará a Cervantes la fama que nunca consiguió en la vida real. Una fama que le llegará con el tiempo, con la lectura de verdaderos entusiastas y aprendices de Miguel de Cervantes en tierras inglesas, francesas y alemanas a lo largo de los siglos XVII y XVIII. Una fama que hizo de su nombre, Miguel de Cervantes, una oración, y de su biografía, un enigma, una geografía en la que proyectar la genialidad de su obra, hasta el punto de considerar sus citas literarias como documentos históricos. El Miguel de Cervantes convertido en un mito que esconde a lo largo de su obra, como pistas para el avezado biógrafo, datos perdidos del Miguel de Cervantes hombre.

Estas son las razones, desocupado lector, que me han llevado ahora a indagar y detenerme en el primero de los momentos biográficos de Miguel de Cervantes, ese momento de construcción, ese momento en que el joven Miguel va en busca de un trabajo, que creo que, en sus orígenes, ha de vincularse al nuevo espacio que los «letrados» están conquistando día a día en la corte, en el complejo espacio clientelar de la corte de la Monarquía Hispánica; una construcción que pasa por una carrera militar que comienza en 1570 y que se estrena en una de las batallas más recordadas de todo el siglo XVI, la batalla de Lepanto, a pesar de ser una victoria de papel antes que de resultados prácticos en el reparto de poder en el Mediterráneo; una carrera que lo lleva a volver a España en 1575 para solicitar una patente de capitán, y así poder retornar a Italia al mando de una de las compañías que se estaban formando en la península ibérica. Una vida que tiene que volver a construirse en el cautiverio de Argel hasta 1580; una vida futura que pasa por los trabajos allí realizados, en especial, el de «passeur», es decir, el que ayuda por dinero a otros cautivos adinerados a conseguir su libertad. Del cautiverio de Argel siempre se vuelve —tarde o temprano—, pero nunca se vuelve de la misma forma de como se llegó. Y así le sucederá a Miguel de Cervantes, a ese otro Miguel de Cervantes que llegó a la corte en 1580 solicitando su «merced». Este primer espacio, que suele ocupar unas pocas páginas de las biografías tradicionales, más volcadas a indagar y comentar las obras literarias escritas en su segunda etapa, en especial, a partir de los años gloriosos —en el campo de la literatura— que comienzan en 1605 con el triunfo de la primera parte del *Quijote*, es el tema de este libro, de nuestra investigación.

Una investigación que pretende situar al Miguel de Cervantes hombre en su época, en las costumbres y modos de su tiempo; que se acerca tímidamente al Miguel de Cervantes personaje, tal y como él se quiere proyectar y que se recuerden sus actos durante estos primeros años —con la finalidad de contar con el máximo de apoyos para conseguir la «merced» que va a solicitar—; y por último, una investigación que quiere también comprender cómo se ha ido construyendo el Miguel de Cervantes mito, indagando en el origen de algunos de los iconos en que se sustenta, como los espacios preservados de su pasado (la casa natal de Cervantes, la cueva de Argel…) o el origen de algunas de las leyendas sobre su vida, en especial, su participación en la batalla de Lepanto, con esa imagen de don Juan de Austria yendo a visitarlo al hospital donde se encuentra herido, o el momento exacto del descubrimiento de un documento, que permite añadir un dato histórico a la vida cervantina. Estas tres perspectivas del análisis unidas al acopio de materiales, algunos novedosos, en que se sustentan, y el apoyo iconográfico, esencial para la configuración del mito y para la comprensión actual de los Siglos de Oro, me han obligado a configurar la biografía de Cervantes en varios momentos, en varios libros.

La palabra construcción será la más repetida a lo largo de las páginas de este primer libro. Pues así veo esta primera parte de la vida de Miguel de Cervantes, la más desconocida pero, por otra parte, esencial para comprender cómo se va configurando, engrandeciendo Miguel de Cervantes a su llegada a Madrid con la simbólica edad de treinta y tres años.

No fue fácil vivir en la Castilla de los Siglos de Oro. No era fácil vivir sin el apoyo de una casa familiar, de un blasón nobiliario o de unas tierras que produjeran rentas suficientes. La vida en los Siglos de Oro es una aventura, una construcción continua. Se construye el hidalgo pobre en su lugar. Se construye el noble que ha de luchar cada día por su posición en la corte, atento a los cambios en las facciones de poder, al humor del rey o de sus validos (y, posteriormente, de sus secretarios). Se construye la mujer que tiene que estar atenta a los cantos de sirena de los matrimonios secretos. Se construye a todas horas. Y así lo harán también las ciudades, los puertos, los mares. No hay nada que sea uno, inamovible a lo largo de los Siglos de Oro. Ni las prebendas, ni los premios, ni las designaciones. Ni tampoco los castigos o las desilusiones. Un día un lugar como Madrid ve cómo ha de inventarse de la noche a mañana porque ha sido designada, por primera vez, espacio fijo de la corte; y años después se levanta con la noticia de que deja de serlo, y ha de volver a inventarse, a añorarse, a buscar nuevas posibilidades, a luchar para volver a ser lo que fue. Tejer y destejer, ese es el día a día de un imperio, el de la Monarquía Hispánica, que no deja de crecer y, en su propio crecimiento, no deja de destruirse. Un rey, Felipe II, que lo controla todo, que deja huellas de su trabajo diario en los márgenes izquierdos de tanto pliego que pasa por sus manos, y que de todo duda y a todos teme. Y no siempre a los mismos. Y no siempre de las mismas cosas. Unos nobles que ya no tienen fe en sus apellidos y que están obligados a sobrevivir en una corte que es un tablero del juego de la oca, donde el azar de los dados de la fortuna tienen también su importancia. Castellanistas o papistas. Cristiano viejo o nuevo. Hombre o mujer. Todo es dual. Todo está en construcción durante los Siglos de Oro. Uno es lo que es también dependiendo del momento, del lugar, de los amores y de los odios.

Se construye en estos años la guerra en Europa, en acuerdos y en desavenencias que tienen que ver mucho con el comercio en el Mediterráneo y la expansión de ese nuevo mundo que se comunicará con el Atlántico.

Se construyen en estos años nuevas reglas religiosas donde la ortodoxia se decide en monasterios, palacios y salones, y a golpe de batallas, y de victorias y derrotas, de pulsos de poder más allá de las disputas teológicas.

Se construye en estos años una nueva geografía, donde el Mediterráneo balancea en sus aguas tranquilas entre el poder otomano y el cristiano, lugar propicio para el corso berberisco, pero donde el Atlántico está poniendo las bases de un nuevo orden mundial que dará sus frutos en los siglos posteriores.

Se construye en estos años la cultura en Europa, con la expansión de la imprenta, ese nuevo medio que permitirá, por fin, la consolidación de una industria poderosa alrededor del libro (una industria que dejará en ridículo a la que ya existió en la Roma clásica o en la Europa medieval, y que será, a su vez, ridícula en comparación a la imprenta industrial del siglo XIX).

Se construye en estos años la vida a base de escritos, de papeles. Los letrados se multiplican porque de cada gesto, de cada movimiento hay que dejar una huella en forma de letra. El negro sobre blanco se convierte en el respirar de una sociedad que va perdiendo la memoria.

Una época de construcción. Día a día. Se vive en los márgenes en más ocasiones de las que pensamos, y todo está por hacerse, aunque todos saben el final, el verdadero final, porque en esta construcción, sobre todo, en la construcción diaria de la Monarquía Hispánica, no hay en realidad movimiento. Y mucho menos, movimiento social. Uno es lo que es según su nacimiento, al margen de toda construcción. Los archivos, las bibliotecas están llenos de informaciones que fijan una vida en papel, una única vida de papel en el testimonio de varios testigos, que ya son otros cuando se alejan de la mesa del escribano público. Pero ahí queda su testimonio —ese sí fijado en la tinta de la escritura, inalterable, para siempre, verdad por encima del tiempo—, como si fuera su vida. La única real. La única que va a ser recordada.

No era fácil vivir en los Siglos de Oro. Nunca lo ha sido, pero mucho más en una época donde no hay nada que se mantenga en el tiempo. En el tiempo de un imperio. En el tiempo de una corte. En el tiempo de una vida. En el tiempo de un recuerdo.

Miguel se construyó a lo largo de su vida, desde su nacimiento en Alcalá de Henares hasta su muerte en Madrid, sin olvidar la geografía en que fue construyéndose con los años, esa geografía europea y africana, que pudo, rondando los cuarenta y tres años, haberse vuelto americana. Se construyó como así también lo había hecho su abuelo, el licenciado Juan, y como lo tuvo que hacer su padre, Rodrigo. El primero para dar rienda suelta a su ambición; el segundo, por las limitaciones de una sordera que, con los años, dejó de construirse para instalarse del todo en su día a día.

Miguel de Cervantes se construyó en los viajes, en las geografías que conoció siendo niño acompañando a sus padres en su propia construcción por tierras castellanas y andaluzas; en los viajes que emprendió a Italia, cuna de la cultura humanística, pero también tierra fértil para la soldadesca imperial, su verdadera meta y destino; en los viajes por todo el Mediterráneo al servicio de su Majestad, ya fuera en diferentes compañías, ya fuera en el silencio y el anonimato de los despachos personales del rey Felipe II; en los viajes por las calles sinuosas de la corte de Madrid —y de ahí a la de Valladolid—; en los viajes por los pueblos donde lo recibían con el gesto torcido y los puños cerrados siendo, gracias a la merced conseguida, el representante de su Majestad para recaudar los impuestos para la Armada Invencible; en los viajes, por último, que emprendió con cada una de sus obras literarias, un viaje que lo llevó de los géneros de moda —las comedias, los libros de pastores, los libros de caballerías— a jugárselo todo a obras destinadas a un público minoritario: la *novella*, el poema didáctico o la novela bizantina. Un viaje de palabras igualmente en continua construcción.

Miguel de Cervantes también se ha construido en la mirada de sus biógrafos, en el correr del tiempo, a lomos del éxito universal de su *Don Quijote* y del resto de sus obras. Una mirada que se ha construido a base de silencios y de voluntades. Un silencio que comenzó a llenarse de voces en 1738 cuando Mayans y Siscar publica la primera de las biografías cervantinas como tal. Un silencio que se construye en la voluntad inglesa de convertir el *Quijote* en una sátira moral de carácter universal, alejándolo de su primera construcción como un libro de caballerías castellano. Una biografía que no se ha dejado de construir desde entonces. A partir de la búsqueda de los documentos. A partir de la necesidad de situar los datos a la altura que el mito de Cervantes como escritor ha ido adquiriendo a lo largo de los siglos.

Miguel de Cervantes ha gozado desde 1738 de muchas y de buenas biografías. Y también de muchos y malos biógrafos, que han proyectado antes sus miedos y sus sueños, su visión del mundo y la lectura de sus obras en la vida cervantina, que buscado un relato en el diálogo sereno y fructífero con las fuentes, con la época que le tocó vivir a Cervantes. Hace tiempo que las obras cervantinas dejaron de ser estudiadas como si fueran islas en la producción literaria de su tiempo, sin fuentes ni influencias. Hace tiempo que Cervantes ha bajado de los bronces y de los mármoles para volver a ser un hombre de carne y hueso.

Construir supone una voluntad. Construir en los Siglos de Oro era una necesidad. De ahí, que, a lo largo de estos meses de escritura, haya sido el grito de «Yo sé quien soy» de don Quijote el que me haya guiado en mis dudas y en mis teorías en construcción. Yo sé que es *La juventud de Miguel de Cervantes. Una vida en construcción*: un homenaje al hombre Miguel de Cervantes, un diálogo con las fuentes y el conocimiento construido a partir de ellas a lo largo de estos siglos, y la voluntad de rescatar una época que permita comprender mejor al hombre Miguel de Cervantes, que, siendo uno más de su tiempo, en continua construcción, fue capaz de fijar con sus escritos una vida de papel que perdura —y perdurará—, en el tiempo.

«Yo sé quien soy», lector ilustre o quier plebeyo, y ahora es a ti, con tu lectura, nuevo eslabón de este texto en continua construcción, al que le toca decidir «que puedo ser», hasta donde puede llegar este Miguel de Cervantes que ahora te entrego.

* * *

«Si por ventura, lector curioso, eres poeta y llegare a tus manos (aunque pecadoras) este *Viaje*; si te hallares en él escrito y notado entre los buenos poetas, da gracias a Apolo por la merced que te hizo; y si no te hallares, también se las puedes dar. Y Dios te guarde».

Si recuerdo el «Prólogo al lector» que escribió, con cierta sorna, Cervantes al inicio del *Viaje del Parnaso* (1614), es porque también quisiera que todos los que han conocido y me han acompañado durante los últimos años en este viaje cervantino —que me temo que me acompañará también en los próximos— se sintieran todos ellos citados y reconocidos, tantos los que verán su nombre escrito en estas páginas como aquellos que no lo hagan. Una lectura, un comentario, una corrección o tan solo los ánimos y apoyos en los momentos de mayor desánimo —que también los ha habido aunque hayan sido los menos— han hecho de este libro que ahora, lector curioso, tienes entre tus manos, lo que es. Ni más ni menos. Son muchos los amigos de la Asociación de Cervantistas, los colegas de la Universidad Complutense de Madrid, los que me han soportado y me han ayudado en la búsqueda de un dato, de una referencia bibliográfica, de un misterio que gracias a ellos dejó de serlo. Los comentarios y lecturas de amigos como José Montero Reguera, María Augusta da Costa Vieira, Ruth Fine, Vicente Sánchez Moltó, Francisco Peña, Javier García Mauriño, Carmen y Justo Fernández, José Luis Gonzalo Sánchez-Molero, Patricia Martín Cepeda, Javier Gomá, Francisco José Marín Perellón o Melquíades Prieto han hecho que pueda ponerle a este libro el punto seguido necesario. Han sido el aliento necesario en los momentos de dudas. A todos ellos me gustaría dedicárselo y, en especial, a Pablo Moro que ha sabido soportar mis silencios y que se ha mostrado tan generoso cuando le he robado algunas horas de nuestra vida en construcción.

NE. La ortografía de los textos citados ha sido regularizada según las normas académicas vigentes.

1. Miguel de Cervantes, el escritor con rostro de papel

El retrato autorial durante los Siglos de Oro: hacia la profesionalización de la escritura

Desde mediados del siglo XVI será habitual incluir dentro de los preliminares editoriales de un libro impreso un retrato en que se represente al autor de la obra. Alonso de Villegas va a incluir un retrato suyo en la décima edición de su *Flos Sanctorum* en 1588, y lo hará acompañado de un texto destinado al lector donde da cuenta de las razones que lo han llevado a incluirlo:

Alonso de Villegas, *Flos sanctorum* (1588).

> Por haberse sabido, cristiano lector, que este *Flos Sanctorum* se ha impreso diversas veces sin orden mío, y que las impresiones salen con muchos errores; algunos de los cuales son pretendidos de industria por personas que siguiendo particulares pareceres dicen otro de lo que yo digo y tengo bien averiguado. Por obviar este daño, di lugar a que el muy diligente en su arte de platero Pedro Ángel hiciese este retrato, que es como firma mía. Y así donde estuviere, entendeérase que la impresión se hizo por orden mío, y por lo mismo irá mejor correcto. Por el contrario, digo que cualquiera de las partes d'este *Flos sanctorum* donde no

se hallare este mismo, y no otro contrahecho por él, que no se tenga por mía, antes debería evitarse como sospechosa. Vale.

Esta misma razón, la de convertirse en «firma del autor» que da autenticidad a una edición frente a la proliferación de impresiones piratas, es lo que debió mover a Alonso de Ercilla a colocar su retrato al inicio de diferentes ediciones de su poema *La Araucana*, que vio la luz en 1569, y fue reeditada entre otros años en 1578, edición de la que procede la siguiente imagen.

Alonso de Ercilla, *La Araucana* (1578).

Sobre esta primera función, en la que el autor, dentro de una orla sencilla, viene caracterizado con algunos elementos que permiten representarlo de manera simbólica (el carácter militar de Ercilla o de clérigo de Alonso de Villegas), Mateo Alemán va a dar un paso adelante y va a crear un determinado imaginario de su persona, una particular construcción de sí mismo como escritor, que colocará al inicio de la mayoría de sus obras, comenzando con el *Guzmán de Alfarache*, que publica en Madrid en 1599, el verdadero *best seller* de la literatura castellana, muy por encima del propio *Quijote*. Más que un «sello de autenticidad», el retrato de Mateo Alemán puede ser leído como un emblema, gra-

Mateo Alemán, *Guzmán de Alfarache* (1599).

cias a la empresa colocada en la parte superior y que se destaca pues será el propio escritor quien la señale con su índice derecho. El dibujo representa una culebra dormida y una araña, y en el mote latino puede leerse: «Ab insidiis non est prudentia» [No hay prudencia que resista al engaño]. Su significado simbólico —al que están muy acostumbrados los lectores de la época gracias al éxito de los emblemas de Andrea Alciato publicados por primera vez en 1531— es ambiguo, como la propia obra; destaca el carácter dual tanto del libro, mezcla de relato picaresco con las recomendaciones del asceta al que ha llegado a ser Guzmán al final de su vida, como del propio personaje. El mensaje de desilusión que subyace en el emblema, propio del barroco, se aprecia en la redacción del mote, que también podría traducirse como «lejos de los engaños uno no se vuelve prudente». Si la mano derecha señala al emblema, la izquierda se apoya en un libro, en cuyo canto se lee: «COR.TA», que designa a Cornelio Tácito, el historiador latino que se había convertido en libro de cabecera del grupo de «letrados» que querían una reforma en la corte, en esa corte dominada por los desmanes de una aristocracia que ha llevado a la Monarquía Hispánica a sufrir varias bancarrotas.

Pero si hay un autor que utilizará el retrato autorial al inicio de la impresión de sus libros con una mayor riqueza y complejidad será Lope de Vega, el siempre omnipresente Lope de Vega. Si en el caso de los autores anteriormente citados, el retrato autorial al inicio del libro impreso podía tener la función de ser un «sello de garantía» de la autenticidad de la obra impresa o convertirse en «emblema», una primera guía para ofrecer las claves a la hora de leer el texto, en el caso de Lope, el grabado autorial al inicio de sus libros muestra cómo quería ser recibido, leído, entendido él como persona. La obra literaria, el libro impreso es solo un mecanismo para la construcción de una determinada imagen que es la que, en cada momento de su vida, quiere proyectar. Un diálogo incesante con su público, pero también consigo mismo, con la imagen que construirá de sí mismo dentro de sus obras.

Lope de Vega, *La Arcadia: prosa y versos* (1598).

El primer retrato que conocemos de Lope de Vega se publicó al inicio de su libro de pastores, *Arcadia: prosas y versos* (1598). En él se representa a Lope de Vega más joven de los 36 años que contaba cuando se publica la obra. Un retrato que lo sitúa en el triunfo de la corte, con su cuello almidonado y sus ricos ropajes. Esta imagen aparece, como si de una orla se tratara, dentro de una caña y una serpiente enlazadas, que son símbolos de inmortalidad. Debajo, el lema: «Quid humilitate, Invidia?» [¿Qué puede hacer la envidia frente a la humildad?]. Este es el retrato autorial que aparecerá en las obras publicadas en estos años: la reedición de la obra en 1599 y en el *Isidro* de este mismo año.

A partir del año 1602 (en la edición de la *Hermosura de Angélica*), el retrato autorial de Lope, aún manteniendo su representación física cortesana, se completará con nuevas simbologías estratégicamente situadas en una orla mucho más elaborada: en la parte superior se lee el lema «Hic tutior fama», y en medio una calavera, que otorga todo el sentido al texto: «Aquí [en la muerte] está más segura la fama»; mientras en la inferior aparece por primera vez el escudo nobiliario de Bernardo del Carpio, con sus 19 torres que representa los castillos que había conquistado. Lope de Vega defenderá de este modo que está entroncado con él por el apellido Carpio. Ansias de nobleza que serán criticadas por tantos escritores de la época, desde Cervantes a Luis de Góngora, a quien se le atribuyen estos versos:

Por tu vida, Lopillo, que me borres
las diez y nueve torres del escudo,
porque, aunque todas son de viento, dudo
que tengas viento para tantas torres. [...]

No fabrique más torres sobre arena,
si no es que ya, segunda vez casado,
nos quieres hacer torres los torreznos.

En estos momentos, Lope de Vega estaba casado con Juana, hija de Antonio de Guardo, un carnicero rico que abastecía de carne a la corte madrileña.

Lope de Vega, *La hermosura de Angélica* (1602).

Lope de Vega, *El peregrino en su patria* (1604).

En la edición de Sevilla de *El peregrino en su patria* (1604) este mismo grabado se acompaña de una serie de textos en latín, que vuelve a incidir en el tema de la envidia. Alrededor del grabado puede leerse: «Nihil prodest / Adversus invidiam / Vera dicere» [Contra la adversa envidia de nada sirve proclamar la verdad]; y en la parte inferior: «Quid dificilius, quam reperire quod sit omni ex parte in suo genere perfectum» [¿Qué hay más difícil que hallar cosa en su género del todo perfecto?]. Cervantes, en los versos de cabo roto que le dedica Urganda la desconocida al propio *Quijote* en 1605 escribe, en clara mofa a esta imagen nobiliaria que ahora quiere vender Lope de Vega:

No indiscretos hierogli—
estampes en el escu—,
que, cuando es todo figu—,
con ruines puntos se envi—

«Envidia» que aparece también en el frontispicio de la obra: en la parte inferior, a ambos lados de su escudo nobiliario, y debajo de dos pedestales donde están representados la Envidia (queriendo atravesar un corazón con una daga) y un peregrino (apoyando una mano sobre un áncora y un bordón en la otra), se puede leer: «velis nolis Invidia» / «Aut unicus aut peregrinus» [Quieras o no quieras, Envidia [el dueño del escudo, Lope] es único o muy raro].

En este proceso de ir construyendo su imagen como triunfador en la corte, Lope de Vega dará un salto cualitativo en la edición de la *Jerusalén conquistada*, publicada en 1609. En esta nueva imagen, Lope abandona el espacio de las orlas para convertirse en un busto que se encuentra bajo un impresionante arco triunfal. El busto afirma con soberbia su talento («Aetatis suae nichil» [Sin edad]), y se acompaña de dos famas al vuelo, y en los laterales dos escudos: el de los Carpio y el de la Inquisición. En la parte superior del arco, un amorcillo y un guerrero anuncian a quien va dedicada la obra: «A la magestad de Felipe Hermenegildo. Primero d'este nombre y tercero del primero».

Lope de Vega, *La Jerusalén conquistada* (1609).

Esta imagen cortesana, de éxito y de lucha continua por mantener el control literario en la corte, no tendrá mucho sentido a partir de 1614, cuando se ordena sacerdote. A partir de este momento, dejará a un lado los excesos emblemáticos y de pretensiones nobiliarias de sus retratos anteriores y comienza una nueva serie de representaciones que lo acercan a su edad real, a su nueva condición de religioso. El primero de estos retratos es el que aparecerá en su edición de los *Triunfos divinos con otras rimas sacras* (1625), grabado por Pedro Perret, que lo representa

Lope de Vega, *Triunfos divinos* (1625).   Lope de Vega, *Laurel de Apolo* (1630).

cercano a sus 63 años, con su sobrepelliz de clérigo, el cuello levantado y el pelo cano; enmarcado dentro de una orla sencilla con su laurel en la parte inferior —símbolo del poeta—, donde puede leerse: «Simplicius longe posita miramar» [Admiramos más sinceramente las cosas situadas en la distancia]. En 1630 se publica la primera edición del *Laurel de Apolo*, y en ella aparecerá un nuevo retrato de Lope, en este caso firmado por Juan de Courbes, donde destaca su hábito de San Juan, y la gran cruz de caballero de la Orden de Malta, que le concedió el Papa Urbano VIII. Pero los textos vuelven de nuevo a incidir en su éxito como poeta: «Nata fuit Lopio Musarum Sacra Poesis. Illa perire potest, iste perire nequit» [Para Lope la Poesía nació de las musas sagradas; ella puede desaparecer, este no]. Y el carácter de maestro de la poesía, «et urbi et orbi», como se lee en el escudete, se remarca en la orla: «Non alumno sed parenti [...] Musarum» [No al alumno sino al padre de las Musas].

> Porque no tiene Dios cosa más baja
> que coplas ensartadas como cuentas;
> al fin cualquiera prosa las ataja.
> Compran en ocho cuartos *Las trescientas*;
> venden en real y medio a Garcilaso,
> Castillejo y Boscán, y andan por ventas.

> Soñaba yo antenoche que el Parnaso
> se pasaba al Pirú y que sus flores
> no valen ni aun compuestas por el Taso.

Este fragmento de la carta poética que le envía Lope de Vega a su amigo Liñán de Riaza permite comprender, desde la perspectiva de uno de sus protagonistas, la revolución literaria que comienza en el siglo XVI y se consolidará en los primeros años del XVII. Será en estos años cuando se cree un «espacio literario independiente», un espacio donde el autor, al margen de sus necesidades de implicarse en el clientelismo de las diferentes facciones de la corte, puede también relacionarse con las instituciones del poder con una cierta autonomía. La imprenta y la aparición de un mercado consumidor de literatura —ya sea a partir de la letra impresa o de la voz comprada en los corrales de comedias— permitió una profesionalización de la escritura. En este contexto ha de entenderse la proliferación de los retratos autoriales, donde, a un tiempo, el escritor reivindica su protagonismo en este nuevo espacio social, y también lucha por preservar sus ganancias por la difusión de sus obras. En este contexto hemos de entender el primero de los retratos que conocemos de Miguel de Cervantes, por más que sea de palabras y no de líneas ni de pinceladas.

El primer retrato escrito de Cervantes: las *Novelas ejemplares* (1613)

Solo contamos con dos descripciones físicas de Miguel de Cervantes. La primera es de 1580, y aparece en el *Libro de redención* de los padres trinitarios, a la que tendremos ocasión de referirnos más adelante. Es la descripción de un Cervantes joven, de «treinta y un años», y de él se nos dice que es «mediano de cuerpo, bien barbado, estropeado de el braço y mano izquierda». Y nada más.

El 2 de marzo de 1612, Lope de Vega escribe al Duque de Sessa donde le cuenta novedades de la corte con un curioso detalle: «Las Academias están furiosas; en la pasada se tiraron los bonetes dos licenciados; yo leí unos versos con unos anteojos de Cervantes que parecían huevos estrellados mal hechos». A la edad de 65 años, nuestro escritor necesita de unos anteojos —como los que llevaría Quevedo—, que aprovechará Lope para escribir uno de sus dardos envenenados. Y poco más.

Se ha defendido que era «tartamudo» por una referencia que hace en el prólogo de las *Novelas ejemplares* (1613): «será forzoso valerme por mi pico, que, aunque tartamudo, no lo será para decir verdades, que, dichas por señas, suelen ser entendidas». Pero en realidad, «tartamudo» no hace alusión tanto a un defecto físico como a una forma de habla sin artificio ni elocuencia. En la novela del *Licenciado Vidriera* en esta misma colección, cuando el protagonista Tomás Rodaja se come el membrillo envenenado, se puede leer: «volvió como atontado, y dijo con lengua turbada y tartamuda...».

Como suele ser habitual en la biografía construida por Cervantes con el paso de los años, serán sus propias palabras, sus propios escritos los que dibujarán un retrato completo. Y lo hará en el «Prólogo al lector» al inicio de sus *Novelas ejemplares* (1613), la primera de las obras impresas por Cervantes después del éxito, ocho años antes, de la primera parte del *Quijote*. Lo que no puede nuestro escritor dejar de remarcar desde las primeras líneas, estableciendo un sutil camino de publicidad, del que demostró siempre ser un maestro:

> Quisiera yo, si fuera posible, lector amantísimo, escusarme de escribir este prólogo, porque no me fue tan bien con el que puse en mi *Don Quijote*, que quedase con gana de segundar con este.

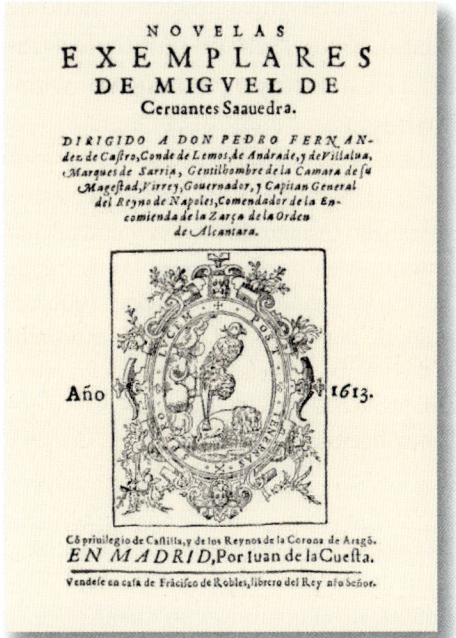
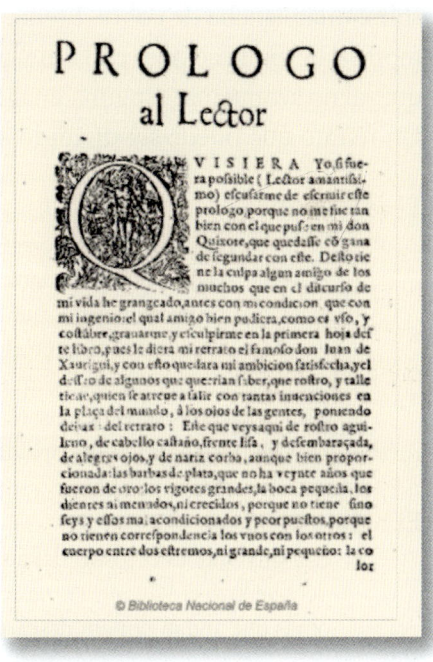

Miguel de Cervantes, *Novelas ejemplares* (1613).

La culpa la tiene el amigo que viene a visitarle en el prólogo, pero en su mano tendrá también la solución si Cervantes se conformara con hacer lo que todos hacen —con Lope de Vega a la cabeza— que es colocar un retrato suyo al inicio de la obra, para así darle autoridad a la edición y satisfacer la curiosidad de muchos lectores que quieren conocer cómo es físicamente el autor del *Quijote*:

> D'esto tiene la culpa algún amigo, de los muchos que en el discurso de mi vida he granjeado, antes con mi condición que con mi ingenio; el cual amigo bien pudiera, como es uso y costumbre, grabarme y esculpirme en la primera hoja d'este libro, pues le diera mi retrato el famoso don Juan de Jáurigui, y con esto quedara mi ambición satisfecha, y el deseo de algunos que querrían saber qué rostro y talle tiene quien se atreve a salir con tantas invenciones en la plaza del mundo, a los ojos de las gentes.

Pero en vez de hacer lo que todos acostumbran —y de nuevo recordemos el nombre de Lope de Vega—, Cervantes va a dar una vuelta de tuerca, uno de sus geniales trucos literarios a los que nos tiene acostumbrados, y va a incorporar su retrato, su buscada imagen de sí mismo, el particular imaginario con el que quiere ser leído y recordado, a partir de palabras y no de líneas, de surcos sobre una plancha de cobre. Frente a un retrato —una única imagen— lleno de motes y de explicaciones en latín y en castellano, el suyo será un retrato de letras que, al no acompañar ninguna imagen, se llena en sí mismo de toda significación. Un retrato que puede ser dividido en tres partes:

El retrato físico:
> Este que veis aquí, de rostro aguileño, de cabello castaño, frente lisa y desembarazada, de alegres ojos y de nariz corva, aunque bien proporcionada; las barbas de plata, que no ha veinte años que fueron de oro, los bigotes grandes, la boca pequeña, los dientes ni menudos ni crecidos, porque no tiene sino seis, y esos mal acondicionados y peor puestos, porque no tienen correspondencia los unos con los otros; el cuerpo entre dos estremos, ni grande, ni pequeño, la color viva, antes blanca que morena; algo cargado de espaldas, y no muy ligero de pies;

El retrato literario:
> este digo que es el rostro del autor de *La Galatea* y de *Don Quijote de la Mancha*, y del que hizo el *Viaje del Parnaso*, a imitación del de César Caporal Perusino, y otras obras que andan por ahí descarriadas y, quizá, sin el nombre de su dueño.

Y el retrato biográfico:
> Llámase comúnmente Miguel de Cervantes Saavedra. Fue soldado muchos años, y cinco y medio cautivo, donde aprendió a tener paciencia en las adversidades. Perdió en la batalla naval de Lepanto la mano izquierda de un arcabuzazo, herida que, aunque parece fea, él la tiene por hermosa, por haberla cobrado en la más memorable y alta ocasión que vieron los pasados siglos, ni esperan ver los venideros, militando debajo de las vencedoras banderas del hijo del rayo de la guerra, Carlo Quinto, de felice memoria.

Con sus 65 años, Cervantes rescata sus años de soldado y de cautiverio, de los que ya han pasado más de 35 años, y, sobre todo, la memoria de la batalla de Lepanto, de la que tan solo deben quedar rescoldos de su recuerdo en algunas de las cientos de obras que se escribieron a partir de 1571 para llenar de adjetivos lo que fue una victoria sin grandes consecuencias en el Mediterráneo. Extraño. Pero además, hace un repaso de las obras que ha impreso (*Galatea* y *Quijote*) y recuerda también la que ya ha terminado e imprimirá al año siguiente (*Viaje del Parnaso*) y, como tantos otros autores de la época —solo hay que recordar lo que Alonso de Villegas escribió en su *Flos sanctorum* en 1588— se queja de otras que andan «descarriadas», sin llevar junto a ellas su nombre. Pero nada nos dice de sus obras de teatro, de aquellas con las que triunfó en los corrales de comedias madrileños a partir de 1580, cuando vuelve de su cautiverio. Curioso. Pero lo que más sorprende, y lo que más debió sorprender a los lectores del momento es el realismo con que se describe, como si hubiera puesto un espejo delante de su pluma y no le importe dejar constancia de la decrepitud de su cuerpo, al margen de las versiones pictóricas —más o menos simbólicas y glorificadoras— que eran habituales al inicio de los libros impresos de su tiempo. Un anciano que se describe por sus heridas y por alguna tara física como esos seis dientes, «mal acondicionados y peor puestos», que seguramente sean los más recordados y citados de toda la literatura universal.

Los comentadores que se han acercado a la edición de las *Novelas ejemplares* o a la vida de Cervantes, han buscado en la autodescripción de Cervantes señales de su personalidad. Así, el «rostro aguileño», la «frente lisa y desembarazada» se han tomado como un signo de inteligencia; así como «los alegres ojos» se han leído como una actitud positiva ante la vida y la creación literaria...

Un curioso modo de representarse al inicio de su obra, que seguramente era esperada con mucha curiosidad por los «lectores amantísimos». Será difícil encontrar estos detalles descriptivos en la literatura de la época, pero quizás Cervantes —que está recordando historias y vivencias de hace 35 años— tenga grabadas en la memoria, las descripciones que iban anotando los frailes trinitarios cuando redimían a un cautivo en Argel. Muchos de ellos compañeros en los baños argelinos. Descripciones que tenían que huir de las generalidades y de los símbolos, de las interpretaciones y de los emblemas. Descripciones de vida, como la suya, como algunos de los otros cautivos liberados en 1580. De Cristóbal Sánchez, de sesenta años, se dirá que es «mellado de los dientes de la parte alta y le falta un diente en la parte de abaxo, de buen cuerpo, alto». De Bárbola Sánchez, con la misma edad, «de mediana estatura, arrugada del rostro, sin dientes» y, por último, por poner a alguien de edad semejante a la de Cervantes cuando fue redimido, de Juan de la Cruz, de treinta años, se dice que es «de mediana estatura, los dientes de la boca de la parte de arriba corridos». Defectos que son vida porque son el modo de ser identificados por los padres trinitarios. Defectos que se convierten en el pasaporte para volver a la libertad. Ejemplos de vida que ahora se han convertido en literatura.

El primer retrato impreso de Cervantes: *Don Quixote* (1738)

En 1738 se terminan de imprimir los cuatro tomos de la *Vida y hechos del ingenioso hidalgo don Quixote de la Mancha* en los talleres londinenses de J. y R. Tonson. Cuatro tomos en 4º mayor, realizados en un excelente papel, con una exquisita tipografía y adornados con más de sesenta estampas, firmadas en su mayoría por el pintor John Vanderbank, y un retrato de Cervantes realizado por Kent. Se trata de la primera edición de lujo del *Quijote* que, gracias al mecenazgo de Lord Carteret, difundirá una nueva forma de leer la gran obra cervantina: una sátira moral.

Para imponer este nuevo modo de entender el *Quijote*, más allá de las lecturas caballerescas y cómicas con las que había triunfado en su primer siglo de difusión, Lord Carteret se va a empeñar en rescatar la figura de Miguel de Cervantes: un magnífico escritor que ha dado al mundo una obra genial, que goza ya de «una estimación universal», tal y como puede leer en la carta dedicatoria dirigida a la Condesa de Montijo, verdadero guion de las intenciones del Barón y de sus colaboradores:

> La fama de Cervantes ya está establecida, sus lectores son curiosos de saber las ocurrencias de su vida, que había sido soldado, herido en una gloriosa facción, que los

hombres poderosos de su tiempo no se avergonzaban dejarle en suma pobreza. Su fama no ha sido disminuida, antes acrecentada, por las dichas circunstancias de su vida. [...] Solo él fue capaz de desterrar las fantásticas y extravagantes ideas que habían inficionado la del valor y trato civil y, si con verdad se pudiera decir que el que enmienda el genio de una nación y le da tales realces hace más provechoso a un reino que el que extiende sus límites, podemos decir que Cervantes fue uno de estos hombres inestimables, cuyo nombre vivirá tanto cuanto las buenas letras en el mundo subsistieren, el cual por la fertilidad de su ingenio inmortal, produjo (aunque a lo burlesco) los más seriosos, útiles y saludables efectos que pudieran imaginarse (pp. iii-iv).

Y este «descubrimiento» del autor, que tendrá en la pluma de Gregorio Mayans y Siscar a su artífice, se acompañará de un elemento iconográfico que, a partir de este momento, será cada vez más común: un retrato de Cervantes «por él mismo», realizado por Vertue sobre dibujo de William Kent

William Kent, *Retrato de Cervantes Saavedra por él mismo* (Londres, 1738)

John Vanderbank, *Frontispicio* (Londres, 1738)

Curiosamente esta imagen de Cervantes escribiendo el *Quijote*, que nace del retrato cervantino de las *Novelas ejemplares*, no será la única representación del autor cervantino. En el frontispicio del primer tomo aparece un retrato simbólico de Cervantes, que representa su salida del Parnaso. John Olfield escribe al inicio de la obra unas *Advertencias*, que dan la clave del «título alegórico» en que desea que se convierta el frontispicio:

> No habiendo hallado (por más solicitud que se haya puesto) un retrato alguno de Miguel de Cervantes Saavedra, ha parecido conveniente poner en el frontispicio de su *Historia de Don Quixote de la Mancha* (principal obra suya y la que hace su memoria más durable) una representación que figure el gran designio que tuvo tan ingenioso autor (p. i).

El Monte del Parnaso aparece poblado por monstruos, tan habituales en los libros de caballerías de entretenimiento, como son gigantes, quimeras, el rey Gerión, que tenía triplicado el cuerpo o grifos, que le sirve al pintor inglés John Vanderbank para «dar una bastante idea del desordenado y extravagante estado del orbe literario en aquellos tiempos, y de la reforma de que tenía necesidad». En el centro de la imagen, «principal figura de esta representación alegórica», aparece el autor, convertido en otra figura mitológica: Hércules, «llamado Musagetes, a quien atribuyó la Mitología la guía de las Musas, y por eso vemos en diferentes monumentos (a que ha perdonado la injuria de los tiempos) que las va acompañando con una lira en la mano, símbolo del conocimiento de las Artes a que presiden ellas». Hércules, para representar con «propiedad a nuestro autor», lo ha de hacer de espaldas, ya que no se conoce ningún retrato de Cervantes. El autor, el héroe, convertido ahora en un nuevo caballero andante, recibe de un sátiro, «símbolo del Genio placentero de Miguel de Cervantes», los «instrumentos a propósito para lograr su fin, que fue ciertamente una graciosidad satírica, simbolizada aquí por la máscara, que es el don que le ofrece», además de la maza con la que acabará con los monstruos a los que tiene que enfrentarse.

Jacob Folkema, *Retrato de Cervantes* (La Haya, antes de 1739).

Un año después se imprime en La Haya una nueva reedición de las *Novelas ejemplares* (1739). Y a partir de este momento, será habitual que el retrato de palabras de Cervantes se acompañe de un retrato de imágenes «por él mismo». Será Jacob Folkema el encargado de convertir la imagen de Kent de la edición de 1738 en un retrato apropiado para las novelas cervantinas, por lo que las figuras de Don Quijote y Sancho serán sustituidas por la imagen de una biblioteca. El original de este dibujo se conserva en la Biblioteca Nacional de España (Invent. 80440).

La imagen que quiso dar de sí mismo Cervantes en 1613, en unas circunstancias biográficas y literarias muy particulares, donde rescata no solo unos detalles físicos, sino también otros biográficos y literarios, se constituyó en la base del retrato de Kent en 1738 —reinterpretado por Folkema en las reediciones de las *Novelas ejemplares*—. Del papel al buril y del buril a la tabla de los pintores. La búsqueda del retrato de Cervantes, del verdadero retrato de Cervantes, se convirtió durante los siglos XVIII y XIX en una obsesión. Hasta hoy en día.

Seis retratos falsos de Miguel de Cervantes: Alonso del Arco, anónimo siglo XIX, Velázquez, Francisco Pacheco y dos cuadros atribuidos a Jáuregui

La Real Academia Española comenzó en 1773 el gran proyecto editorial de contar con una magnífica edición del *Quijote*, a la altura de las ediciones de lujo que habían comenzado en Londres en 1738. Como sucediera con la edición inglesa, los académicos se pusieron a buscar un retrato de época de Cervantes, para así poderlo grabar e incorporar al inicio de la obra. En estas gestiones, llegó a la RAE la noticia de que el Conde del Águila, D. Miguel de Espinosa y Maldonado, poseía un retrato de Cervantes al óleo, que había pintado Alonso del Arco. Con fecha del 24 de septiembre de 1773 el

Alonso del Arco, *Retrato de Cervantes* (RAE).

secretario de la Academia le envió una carta al conde para solicitarle el cuadro y así poder sacar de él una copia para la proyectada edición. La respuesta fue de lo más rápida y generosa y a los pocos meses el cuadro se encontraba en la Academia. Pero la sorpresa no fue menor: el cuadro al óleo, atribuido a Alonso del Arco seguramente por un anticuario que hizo un buen negocio con él, era en realidad una copia del grabado de Kent de 1738. A pesar de las dudas que se tenían de la autenticidad del cuadro, de la imposibilidad de que se tratara de una obra de Alonso del Arco (nacido en 1625 y muerto en 1700), y de la respuesta del conde del Águila, que compartía el mismo parecer de la Academia, se convirtió en el modelo sobre el que se sacó la imagen que aparece al inicio de la edición

José del Castillo, *Retrato de Cervantes* (Madrid, 1773)

Manuel Salvador y Carmona, a partir de dibujo de J. del Castillo, *Retrato de Cervantes* (Madrid, 1774)

académica del *Quijote* que terminó de imprimir en Madrid Joaquín Ibarra en 1780. En las *Instrucciones de la Academia* que se entregaron a todos los dibujantes, se deja clara esta relación, y los demás detalles que lo adornan:

> Lámina 2ª. El retrato de Cervantes sacado del de Alonso del Arco. [Se pondrá] en la misma postura que está en el original y [abajo se le pondrá a un lado una España y algunos trofeos de guerra y al otro lado una escribanía, un libro abierto y otros

cerrados con sus rótulos que dirán *Viage del Parnaso, Novelas, Persiles y Sigismunda, Comedias, Galatea*.

No debía de estar muy de acuerdo José del Castillo en dibujar un retrato de Cervantes tan parecido al de la edición londinense de 1738, con lo que su versión original, conservada en la RAE (mss. 417-7), es algo diferente a la que terminó por grabar Manuel Salvador y Carmona en 1774; esta sí parecida a la ideada por Kent, pasando por la falsificación atribuida a Alonso del Arco, que hoy en día se sigue custodiando en la Real Academia Española. En todo caso, dada la autoridad de la RAE, ayer y hoy, el cuadro atribuido a Alonso del Arco se mantuvo como verdadero hasta 1911. A lo largo de todo el siglo XIX fue considerado el retrato canónico de Cervantes.

Pero no será este el único retrato de Cervantes al óleo que se basará en el ideado por Kent en 1738. En el Museo Casa de Cervantes de Valladolid se conserva un retrato que, durante años ha sido atribuido a Cornelis van Haarlem, dibujante holandés que murió en 1638. En la pieza, realizada realmente por un dibujante anónimo a principios del siglo XIX, aparece Cervantes representado en la misma posición que ideara Kent. Tan solo que en la parte izquierda, donde en el original aparecen las figuras de don Quijote y de Sancho Panza, ahora se representa la escena de la penitencia del escudero (II, cap. 71), siguiendo también la imagen que apareció en la edición londinense de 1738, pintada por Vanderbank y grabada por Vanderguch.

En 1825, la Société des Amis des Beaux-Arts de Ginebra dio a conocer una estampa con el retrato de Cervantes, realizada por Bouvier, que se decía a partir de un cuadro original «du Cabinet de M. Briére». Lo más curioso del dato es que se atri-

Anónimo, *Retrato de Cervantes* (Museo Casa de Cervantes, Valladolid).

buía su autoría a Velázquez. Ni más ni menos. La noticia corrió como la pólvora entre los amantes de Cervantes. El 8 de febrero de 1851, Viardot publica un artículo en *L'Illustration*, donde habla de este nuevo retrato de Cervantes, y gracias a esta difusión en la prensa europea del momento, se fue reproduciendo en varias revistas ilustradas en España, como así sucede en el tomo V de *La Academia*, con copia del original debida a García y grabado por Gómez.

Retrato de Cervantes, atribuido a Velázquez (1851).   Gómez, a partir del dibujo de García, *Retrato de Cervantes* (siglo XIX).

Como sucederá con otros de los retratos falsos de Cervantes, los defensores de su autenticidad, como Viardot, no tienen problemas de ver en el cuadro la imagen perfecta de la transposición iconográfica de lo escrito por Cervantes en 1613: «[hay] perfecta concordancia entre los rasgos del rostro que presenta el cuadro de Velázquez y los que Cervantes se dio a sí mismo cuando en el prólogo de una edición completa de sus *Novelas* trazó su retrato con su pluma». Sin más comentarios.

A mediados del siglo XIX, en la portada de los *Nuevos documentos para ilustrar la vida de Cervantes* (Sevilla, 1864), José María Asensio incorpora la imagen fotográfica del dibujo que el pintor Eduardo Cano hizo del supuesto retrato de Cervantes que había pintado Francisco de Pacheco.

Este presunto retrato llegó incluso al imaginario de las ediciones quijotescas, apareciendo al inicio de la primera traducción del *Quijote* al catalán, *L'enginyos cavaller Don Quixot de la Manxa*, publicada en Barcelona en 1891.

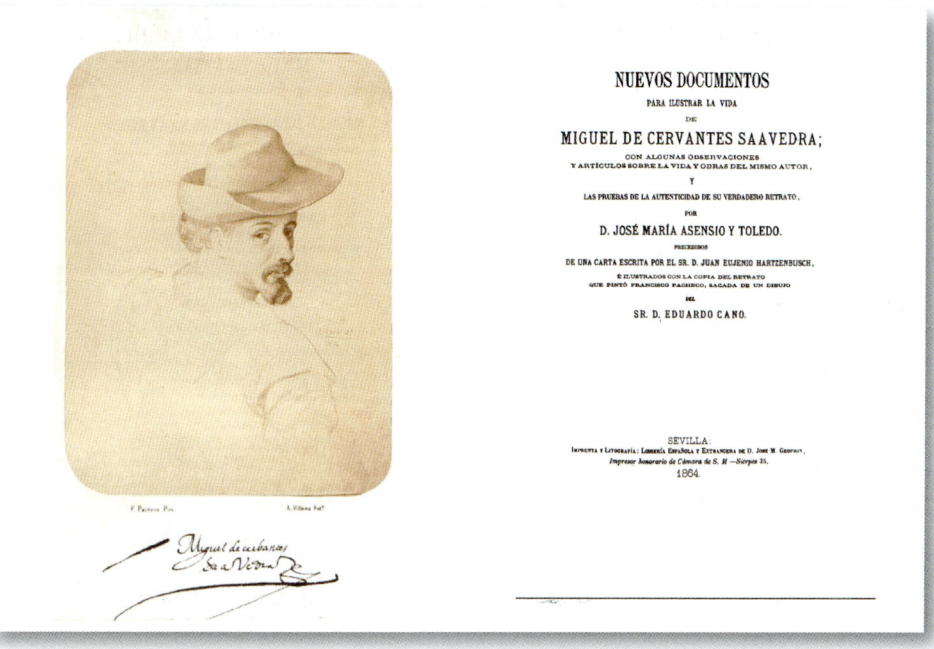

Eduardo Cano, a partir del cuadro de F. de Pacheco, *Retrato de Cervantes* (1864).

Esta imagen al inicio de su libro constituía el final de una investigación que comenzó en 1850 cuando había hallado en una relación manuscrita de lo que había sucedido en Sevilla entre 1590 y 1640 la noticia de que Francisco Pacheco había pintado a Cervantes en uno de los cuadros que había realizado para el convento sevillano de la Merced. El cuadro en cuestión lleva por título *San Pedro Nolasco embarcando para ir a redimir cautivos*, y en él se aprecia en un primer plano al santo junto a uno de los cautivos redimidos, y detrás una barca con un padre mercedario sentado, otro de los cautivos redimidos cargando un paquete, y un barquero, que de espaldas se vuelve para mirar lo que está sucediendo en su barca. En la cara del barquero se quiso ver la representación de Cervantes al ser liberado del cautiverio de Argel, es decir, con 33 años. En la actualidad, el cuadro se encuentra en el Museo de Bellas Artes de Sevilla.

El dibujo que Eduardo Cano sacó de este cuadro, que fue fotografiado por Jean Laurent, permitió que esta imagen tuviera una gran difusión, tanto en

F. de Pacheco, *San Pedro Nolasco embarcando para ir a redimir cautivos* (Museo de Bellas Artes de Sevilla).

publicaciones especializadas como en la prensa. En la *Ilustración de Madrid*, en su número del 15 de abril de 1874, no solo se reproduce este grabado sino también el cuadro de Pacheco, afirmando que este retrato era considerado por aquellos años como el más auténtico de los que se conservaban. Autenticidad que, con los años, fue perdiendo defensores, considerándose hoy fruto del ambiente particular que se vivió en España por aquellos años, sobre todo, a partir de la Guerra de África (859-1860).

A mediados del siglo XIX se vivió en España una etapa de entusiasmo patriótico a partir de la declaración de guerra contra Marruecos que comenzó con un unánime «¡Viva España!» que gritaron los diputados después de votar a favor de la declaración de guerra en 1859. El general Leopoldo O'Donnell, jefe del gobierno, será el encargado de llevar a las tropas españolas al éxito, con victorias del general Prim en Castillejos y en Wad-Ras. El Tratado de Tetuán que puso fin al conflicto se firmará el 26 de abril de 1860. En este ambiente bélico y patriota, en el gobierno dirigido por O'Donnell, se reivindicará la figura del soldado Cervantes cautivo en Argel como un símbolo del deseo de triunfo de España, de ese espíritu imperial que se quiere rescatar. Ricardo de Federico llegó a escribir un soneto donde se unen en un mismo texto los dos grandes símbolos de esta política, el ejército y Cervantes: «A las tropas de África, al pasar delante de la estatua de Cervantes en la noche del 8 del presente». En este contexto liberal y nacionalista, con un gobierno empeñado en una política africanista, se entiende la reivindicación de la etapa argelina de Cervantes: el 21 de mayo 1862 estrena Tomeo en Zaragoza su obra de teatro *El cautivo de Argel*; en 1863 se descubre la *Epístola a Mateo Vázquez* que escribió Cervantes en 1577, que tendrá una enorme repercusión, y un año después Asensio da conocer el retrato de Cervantes en el momento en que es liberado en 1580. Nada es casual en la configuración del mito cervantino.

El quinto de los retratos falsos de Cervantes apareció unos años después de las celebraciones del tercer centenario de la publicación de la primera parte del *Quijote*, y consiguió la trascendencia que tuvo —y que todavía hoy posee— por haber sido defendida su autenticidad por Francisco Rodríguez Marín, uno de los intelectuales y cervantistas más prestigiosos del momento. La primera vez que se vio fue en las páginas de la *Ilustración Española y Americana* el 11 de junio de 1911, según fotografía de Hauser y Menet, en un artículo firmado por Narciso Sentenach.

Retrato de Cervantes atribuido a Juan Jáuregui (1911).

Los detalles de su descubrimiento, que se remonta a la primavera de 1910, cuando el artista valenciano y restaurador de cuadros, José Albiol, por aquel entonces profesor interino de la Escuela de Artes y Oficios de Oviedo, le informara a Santenach de la existencia del retrato, se cuenta con todo detalle en este artículo, y en el que publicó el gran defensor de su autenticidad, Francisco Rodríguez Marín, el 16 de diciembre de 1911 en el *ABC*: «El retrato auténtico de Cervantes». A partir de las dos fotografías que vio en diciembre del año anterior, dejó sentada cátedra de su autenticidad:

> Las vi, apoderándome de una, que no he vuelto a soltar, y quedé maravillado. Sí: ¡aquel debía de ser; aquél, sin duda, era Cervantes! Lo revelaban, mejor aún que las inscripciones, aquella gentil cabeza, aquel nobilísimo rostro y la expresión de aquellos ojos grandes y alegres. ¡En ellos cabía toda la inmensa visión del *Quijote*!

El cuadro lo había adquirido Albiol hacía unos años a un aficionado valenciano, Estanislao Sacristán. Al restaurarlo, no pudo creer lo que tenía entre manos: aparecieron como por arte de magia las dos inscripciones que rememoraban, ni más ni menos, lo que el propio Cervantes había escrito en el prólogo a sus *Novelas ejemplares* en 1613. El cuadro representaba, según inscripción en la parte superior, a «Don Miguel de Cervantes Saavedra», y, según lo que podía leerse en unas letras de tamaño desmesurado en la parte inferior, «Iuan de Iauregui Pinxit, año 1600».

Después de unos tiras y aflojas, Albiol regaló el cuadro a la Real Academia Española —que ya contaba desde finales del siglo XVIII con el falso retrato atribuido a Alonso del Arco—, y a cambio fue propuesto para que ocupara una plaza de profesor en Valencia.

La polémica estaba servida. La prensa se hizo eco de manera entusiasta del descubrimiento: ¡por fin se conocía el retrato auténtico de Cervantes! Y auténtico debía de ser por la inscripción, por lo fiel que es a lo que Cervantes escribiera de sí mismo en 1613, y por la defensa que de él hacían personas tan prestigiosas como el cervantista Francisco Rodríguez Marín, Alejandro Pidal, por estos años director de la Real Academia Española, o Mariano de Cavia. Pero también la prensa albergó las críticas de otros tantos investigadores que desde un principio dudaron de su autenticidad: Pérez de Guzmán, León Maínez, Foulché-Delbosc, Fitzmaurice-Kelly, Puyol… eminentes cervantistas, pero nada que ver con el impacto y la vehemencia de la defensa de su autenticidad que lideraba Francisco Rodríguez Marín, que se sentía ufano de que tal joya no hubiera ido a parar «a manos extranjeras, para dolor y oprobio de España», que convocó a todos sus amigos para defender lo indefendible. Ángel Barcia, uno de los mayores expertos en arte de la época, jefe de la Sección de Bellas Artes de la Biblioteca

Nacional, cuyo director era Francisco Rodríguez Marín, escribe en 1911 un artículo en la *Revista de Archivos*, defendiendo su autenticidad a partir de las fotografías que había hecho Albiol del cuadro:

> [aquel] era el retrato auténtico de Cervantes, el único, el tan deseado, el tan misteriosamente perdido, que al cabo de tres siglos, inesperada y providencialmente, se nos presenta, dejándonos maravillados.

Pero Barcia tampoco debía de estar muy convencido de lo que estaba escribiendo, al calor y seguramente a petición de su jefe, pues lo que realmente declara auténtico son las fotografías del cuadro y no la obra en sí, que no ha visto:

> Sin embargo, la nota, para mí fuerte, intrínseca de la autenticidad del retrato, está en que, manifestándose en él el natural, la presencia del modelo se confirma de un modo propio, marcadamente individual, con la descripción hecha por Cervantes, y si esto se puede apreciar bien en la fotografía, me basta esta para tener el retrato por auténtico, aunque acerca de la pintura suspenda el juicio.

Si la aparición del retrato de Cervantes atribuido a Pacheco se mueve en el ámbito de una corriente africanista que sacudió España a mediados del siglo XIX, el cuadro de Jáuregui se situará en el centro de los movimientos de exaltación nacional de estos años, llegando a ser considerado tema de «interés nacional». Alejandro de Pidal para acallar cualquier crítica —y contar con el apoyo unánime de la prensa—, dio el 15 de enero de 1912 una conferencia en la Asociación de la Prensa, en que se pudieron escuchar palabras como estas contra los adversarios de la autenticidad del cuadro de Jáuregui:

> pensarlo mucho antes de lanzarse a la destrucción de lo que constituye la ilusión y el orgullo de un pueblo y de los que fundadamente creen estar en posesión de una hermosa y respetable reliquia o de la vera efigie de uno de los ídolos nacionales. Antes de acometer su obra de negación, deben acordarse de lo que es patriotismo, de la ofensa que exponen a inferir a la buena fe o la perspicacia de sus conciudadanos.

Y para darle la autoridad final que acabara con cualquier discusión, el falso retrato de Cervantes atribuido a Jáuregui, fue colgado en el dosel del salón de actos de la Real Academia Española, debajo de un retrato de Felipe V (este sí auténtico).

Retrato de Felipe V y *Retrato de Cervantes* atribuido a Juan de Jáuregui en el salón de actos de la RAE.

A pesar de la demostración de la falsedad del presunto retrato de Cervantes atribuido ni más ni menos que al pintor sevillano Jáuregui, haciendo de nuevo realidad lo que no es más que un juego literario en la pluma genial de Cervantes allá por 1613, la tabla donada por Albiol (de manera interesada) a la Real Academia Española, no ha dejado de copiarse, de reproducirse, de imponerse como el «verdadero retrato de Cervantes», el más patriótico. Retrato del mito Miguel de Cervantes antes que del Miguel de Cerianteshombre de principios del siglo XVII

Por otro lado, no deja de ser curioso que para colocar el falso retrato de Cervantes se hubiera tenido que quitar otra superchería cervantina que había presidido el Salón de Actos de la Real Academia desde 1887. Me refiero al falso autógrafo cervantino que poseía el general San Román. Su magnífico fondo bibliográfico fue donado a la Real Academia de la Historia, a excepción de un solo documento, que lo fue a la RAE con una única obligación como se indica en su testamento

Un solo autógrafo exceptúo de este legado, el cual autógrafo no está por tanto comprometido en la herencia de la Academia de la Historia. Es este la carta original de Miguel de Cervantes Saavedra, única que hoy existe, documento que quiero se entregue a la Real Academia de la Lengua, o sea la Española, con la condición de ponerlo en un cuadro colgado al aire, con cristales por ambos lados, de modo que todos la puedan ver y conmoverse con su lectura; haciendo también constar en el marco que fue donación mía, y sin salir jamás del local de la Academia.

Se trata de la presunta carta autógrafa que Miguel de Cervantes le escribe al cardenal Sandoval y Rojas fechada en Madrid a 26 de marzo de 1616 agradeciéndole sus «muestras de favor y amparo». Un autógrafo que se dio a conocer en 1861, y que fue reproducido en el número del 24 de abril de *La ilustración Española y Americana* en 1872. En la actualidad, hay localizadas tres copias de este autógrafo en Madrid, pues al ejemplar de la RAE hay que sumar otros dos en la Biblioteca Nacional de España y en el Archivo Histórico Nacional, sin olvidar otras dos copias que periódicamente se ponen a la venta como auténticos autógrafos, como tendremos ocasión de analizar en el siguiente capítulo.

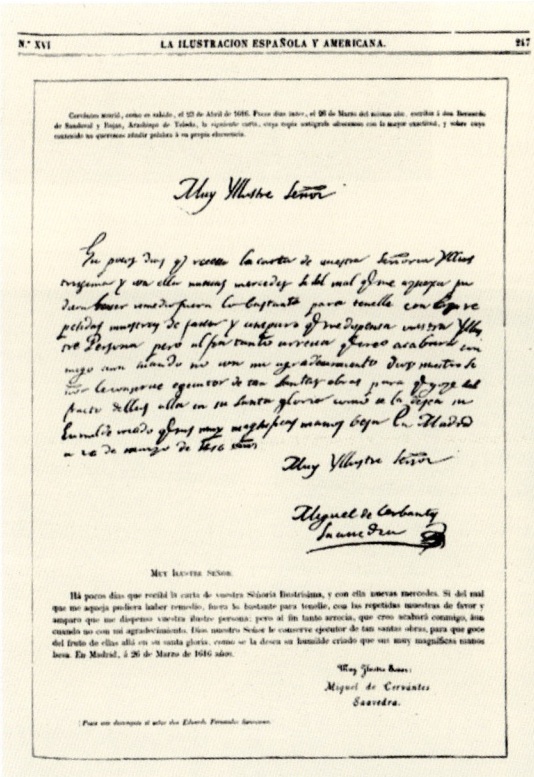

Primera reproducción del falso autógrafo de Cervantes de 1616 (publicado en 1872).

De 1943 data el descubrimiento del último de los retratos falsos de Cervantes conocidos hasta el momento. En este año, el marqués de Casa Torres imprime en Madrid un librito con el título *El retrato de Miguel de Cervantes, por D. Juan Jáuregui*. El título lleva a engaño, pues parece que en él se encontrará la opinión del Marqués, conocido en Madrid por su importante colección de cuadros y grabados, sobre el polémico cuadro conservado en la Real Academia Española. Todo lo contrario. El Marqués de Casa Torres daba a conocer un nuevo retrato de Cervantes que, según él, fue pintado por Jáuregui. El cuadro, que se encuentra en su colección heredado de una hermana suya, la condesa viuda de Val de Erro, representaba el busto de un caballero de mediana edad, pelo canoso, con porte digno y mirada serena, con una breve gola de la época de Felipe II, vestido de negro y mirando de frente. El Marqués atribuye a Jáuregui la autoría del cuadro con el siguiente argumento: «He aquí un excelente retrato de fines del siglo XVI; no sabemos de quién es; tiene que ser de un buen pintor. Buen pintor lo era Jáuregui, si hemos de creer los elogios de los escritores antiguos, ya que no conocemos obras suyas. Este pudiera ser un Jáuregui». Y dado que ve en él lo escrito por Cervantes en el prólogo de las *Novelas ejemplares*, aunque sea una imagen bien diferente a la impuesta por Kent en 1738, lo lleva a afirmar que este es el verdadero retrato de Jáuregui del que Cervantes habla en 1613, y que bien pudiera dar a su amigo para que realizara un grabado y así colocarlo al inicio de su edición, como era habitual en la época.

Retrato de Cervantes (siglo XVII) atribuido a Juan de Jáuregui.

Retrato de Diego Mexía de Ovando (siglo XVII).

Pero en realidad, el retrato de la colección del Marqués de Casa Torres no lo es de Miguel de Cervantes sino de Don Diego Mexía de Ovando, primer Conde de Uceda; copia del busto del cuadro que actualmente se encuentra en el Instituto Valencia de Don Juan.

Seis retratos falsos de Miguel de Cervantes que han puesto color y trazos, de una manera más o menos literal, a lo que el autor escribiera de sí mismo en 1613. Imagen exacta de lo que ha sucedido en muchos de los estudios que se han dedicado a comprender y dar a conocer la vida de Cervantes. La biografía cervantina, el imaginario alrededor del autor del *Quijote*, también se ha ido construyendo al transformar en documento histórico, casi notarial, los datos que aparecen en su espléndida obra de ficción, la que pone las bases, ni más ni menos, a la narrativa moderna.

Mil rostros para un mito, ningún rostro para un hombre

Al margen de estos seis retratos que, aunque falsos, durante mucho tiempo se han tenido —y aún se siguen teniendo— por verdaderos, a lo largo del siglo XIX y principios del XX, Cervantes va a ir tomando la fisonomía de las diferentes corrientes estéticas y culturales que se irán sucediendo, sin olvidar que su efigie siempre será símbolo de los cambios políticos y culturales vividos en España a lo largo de la centuria.

Uno de los movimientos artísticos que van a dejar una mayor impronta en su representación va a ser el Romanticismo. Célestin Nanteuil en el juego de estampas sueltas que va a dedicar al *Quijote* en 1855, va a imaginar a un Cervantes desde una perspectiva romántica, incidiendo en su carácter de soldado, tal y como se recuerda el mismo autor en el prólogo a sus *Novelas ejemplares*. Si la mano izquierda se apoya firme sobre la espada, la derecha, la «estro-

Célestin Nanteuil, *Miguel de Cervantes* (1855).

Miguel de Cervantes (1852).

peada», sujeta con cuidado unos folios donde se puede leer «Quijote».

Unos años antes, en la edición francesa de *Don Quichotte* publicada por Marcial Ardant Frères en 1852, se vuelve a la idea de representar a Cervantes como soldado; pero no ya como el soldado bisoño que participó en la batalla de Lepanto, sino como uno de sus «generales». Imagen de Miguel ya convertido en un mito, inaccesible al hombre. Bajo este influjo soldadesco y la sombra del *Don Juan Tenorio* de Zorrilla, estrenado en 1844, se ha de entender el retrato que entre 1860 y 1864 publica el editor madrileño S. González, firmado por Zarza.

En el ámbito inglés, como sucede en la estampa anónima que aparece en la traducción inglesa del *Quijote* impresa en Filadelfia en 1868, y reeditada en 1873, Cervantes, poco a poco, se va ir llenando de detalles que lo acercan en gesto, indu-

Zarza, *Miguel de Cervantes* (1860-1864).

Miguel de Cervantes (1873).

mentaria y además a los personajes de una comedia isabelina. En todo caso, hay que apreciar un deseo de mantenerse dentro de la ortodoxia, de reflejar algunos de los rasgos canónicos de la representación de Cervantes, su ancha frente, su nariz aguileña… y poco más.

En 1859, el editor barcelonés Gorchs va a realizar la primera edición de lujo del *Quijote* en suelo español del siglo XIX, el siglo del triunfo de la imprenta industrial. Dos tomos de gran envergadura, con magníficas ilustraciones, como la que representa a Cervantes, ahora situado por Luis de Madrazo, su artífice, en el momento de la escritura. Al fondo, al lado de los libros, recuerdos de su vida militar: la espada y el escudo en la pared.

Luis de Madrazo, *Miguel de Cervantes* (1859).

Esta imagen canónica, academicista e historicista si se quiere —también muy en relación con lo expuesto y premiado en los Salones de Bellas Artes de la segunda mitad del siglo XIX—, lo veremos al inicio de otras ediciones de lujo de los años posteriores, como la que ilustrará Apeles Mestre y se imprimirá en Barcelona en 1879, y la de los años 1880-1883, que estará ilustrada por Balaca y Pellicer, aunque, en este caso, el retrato cervantino se deberá a Bartolomé Maura.

Cervantes, autor. Cervantes, soldado. Pero sobre todo, Cervantes, mito. Un «personaje» en los avatares de la exitosa recepción de su obra (primero en Europa y después en España a

Apeles Mestre, *Miguel de Cervantes* (1879).

partir de la canonización de la Real Academia Española en 1780). De ahí, que en la representación de Cervantes, de un Cervantes hombre siempre aparezca la sombra o la realidad de sus personajes, mucho más reales que él mismo. Cervantes que vive porque escribe. Cervantes que sigue viviendo porque sus obras, sus personajes siguen sorprendiéndonos, admirándonos, a pesar del tiempo, al margen de las geografías. De ahí que Mariano de la Roca y Delgado lo representa en la cárcel imaginando el Quijote en 1858 (Museo del Prado depositado en el Museo de Ciudad Real). En actitud melancólica, con la mano derecha en su mejilla, la mano izquierda, la «estropeada» escondida debajo del brazo derecho, mira al fondo de su celda, donde ve aparecer a don Quijote y Sancho.

Bartolomé Maura, *Miguel de Cervantes* (1880-1883).

Mariano de la Roca y Delgado, *Cervantes imagina el* Quijote (1858).

Más curioso será el cuadro que pinta Ángel Lizcano y Monedero en 1887: *Cervantes y sus modelos* (Museo del Prado, depositado en el Ayuntamiento de Alcalá de Henares), donde Cervantes, con su gola, traje negro, y su frente despejada escribe… y a su alrededor, en un patio lleno de libros y de papeles sueltos, los personajes y algunos de los objetos que aparecerán en sus textos, como esos odres de vino del primer plano. La obra de Cervantes que ocupa el espacio del cuadro, dejando a Cervantes, en un esquina, el trabajo de ser cronista de su tiempo. Miguel de Cervantes convertido en historiador. Sus textos, documentos

Ángel Lizcano y Monedero, *Cervantes y sus modelos* (1887).

de una época, que, por tanto, pueden ser leídos, utilizados como fuente documental objetiva a la hora de idear su propia biografía, de inventarse una biografía acorde al mito en que se ha convertido.

¿Cuál es el verdadero retrato de Miguel de Cervantes? Después de cuatrocientos años de búsquedas y de propuestas, lo único cierto es que no sabemos más de lo que quiso dejarnos escrito Miguel de Cervantes en el prólogo a sus *Novelas ejemplares* en 1613. Una imagen en palabras que dialoga con costumbres editoriales de su tiempo que hoy hemos perdido. Una imagen interesada de acuerdo a las disputas literarias, económicas y sociales en que está enfrascado Miguel de Cervantes al final de su vida, en un Madrid cortesano que está haciendo aguas por todos lados. Una imagen que quiere proyectarnos un modelo antes que reflejar el espejo de una realidad.

Así sucede con su imagen y así va a suceder con su biografía. En la mayoría de los casos, contamos tan solo con sus palabras para conocer sus sentimientos, sus acciones, su razón de ser. Una biografía que Cervantes va a construir a medida que la vaya viviendo, sobre todo en sus primeros años, cuando había cifrado en la vida militar sus posibilidades de futuro, que se verá trastocado por el cautiverio de Argel, sin duda, la piedra de toque que cambió, para siempre, el rumbo de su vida. La de nuestras vidas. Una biografía que se irá adaptando a los gustos de cada época, a los deseos y sueños que cada sociedad pone en el cuenco de sus héroes, de sus mitos.

¿Cuál es el verdadero retrato de Cervantes? Sus obras, como clásicos, establecen un diálogo fructífero y sereno con cada época, ofreciendo nuevas lecturas, aportando alguna que

Miguel de Cervantes, fotografía de finales del siglo XIX.

otra respuesta y, sobre todo, abriendo el caudal de insospechadas preguntas y dudas, que hacen que la vida, que la literatura tenga sentido. No hay tiempo, no hay momento histórico, no hay corriente artística que no se haya acercado al *Quijote* y al resto de las obras de Cervantes para establecer con él un diálogo de la que todos salen fortalecidos: el lector que ha encontrado alguna respuesta, y, sobre todo, al que le han surgido un manantial de preguntas; la obra, que se ha llenado de nuevos pulsos, de nuevos retos, del desafío de ser voz de un nuevo tiempo.

Y lo mismo sucederá con la imagen de Cervantes, con su «verdadero» retrato. ¿Acaso no puede considerarse que esta fotografía de finales del siglo XIX no pueda ser también el verdadero retrato de nuestro autor, no tanto del «Cervantes persona» del siglo XVII, como del «Cervantes personaje», del «Cervantes mito» que ha ido construyendo su propio imaginario a lo largo de los siglos?

El mismo proceso analizado en la forma de representar a Cervantes lo vamos a ir encontrando a la hora de ir configurando su biografía. Por un lado, será evidente el deseo de muchos estudiosos desde 1738 por encontrar documentos que permitan rescatar al hombre, sus actividades más cotidianas, de la misma manera que la búsqueda de un retrato «real» de Cervantes fue una de las obsesiones de los promotores de las primeras ediciones de lujo del *Quijote* allá por el siglo XVIII. Por otro lado, ante la escasez de documentación externa, los esfuerzos se centraron en la búsqueda de datos «biográficos» en los propios textos cervantinos, convertidos en documentos antes que en obras de ficción. Si los retratos falsos van a partir de la propia visión que Cervantes dio de sí mismo en el prólogo de las *Novelas ejemplares* (1613), del mismo modo, muchos datos que aparecen y que se repiten en los estudios y acercamientos biográficos tienen en unas líneas cervantinas su origen. Y así ha sucedido desde 1738 hasta nuestros días. En los presupuestos teóricos con los que se comenzó la búsqueda de los restos de Cervantes en el convento madrileño de las Trinitarias —a la que dedicaremos el último de los capítulos—, destacaba encontrar una mandíbula que estuviera falta de los dientes tal y como se describía Cervantes en su retrato de ficción. Se estaba buscando un personaje convertido en mito antes que al hombre muerto en la pobreza y en soledad enterrado en 1616.

¿Cuál es el verdadero retrato de Cervantes?

Cada época irá construyendo el suyo. Un retrato de imágenes, pero también un retrato de palabras. Una vez más, las palabras pondrán las bases de nuevos modos de leer la obra cervantina, y nuevos acercamientos para comprender al Miguel de Cervantes hombre, al Miguel de Cervantes personaje, al mito Miguel de Cervantes que es, y seguirá siendo, una particular construcción ideológica, cultural y literaria. Una construcción sin metas y sin una única finalidad.

En Cervantes, en su vida y en su obra, no hay espacio para los dogmatismos, los blancos y negros irreconciliables, para lo «verdadero» y lo «único» o lo «definitivo». Vida en construcción que ha levantado una obra colosal, cuya recepción no deja de reconstruirse en cada momento, en cada época. Ahora mismo.

¿Acaso no sería posible encontrar el «verdadero retrato» de Miguel de Cervantes en los rostros que lo han ido encarnando en el cine desde principios del siglo XX hasta nuestros días?

Nigel Davenport en *Sir Frances Drake* (1962).

Ángel Picazo en *El huésped del Sevillano* (1970).

Cartel de *Las aventuras extraordinarias de Cervantes* (1967).

Horst Bucholz en *Las aventuras extraordinarias de Cervantes* (1967).

Serie de Dibujos animados *Don Quijote de la Mancha* (1979).

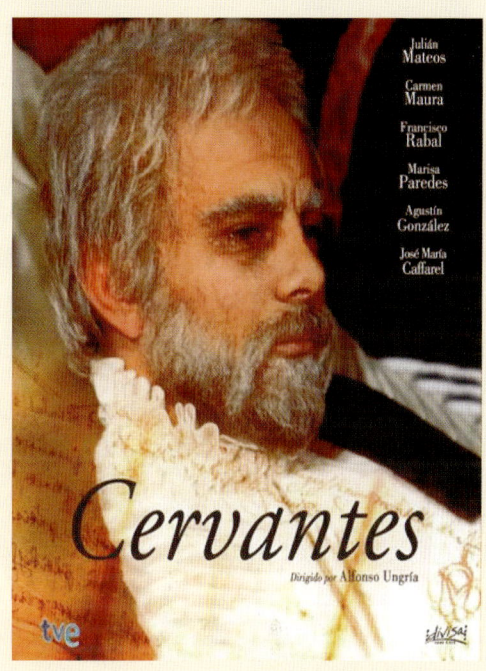

Julián Mateos en *Cervantes* (1981).

Miguel Rellán en *La española inglesa* (2015).

Drcha. Joan Llaneras en *Las locuras de Don Quijote* (2006).

Izqda. Juan Luis Galiardo en *Miguel y William* (2007).

Pere Ponce en el *Ministerio del tiempo* (2015).

2. Miguel de Cervantes, la construcción biográfica de un mito literario

Sobre las primeras biografías de Miguel de Cervantes

La biografía de Miguel de Cervantes se ha escrito a partir de un equilibrio, no siempre conseguido, entre la documentación conservada y las citas y referencias que el autor complutense fue entrelazando en su obra y en los escasos datos que se van expurgando de otros autores; todo ello aderezado con una interpretación personal cercana a la «glorificación», que llegó a su culminación en los siete tomos de la obra grandiosa, en muchos aspectos, que Luis Astrana Marín publicó entre 1948 y 1958 con un título que es ya un programa ideológico: *Vida ejemplar y heroica de Miguel de Cervantes Saavedra, con mil documentos hasta ahora inéditos y numerosas ilustraciones y grabados de época*.

Cuando Gregorio Mayans y Siscar aceptó el encargo de Lord Carteret para escribir la primera de las biografías sobre Miguel de Cervantes, que se publicó en 1738 al inicio de la primera de las ediciones de lujo del *Quijote*, la impresa en Londres en el taller de los Tonson, tuvo que trabajar casi exclusivamente interpretando los datos literarios, como él mismo confiesa al inicio de la carta dedicatoria:

> Un tan insigne escritor, como Miguel de Cervantes, que supo honrar la memoria de tantos españoles y hacer inmortales en la de los hombres a los que nunca vivieron, no tenía hasta hoy, escrita en su lengua, «Vida» propia. Deseoso V. E. de que la hubiese, me mandó recoger las noticias pertenecientes a los hechos y escritos de tan gran varón. He procurado poner la diligencia a que me obligó tan honroso precepto, y he hallado que la materia que ofrecen las acciones de Cervantes es tan poca, y la de sus escritos tan dilatada, que ha sido menester valerme de las hojas de estos para encubrir de alguna manera con tan rico y vistoso ropaje, la pobreza y desnudez de aquella persona dignísima de mejor siglo, porque, aunque dicen que la Edad en que vivió era de oro, yo sé que para él, y para algunos otros beneméritos, fue de hierro (pp. 3-4).

Y así, a partir de los datos extraídos de sus obras, lo lleva a defender que Cervantes nació en Madrid, pues a ella se refiere como «mi patria» en unos versos del *Viaje del Parnaso* (p. 2), y que lo hizo en el año de 1549, según deduce de lo escrito en el prólogo a las *Novelas ejemplares*. Y el resto de los datos biográficos cervantinos, que ocupan tan solo unas páginas de las 103 que constituyen la biografía, se infieren también de las dedicatorias, prólogos o citas de las obras de Cervantes: su paso a Roma al servicio del Cardenal Giulio Acquaviva d'Aragona (p. 4), su participación en la batalla de Lepanto y posterior cautiverio en Argel (pp. 4-5), su dedicación a las tablas teatrales a su vuelta a España (p. 5) y, por último, su muerte «de allí a poco tiempo» de la escritura de la carta dedicatoria del *Persiles*, que se data en Madrid a 19 de abril de 1616 (p. 101). Todo lo demás es análisis de sus obras, en especial del *Quijote*, y la defensa de Cervantes frente a las críticas vertidas por Blas Antonio Nasarre y Agustín Gabriel de Montiano en la introducción de la nueva edición del *Quijote* apócrifo de Alonso Fernández de Avellaneda, publicado en Madrid, en 1732. Otro seguramente hubiera sido el tono de una nueva biografía cervantina que le había encomendado el Marqués de la Ensenada, animándole a buscar nueva documentación que permitiera conocer más detalles de la vida de Cervantes; proyecto que, lamentablemente, nunca llegó a ver la luz.

Al margen de la documentación que el padre Sarmiento buscó a mediados del siglo XVIII para defender que Alcalá de Henares era la patria de Cervantes, cuyos detalles analizaremos en páginas posteriores, será Martín Fernández de Navarrete quien desde 1804 se dedique a la búsqueda sistemática de documentación para así llevar a cabo una biografía diferente de Cervantes, alejada de los datos literarios y de las especulaciones más o menos intencionadas. La *Vida de Miguel de Cervantes Saavedra*, que constituye el quinto tomo de la cuarta edición del *Quijote* que la Real Academia Española patrocinó, la editada en Madrid en 1819, fue un modelo a lo largo del siglo XIX, y constituye, hoy en día, un punto de partida para los acercamientos biográficos de Cervantes, a pesar de muchas de sus carencias y de la utilización, no siempre adecuada, de la documentación conocida. La citaremos en varias ocasiones a lo largo de nuestro estudio, pues será, en muchos casos, origen de alguna idea sobre la biografía cervantina que ha pervivido hasta nuestros días. En todo caso, Martín Fernández de Navarrete, dado el número de nuevos documentos y datos aportados por primera vez, puede afirmar que se siente orgulloso de «haber dado tanta luz y novedad a los sucesos de Cervantes, que parece la vida de otro sugeto diferente si se compara con las [biografías] anteriormente publicadas» (p. 230). Serán treinta y uno los documentos publicados, cuya transcripción y análisis constituye la parte más voluminosa de la obra, pues si el quinto tomo consta de 644 páginas, las 200 primeras están dedicadas a la primera parte («Vida de Miguel de Cervantes»), y el resto a la segunda, que lleva por título: «Ilustraciones, pruebas y documentos que confirman los hechos que se refieren en la vida de Cervantes».

Aunque no es mi propósito ahora analizar con detalle el aporte de esta nueva biografía, sí que me gustaría destacar el modo habitual de trabajo de Fernández de Navarrete, que podríamos bautizar como «biógrafo de gabinete», pues, como era habitual en la época (y así lo encontramos también en el caso de los cartógrafos), el biógrafo no va a realizar de manera personal una búsqueda sistemática de documentación en los archivos y bibliotecas donde podría conservarse memoria de la vida de Cervantes, sino que se va a valer de la ayuda y el trabajo de numerosas personas, que le van a enviar copias manuscritas de los documentos encontrados, en su mayoría parcial y limitados a su tema de estudio, que constituyen la base documental de su trabajo. El mismo Fernández de Navarrete los cita al inicio: Manuel de Lardizábal, Juan Sans de Barrutell, Tomás González, Juan Agustín Ceán Bermúdez, Antonio Sánchez Liaño, Juan Pérez Villamil, a los que se añade «Juan Crisóstomo Ramírez Alamanzón, bibliotecario mayor que fue de S. M., por lo respectivo a varios puntos de crítica y de historia literaria y finalmente otros sujetos, que tendremos ocasión de nombrar, nos han auxiliado con sumo celo y eficacia, practicando diligencias o dándonos avisos, que si no han tenido siempre un resultado feliz, han contribuido a lo menos alguna vez a desvanecer tradiciones o conjeturas admitidas hasta aquí con sobrada ligereza» (p. 232). Además de las parroquias de Alcalá de Henares y de Esquivias, Fernández de Navarrete se benefició de los trabajos de «arreglo» de dos de los centros archivísticos más importantes de España, y que conservan una gran parte de la documentación cervantina: el Archivo General de Indias y el Archivo General de Simancas.

En biografías posteriores, hasta llegar a la de Astrana Marín anteriormente citada, se irá ampliando el número de documentos, como en la que ofrece Jerónimo Morán en 1863, dentro de la edición del *Quijote* publicada en Madrid entre 1863 y 1864, que incorpora hasta 17 documentos inéditos, en su mayoría de Simancas, que dan cuenta de los problemas legales de su puesto de Comisario general de abastos, o la más conocida de Ramón León Máinez, *Cervantes y su época*, publicada en Jerez de la Frontera en 1901, que ofrece algunos documentos inéditos (hasta 12) y transcripciones mejoradas de los ya existentes y editados previamente.

A la búsqueda de la documentación perdida

A partir del éxito de la propuesta biográfica de Fernández de Navarrete, la búsqueda de documentos cervantinos se convertirá en uno de los trabajos prioritarios en el cervantismo decimonónico, y dará muy buenos frutos desde mediados del siglo XIX hasta principios del XX, gracias a la búsqueda sistemática en archivos que llevaron a cabo José María Asensio (11 documentos), Cristóbal Pérez Pastor (161 documentos), Francisco Rodríguez Marín (más de 122 documentos), José de la Torre y del Cerro (40 documentos), Verardo García Rey (53 documentos) y, por supuesto, Luis Astrana Marín, que reúne la documentación conocida anterior y la amplía, hasta llegar a la mítica cifra de los 1000 documentos, convirtiendo su monumental obra en el feliz colofón de esta fructífera línea de trabajo del cervantismo. En la actualidad, contamos con dos excelentes publicaciones, que nos acercan con cuidadas reproducciones y adecuadas transcripciones paleográficas, a los documentos cervantinos conservados en dos Archivos Históricos de Protocolos, el de Madrid y el de Sevilla.

Por su parte, el profesor Krzysztof Sliwa ha ofrecido en los últimos años tres magníficas herramientas para poder adentrarse en el complejo mundo de la documentación cervantina, que reúne mucha de la información conocida, transcrita a partir de las recopilaciones documentales anteriormente citadas, y que constituye un punto de partida indispensable para quien quiera adentrarse en este proceloso campo.

El esfuerzo ímprobo realizado desde mediados del siglo XIX en gran parte de los archivos nacionales, provinciales y municipales hacía pensar que la aparición de nuevos documentos cervantinos significativos sería algo muy improbable. Pero siempre hay espacio para las sorpresas. En septiembre de 1954, Concepción Álvarez de Terán, archivera de Simancas, encontró una de las escasas cartas autógrafas que hemos conservado de Cervantes, la que le envía Cervantes a Antonio de Eraso, del Consejo de Indias, que se halla en aquel momento con el rey Felipe II en Portugal. La carta está fechada en Madrid el 17 de febrero de 1582. En fechas mucho más recientes, el profesor Fernando Bouza ha encontrado un nuevo documento cervantino: la solicitud para conseguir la licencia y el privilegio de impresión de la primera parte del *Quijote*, que está fechado en Madrid, antes del 20 de julio de 1604, y que actualmente se conserva en el Archivo Histórico Nacional. El documento está firmado por Cervantes, pero fue escrito por el librero Francisco de Robles, una prueba más de los orígenes comerciales de la primera parte de la gran novela cervantina. Y durante el año 2014 la Universidad de Alcalá ha publicado un libro de Emilio Maganto Pavón que da cuenta de nuevos documentos cervantinos relacionados con Francisco Sánchez Prado, tío materno de Isabel de Saavedra: *La familia Villafranca y Miguel de Cervantes. Nuevos documentos cervantinos localizados en el Archivo General de Indias*. Por su parte, José Cabello Núñez dio a conocer el 11 de agosto de 2014 el descubrimiento de cuatro nuevos documentos relacionados con la vida de Cervantes: uno de ellos en el Archivo Municipal de La Puebla de Cazalla, localidad sevillana, otros dos en el Archivo General de Indias y el último en el Archivo de Protocolos de Sevilla, datados todos en 1593, que inciden sobre detalles de labor de Cervantes como recaudador de impuestos por tierras andaluzas. Y por último (y quizás no sea el postrero de los capítulos de la historia de la documentación cervantina), Elisa Ruiz anuncia el descubrimiento de otros dos folios autógrafos de Cervantes en el Archivo General de Simancas, a los que me referiré más adelante.

Una asignatura pendiente: la recuperación de la unidad documental

Si el descubrimiento de nuevos testimonios sobre o de Cervantes va a ser una tarea que puede aportar algunas sorpresas, en especial en lo que tiene que ver con los detalles de su trabajo de Comisario general de abastos por tierras andaluzas, lo cierto es que los documentos cervantinos en su conjunto todavía permiten una segunda línea de trabajo aún no explorada en todas sus posibilidades, y que es esencial para una biografía como la presente, donde es tan importante el dato que aparece en un documento como intentar comprender su razón de ser, su propia naturaleza, el contexto en que cobra sentido y luz, además de los avatares de su descubrimiento y difusión.

Me refiero a la lectura de los documentos en su globalidad y a la recuperación de su unidad, iluminando con esta nueva lectura la razón de su finalidad y conservación, lo que nos debe llevar a plantearnos la fiabilidad real que aportan sus noticias. No todo «documento cervantino» ofrece una información objetiva, pues algunos de ellos —los más interesantes para un acercamiento a su vida cotidiana y no a las labores profesionales— están escritos con una clara intención por parte de Miguel de Cervantes o de su familia para apoyar una petición de «merced» o conseguir los fondos necesarios para su liberación. Como se aprecia en el recorrido esbozado en las páginas precedentes, la búsqueda de documentación cervantina comparte dos características (casi) desde sus orígenes: por un lado, los investigadores han desgajado la noticia o el dato cervantino de su unidad documental, con transcripciones que, al ser difundidos en facsímiles, dan la impresión de ser documentos independientes; por otro lado, en la mayoría de los casos, estas transcripciones han sido realizadas, a petición de los interesados, por personas de muy diverso origen y conocimiento, que van desde el equipo (casi ejército) de eruditos que acompañaron a Fernández de Navarrete en su magna obra de 1819, a las colecciones documentales publicadas desde mediados del siglo XIX hasta los primeros decenios del XX, o las recopilaciones más actuales. En muy escasas ocasiones el biógrafo de Cervantes o el estudioso de su vida y de su obra ha tenido el documento ante sus ojos, entre sus manos. La riqueza documental y las reproducciones facsímiles de la biografía de Astrana Marín —uno de los escasos biógrafos que sí que consultaron muchos de los originales de los documentos cervantinos—, parecía hacer inútil el esfuerzo del análisis directo y personal de la documentación conservada, estudiada en su contexto y en su unidad documental. Es esta una línea de trabajo que permite conocer mejor detalles de la época de Cervantes, y además hace posible situar al autor complutense en su contexto, en su momento, en su tiempo.

Pongamos solo un ejemplo, el que es sin duda uno de los documentos esenciales para conocer el cautiverio de Cervantes en Argel, y al que volveremos en varias ocasiones en las próximas páginas: la *Información de Miguel de Cervantes de lo que ha servido a S. M. y de lo que ha hecho estando captivo en Argel, y por la certificación que aquí presenta del duque de Sesa se verá cómo cuando lo captivaron se le perdieron otras muchas informaciones, fees y recados que tenía de lo que había servido a S. M.*, conservada en el Archivo General de Indias (PATRONATO, 253, R.1). El título ya de por sí es una primera interpretación, una muestra de su finalidad, destacándose la pérdida de información esencial para apoyar las demandas de Miguel de Cervantes. El documento fue descubierto en 1808 por Juan Agustín Ceán Bermúdez, que había sido comisionado el rey Carlos IV en 1804 para que indagase en el Archivo General de Indias los documentos que pudieran explicar la presencia de Cervantes en Sevilla. En 1808 la RAE solicita una Real Orden para sacar un traslado de los documentos que, en palabras de Martín Fernández de Navarrete, son los «más apreciables concernientes a este escritor». El Ministerio de Estado expidió la Real Orden el 10 de febrero de 1808 para que Ceán Bermúdez pudiera hacer la copia, que expidió a Navarrete «pre-

Primera página de la petición que Miguel de Cervantes envía al Consejo de Indias para solicitar uno de los cuatro puestos vacantes en América (1590). AGI, Patronato,252, R-1.

cedida de un extracto o razón de todos, con expresión de aquellos antecedentes y del placer que tuvo por un hallazgo tan útil y oportuno para ilustrar la vida de Cervantes», que se publicará en la biografía de Cervantes de Navarrete, que constituye, como se ha indicado, el último volumen de una nueva edición de la RAE del *Quijote* (1819, pp. 311-348), donde puede leerse el siguiente texto final:

El Sr. Ceán concluye la copia de los precedentes documentos con el siguiente certificado. De ser esta copia exacta y cumplida, de estar conforme con su original, por haberse cotejado con él, letra por letra, de quedar el original en el Archivo General de Indias formando un solo legajo con este título: *Simancas = Papeles curiosos, pertenecientes á Miguel de Cervantes Saavedra = Año mil quinientos noventa*, para colocarle con otros preciosos, escogidos e interesantes, en los dos estantes o armarios que están en la sala llamada del Patronato; y de haberse remitido esta misma copia al Excmo. Sr. D. Pedro Cevallos en este día, mes y año, para que S. E. se sirva mandar pasarla a la Real Academia Española, certifica y da fe, en la forma que puede, el comisionado, que la hizo sacar en virtud de la real orden referida en el principio. Y por ser verdad lo firma de su nombre en Sevilla a nueve de marzo de mil ochocientos ocho = Juan Agustín Ceán Bermúdez (pp. 348-49).

La unidad documental se mantendrá cuando se imprima en 1864 dentro de la *Colección de documentos inéditos relativos al descubrimiento, conquista y colonización de las posesiones españolas en América y Oceanía, sacados, en su mayor parte, del Real Archivo de Indias, [y de otros archivos del reino]* (pp. 386-533), o en la edición que realiza Pedro Torres Lanzas, en 1905; pero no así en las biografías o en los repertorios documentales actuales, que organizan el material documental de acuerdo a la fecha de su composición, desglosando este memorial en diferentes unidades, que hacen perder su sentido y función.

Si analizamos el memorial en su organización textual, la que Cervantes le dio en 1590 con una clara intención de fundamentar su solicitud de uno de los cuatro puestos vacantes en América, podemos entender su naturaleza de verdadera «summa vital», una particular «hoja de servicios», que tendrá la siguiente vida administrativa:

Mayo de 1590: Cervantes redacta el encabezamiento del *Memorial* dirigido al Consejo, con la solicitud de cuatro puestos en América.
En mayo le envía el documento a su esposa y a su hermana Magdalena para que incluyan en el mismo:
—Hoja de servicios firmada por el Duque de Sessa.
—Información de Madrid.
—Información de Argel.
—Antiguo memorial a su Majestad, donde se enumeran los servicios prestados.
—La estancia de Rodrigo en la batalla de las Terceras.

- El viaje a Orán, por orden del rey, y los posteriores servicios prestados en Sevilla «en negocios de la armada».
- Enumeración de los cuatro cargos vacantes y solicita que «con cualquiera de estos oficios V. M. le haga merced».

21 de mayo de 1590: el memorial, junto con la hoja de servicios pasa al Consejo de Indias «a consulta por orden del rey».

> Llega a manos del secretario del Consejo, Juan Ledesma, quien se los hace llegar al Presidente con una nota marginal: «Miguel de Cervantes Saavedra, sobre que se le haga merced, atento a las causas que refiere, de uno de los oficios que pide». Junto a la firma del secretario, se pone la firma del relator, doctor Núñez.

El 6 de junio de 1590 sale con una líneas marginales, ya sean de Juan Ledesma o de Núñez Morquecha: «Busque por acá en que se le haga merced». Sin recomendación, el memorial siempre fue un «asunto de trámite».

Como veremos en su capítulo correspondiente, conocemos muchos detalles de la toma de la galera *Sol* y de la vida de Miguel de Cervantes en sus cinco años de cautiverio gracias a las dos informaciones incluidas en este documento legal, enviado hacer por el propio Cervantes y su familia. ¿Hasta qué punto estos documentos, esas noticias, las informaciones allí recogidas vienen a mostrar una realidad vivida o una «ficción documental», más o menos cercana a los hechos narrados, para apoyar las pretensiones de una «merced» por parte de Cervantes, que bien sabía de la dificultad de su nombramiento sin apoyos o recomendaciones en los entresijos de la corte? Son asuntos que trataremos en su momento, pero que es importante que desde un inicio los tengamos en cuenta. De la misma manera que no podemos utilizar los fragmentos literarios donde se habla de idénticos lugares, acontecimientos históricos o personajes con los que tuvo que ver el Miguel de Cervantes hombre como si se tratara de un documento legal que viene a certificar un determinado dato en su biografía (el Miguel de Cervantes escritor proyectará, como todo escritor de los Siglos de Oro, una imagen de sí mismo y de su tiempo en sus escritos); tampoco debemos utilizar la documentación cervantina conservada sin analizar su origen y finalidad para determinar si realmente reflejan una realidad o, más bien, se aprovechan de la obsesión letrada del momento para proyectar una determinada imagen o para destacar un particular dato que viniera a justificar sus pretensiones y peticiones de merced. La literatura supeditada a la vida. La literatura que vendrá a dar sentido a una vida de pretensiones y de construcciones.

Hacia una tipología de los documentos cervantinos

De este modo, según los datos hasta aquí recordados, que van desde la propia historia del descubrimiento, difusión y análisis de la documentación cervantina, desde el siglo XVIII hasta nuestros días, se hace necesario ofrecer una mirada global sobre la misma de acuerdo a dos criterios: tipología de la documentación conservada y relación con la biografía cervantina. Tan solo de esta manera podremos comenzar a hablar de calidad de la documentación —muy escasa y pobre en comparación con la de otros autores de los Siglos de Oro, con Lope de Vega a la cabeza y su extraordinario epistolario— y no solo de cantidad, de cientos o mil documentos, que pueden hacernos pensar que sabemos mucho sobre la vida cotidiana del Miguel de Cervantes hombre. Nada más lejos de la realidad.

En cuanto a la tipología de la documentación, debemos distinguir cuatro tipos, dependiendo de la implicación de Cervantes en su creación:

[I]   Autógrafos.
[II] Documentos en que aparece la firma de Cervantes.
   [II.1] Documentos relacionados con su vida.
   [II.2] Documentos en los que Cervantes firma como testigo.
[III] Documentos donde se cita a Cervantes.
[IV] Documentos relacionados con alguna persona de la familia de Cervantes.

En todos los casos, debemos tener en cuenta un subapartado —más abundante a medida que estamos más arriba en la tipología— de documentación falsa sobre Cervantes, en especial abundante durante el siglo XIX, los años más gloriosos de la búsqueda de documentación y de la falsificación de todo tipo de documentos u objetos artísticos. Si nos centramos en el primero de los apartados, sorprende constatar que tan solo se conocen en la actualidad los siguientes autógrafos cervantinos que hayan sido aceptados unánimemente por la crítica:

1.-Carta autógrafa de Miguel de Cervantes Saavedra al ilustre señor Antonio de Eraso, del Consejo de Indias, en Lisboa (Madrid, 17 de febrero de 1582): Archivo General de Simancas: Guerra y Marina, leg, 123-1.

2.-Relación autógrafa jurada de los gastos menudos que tuvo en Écija, por comisión de Antonio de Guevara (Écija, 6 de febrero de 1589): The Rosenbach Museum and Library (Philadelphia, Pennsylvania): C2 f. C419 ms. 2.

3.-Carta autógrafa de la saca del aceite de Carmona (Carmona, 12 de febrero de 1590): Archivo Municipal de Carmona (AMC), legajo 105,Gobierno, Actas Capitulares

4.-Relación autógrafa del dinero que recibió y gastó Miguel de Cervantes Saavedra para conducir aceite desde Écija y Paradas a Sevilla el año de 1588 (Sevilla, 7 de octubre de 1590): Archivo General de Simancas Contadurías generales, leg. 1745, 156

5.-Certificación autógrafa de Cervantes del trigo y la cebada que su ayudante Nicolás Benito había sacado de la villa de Teba (Sevilla, 8 de agosto de 1592): Archivo General de Simancas: Expedientes de Hacienda, leg. 516, 213 (fol. 94)

6.-Carta autógrafa de Cervantes a Felipe II en defensa de Pedro de Isunza (Madrid, 1 de diciembre de 1592): Archivo General de Simancas: Expedientes de Hacienda, leg. 516, 219-220.

7.-Relación autógrafa de lo recaudado en aceite por Miguel de Cervantes, por comisión de Francisco Benito de Mena (Sevilla, 4 de febrero de 1593): The Rosenbach Museum and Library (Philadelphia, Pennsylvania): C2 f. C419 ms. 1.

8.-Relación autógrafa de los gastos realizados por Miguel de Cervantes (Sevilla, 17 de enero de 1593): Archivo General de Simancas Contadurías generales, leg. 1745, 184 + The Rosenbach Museum and Library (Philadelphia, Pennsylvania): C2 f. C419 ms. 3a-b.

9.-Memorial autógrafo de Miguel de Cervantes Saavedra referente a que se tenga por suficiente la fianza que ha dado (Madrid, 20 de agosto de 1594): Biblioteca Nacional de España: Res/262/180.

10.-Carta autógrafa de Miguel de Cervantes Saavedra al Rey Felipe II, dándole cuenta de lo cobrado en Baeza, Guadix, y otros puntos, y pidiendo 20 días de prórroga para cobrar el resto (Málaga, 17 de noviembre de 1594): Archivo General de Simancas: Consejo y Juntas de Hacienda. Legajo 324, 199.

11.-Carta autógrafa de Miguel de Cervantes dando cuenta desde la cárcel de las partidas de trigo y cebada (Sevilla, 31 de marzo de 1598). Archivo General de Simancas: Contaduría Mayor de Cuentas, 1ª Época, Leg. 1784, 1/2-3/4.

Autógrafos de Cervantes

1582.
Es el primero de los autógrafos cervantinos conservados. Es una carta que Cervantes envía a Antonio de Eraso, secretario del Consejo de Indias, esperando que llegue alguna vacante de América [nº 1].

1589.
Detalle de los pequeños gastos que realizó Cervantes en Écija durante 1588 y 1589. El documento que ahora se conserva en The Rosembach Museum and Library fue robado de Simancas en el siglo XVIII [nº 2].

1592.
Con este documento certifica Cervantes el trigo y la cebada que su ayudante ha sacado de la villa de Teba [nº 5].

1592.
No era fácil la vida del recaudador de impuestos. En esta carta, Cervantes solicita al Consejo que no siga adelante con el juicio contra su jefe Pedro de Isunza, que ha sido acusado de manera injusta [nº 6].

1593.
Miguel de Cervantes se da por notificado de que tiene que entregar relación jurada del aceite y otras cosas que tuvo por comisión por Francisco Benito de Mena [nº 8].

1594.
Además de las relaciones y la defensa de los pleitos, Miguel de Cervantes ha de pedir prórrogas en el desempeño de su labor, como se solicita en este petición autógrafa [nº 9].

A este grupo de autógrafos verdaderos se añaden otros falsos que, en ocasiones, se han tenido por verdaderos a lo largo de los años (y bastantes años, en algún caso). El más conocido y curioso es el que estuvo presidiendo el Salón de Actos de la Real Academia Española desde 1887 hasta 1911, cuando fue sustituido por el falso retrato de Cervantes, atribuido a Juan de Jáuregui, como he tenido ocasión de reseñar en el capítulo anterior. Junto a este autógrafo (en tres copias), a todas luces falso, tenemos constancia de otros que lo son sin lugar a dudas, y que citamos a continuación:

1.- Billete autógrafo de Cervantes, por el que le pide a Juan de la Cuesta que entregue un ejemplar del *Quijote* a quien lleve esta carta (Madrid, 9 de marzo de 1616): Biblioteca Nacional de España: CervSedó C/ 130 nº 2.

2.- Carta autógrafa de Cervantes con la que se le envía a un desconocido personaje dos pliegos de su última obra (s.l., s.a.): Musée départemental Thomas-Dobrée (Nantes).

3.- Carta autógrafa de Cervantes al Señor Don Juan de Azebedo y Fuentes, a quien recomienda como sirviente a un muchacho pobre que desea estudiar en la Universidad de Salamanca (Madrid, 20 de agosto de 1604): Sociedad Cervantina de Madrid. (Hoy desaparecido).

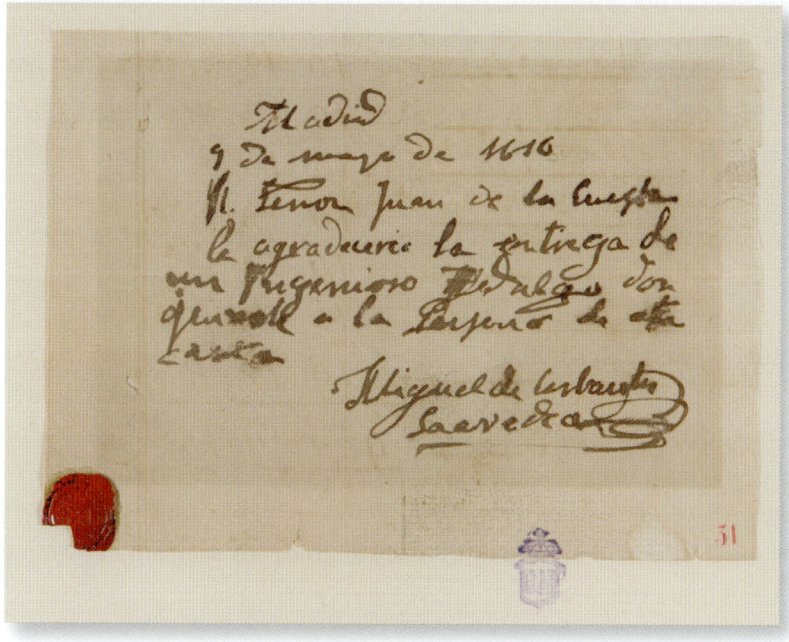

Falso billete autógrafo de Cervantes, fechado el 9 de marzo de 1616 (BNE).

Este repaso por los autógrafos cervantinos pone en evidencia una de las características de la documentación conservada de Miguel de Cervantes, de acuerdo con el segundo criterio de análisis al que hemos hecho referencia anteriormente: la escasa documentación sobre la vida cotidiana y familiar de Cervantes, dado que, en su mayoría, los documentos conservados se limitan a su faceta profesional en tres campos esenciales: peticiones de un puesto, «una merced» en la corte a su vuelta del cautiverio en Argel, su trabajo de comisario general de abastos y de recaudador de impuestos y su carrera literaria, limitada a la documentación legal que era habitual en la época: contratos de venta de los originales de las obras de teatro a los «autores», petición de licencias y documentación derivada de los procesos judiciales abiertos por ediciones piratas del *Quijote* o de las *Novelas ejemplares*. Y nada más. De ahí, que la documentación falsa venga a cubrir estos espacios de silencio cervantino: detalles de la vida cotidiana y su relación con Juan de la Cuesta o los últimos momentos de su vida, esos momentos llenos de emoción, en que la nota (falsa) enviada al Cardenal Sandoval se llena de un patetismo muy acorde a las palabras escritas en la carta dedicatoria del *Persiles*.

De este modo, se hace necesario mantener una visión crítica, ofrecer una nueva mirada sobre la documentación cervantina, donde se destaquen los conjuntos temáticos que le dan sentido, más allá de la fecha de la firma de los mismos o su relación con la línea biográfica cervantina, los únicos criterios desde los que han sido estudiados hasta el momento. Tan solo así, estaremos en disposición de un acercamiento a la vida y la época de Cervantes, donde la documentación cervantina conservada podrá ser comprendida desde los usos de la época y no como muestra de un ser excepcional, único. Volver la mirada al Miguel de Cervantes hombre será una de las claves de nuestra investigación, esa que lo sitúe en su tiempo, más allá del Miguel de Cervantes personaje, más acá del Miguel de Cervantes mito.

Por esta razón, a lo largo de nuestra biografía se irá concretando el momento en que fue descubierto y dado aconocer un determinado documento esencial, así como las interpretaciones e las que ha sido objeto en el tiempo. Solo así, lector curioso, podrás conocer también cómo se ha ido construyendo el Miguel de Cervantes mito bajo los andamios científicos de los acercamientos biográficos desde 1738 hasta nuestros días.

3. Miguel de Cervantes, estudiante (1547-1568)

El licenciado Juan, la llegada de los Cervantes a Alcalá de Henares

Los datos que conocemos de la biografía del abuelo de Cervantes, el licenciado Juan de Cervantes, dan para una novela. Historias de supervivencia, de pleitos, de viajes y de pasiones que, a pesar de sus tintes particulares, son una buena imagen de cómo la vida durante el reinado de los Reyes Católicos, del emperador Carlos y —más adelante— de su hijo Felipe II, se tenía que construir día a día. Así le sucedió a Juan de Cervantes. Y así le sucederá a Miguel y a millones de españoles por estas mismas fechas.

Juan de Cervantes nació en la década de los ochenta del siglo XV en el seno de una familia de orígenes modestos, pero con posibles, pues su padre, Rodrigo Díaz de Cervantes, pañero en Córdoba, había conseguido juntar una relativa fortuna. Fue enviado, seguramente, a estudiar leyes en la Universidad de Salamanca, pues solo con esta formación podía optar al oficio de abogado de rentas de la ciudad de Córdoba, puesto en que ya se documenta su presencia desde 1500. El 29 de mayo de 1509 firma una carta de pago por la que certifica haber recibido 50.000 maravedís de su suegro, como parte de la dote de su matrimonio con Leonor Fernández de Torreblanca: matrimonio que podría haberse consumado un año antes. A principios de 1509 ya se encuentra en Alcalá de Henares, en el primero de sus destinos como teniente de corregidor. Allí vivió un año y medio con su mujer y su primer hijo, Juan, que murió en su juventud, y en Alcalá de Henares debió nacer Rodrigo de Cervantes, el padre de nuestro Miguel. Rodrigo así lo confiesa («yo soy natural de Alcalá de Henares») en su declaración del 16 de julio de 1552, en el pleito que se abre contra él en Valladolid. El puesto de teniente de corregidor lo va a desempeñar el licenciado Juan también en Córdoba (1517) y en Cuenca (1523). Su carrera profesional se completará con el nombramiento de lugarteniente de la Alcaldía de Alzada por parte de D. Diego Hurtado de Mendoza, III Duque del Infantado (por lo que vivirá en Guadalajara entre 1527 y 1533), seguramente juez de residencia en Plasencia (quizás entre 1538 y 1541), y en 1544 es nombrado por el Duque de Sessa, alcalde de Baena, terminando su carrera donde la había comenzado, en su Córdoba natal: en 1550 fue nombrado juez de los bienes confiscados por la Inquisición en el tribunal del Santo Oficio. Murió antes del 17 de marzo de 1557. De los 288 documentos conservados —todos ellos vinculados a las huellas que sus trabajos debían dejar en una sociedad donde la escritura se convirtió en una pieza fundamental de la memoria y del derecho—, es posible entresacar algunos datos de su personalidad, de su vida cotidiana, que, como no podía ser de otra manera, se acercará mucho a lo poco que sabemos de Miguel de Cervantes.

Como se ha indicado, Juan de Cervantes fue recibido como teniente de corregidor en Cuenca en febrero de 1523, siendo corregidor Luis Méndez de Sotomayor. ¿En qué consistía su trabajo? El corregidor, delegado del rey en las principales ciudades, fue una de las instituciones que más potenciaron los Reyes Católicos en Castilla, llegando a nombrar a noventa representantes, gracias a los cuales ejercían un control judicial y gobernativo en las mismas. El nombramiento lo realizaba el Rey, a propuesta del Consejo o Cámara de Castilla, y era puesto muy demandado por el gran poder y posibles riquezas que podían conseguirse durante su desempeño. Así lo describe Castillo de Bovadilla en su *Política para corregidores y señores de vasallos en tiempo de paz* (Barcelona, 1624), y así debió suceder en el mismo siglo XVI, en los tiempos en que tanto el abuelo como el nieto demandaban mercedes en la corte:

> cierto es de lamentar el extremo que ha llegado la ambición, que está llena la corte de pretendientes de Corregimientos letrados, y de capa y espada, que do quiera que volvéis el rostro, topáis con ellos, que andan acá y allá acompañando, importunando y haciendo mil sumisiones, o por mejor decir echando redes y cebos como pescadores o venteros del favor para haber los oficios, olvidados de sus estudios, ausentes de sus casas, gastadas sus haciendas y en ocasiones de vicios y a peligro de sus almas, y, finalmente, […] haciendo cosas indignas de un hombre honrado, sino que, como en estas pretensiones y estaciones anda tanta gente principal, apruébalo el uso […]. Cuanto más los pretendientes de estos oficios son faltos de merecimientos, tanto más arden en ambición (como el mal estómago, que está siempre deseoso de vianda), y por ruegos y dádivas se juzgan ser más dignos, y casi siempre son a los buenos preferidos.

Junto a los corregidores, se creó la figura de teniente de corregidor, ayudante, normalmente experto en derecho, que, en principio, resultaba esencial para asesorar a los conocidos como «corregidores de capa y espada», los que habían llegado al cargo gracias a sus méritos militares. Las mismas posibilidades de utilizar para su propio uso y disfrute el cargo de corregidor, también lo podemos intuir para sus ayudantes. Y no solo intuir: la labor de los corregidores y de sus tenientes era fiscalizada por el juez de residencia, que, una vez al año, se aposentaba en las distintas ciudades a recibir las quejas de los ciudadanos por el trato recibido. Así le sucedió a Juan de Cervantes en abril de 1524, cuando llegó a Cuenca el juez de residencia Martín López de Oñate. Las veintiuna demandas en las que tuvo que dictar sentencia contra el licenciado Juan (ahora conservadas en el Archivo General de Simancas), bien muestran la forma de actuar de Cervantes durante sus trece meses como teniente de corregidor, y son una radiografía de la vida cotidiana de la época, que servirá de telón de fondo a lo vivido por su hijo Rodrigo y su nieto Miguel.

El 6 de abril de 1524, Alonso Martínez de Córdoba se lamentaba de la afrenta sufrida en la Plaza del Rollo de Cuenca:

> Estando yo un día en la plaza de la dicha ciudad, sin hacer cosa que fez fuese, vino a mí el dicho licenciado y me tomó la gorra de encima de la cabeza y me la arrojó por la plaza [...] y me dijo: «Vellaco, villano», y otras muchas injurias de que me tengo por injuriado [...]. Estas ofensas no las quisiera recibir por doscientos ducados de oro en que estimo mi honra. (Astrana Marín, tomo VII, p. 618).

El 14 de abril el licenciado Juan de Cervantes se defiende con el siguiente argumento:

> Que no procede, por defecto de parte, porque no contiene delito, porque habiéndole tenido en su casa el dicho licenciado al dicho Alonso y, habiéndole comido su pan, quitándole de que no lo pidiese de puerta en puerta, como lo hacía en Toledo, no era razón ni cosa de sufrir que pasando por él, dejase de quitalle el bonete y hacelle al acatamiento que debía, especialmente teniendo el oficio que tenía, y llevando la vara de la justicia en la mano; y por esto justamente le pudo echar el bonete en el suelo, y tan justo fuera hacelle otro cualquier mal. Y paresce cosa de burla y de reír que, llamándose su mozo, estime su honra en 200 ducados para con él, que le dio de comer y lo sacó de los hospitales (Astrana Marín, tomo VII, p. 618).

El 14 de mayo, el juez de residencia dicta sentencia encontrado a Juan de Cervantes culpable, por lo que le ordena pagar seis ducados de oro al ofendido Alonso Martínez.

Otros casos, tienen que ver con pequeños hurtos.

El 7 de abril, quien se querellará ante el juez de residencia será Andrés López, «vezino de Chillarón», que se queja de un buey que se le fue a los cotos de la ciudad de Cuenca, y que los que están encargados de abastecer de carne la ciudad, aún sabiendo que no era suyo «tomaron el dicho buey y lo trujeron sin mi licencia y mandando a la carnicería de la Puerta de Huete allí lo mataron, y deshicieron y se aprovecharon de los maravedís que del dicho buey se hicieron». Lo curioso es la forma en que consiguió Andrés López conocer lo que había sucedido con su animal, pues nadie le daba noticia de él, aunque hizo pregonar su desaparición en Cuenca y sus comarcas: «hasta que buscando por los muladares de las carnecerías d'esta cibdad si hallaba algún rastro del dicho su buey topó con un cuerno de él, por lo cual conoció quien la dicha carnicería le habían muerto su buey» (Sliwa, 2001, pp. 77-78). La actitud de Juan de Cervantes era sospechosa pues, aunque Andrés López, llevaba testigos de información «nunca por parte del licenciado Cervantes fueron recibidos, antes en lugar de recivillos, les enviaba con mal diciendo que se fuesen a cortar carne e a entender de sus oficios» (ídem). El juez condenó a Juan de Cervantes a pagar el valor del buey.

En otro caso, Juan de Cervantes está en el centro del robo de las velas con que se debía abastecer la ciudad de Cuenca. La demanda la interpone el 27 de abril Pedro de la Hoz, uno de los fiadores de García de Heredia, que tenía la obligación de abastecer de velas la ciudad. Al llegar la fecha concertada para entregar el trabajo, y ver que García de Heredia seguía ausente de la ciudad, compró una carga de sebo para hacer candelas. El resto del relato vale la pena leerlo en palabras del demandante:

> El dicho licenciado mandó tomar las candelas que de la carga de sebo se habían hecho, en capazos y canastos, y se las llevaron a su casa, que venían casi mil velas; las cuales el dicho licenciado, alguaciles y oficiales se las tomaron y hicieron de ellas lo que quisieron, que yo nunca más vi las candelas, ni canastos ni los dineros que valían, aunque pedí al dicho licenciado que me mandase volver mi hacienda y me hiciese justicia, lo cual nunca quiso hacer, antes me decía palabras soberbias, y que no volviese ante él a pedirle que mandase dar mi hacienda. (Astrana Marín, tomo VII, pp. 628-629).

También en esta demanda, el juez de residencia condenó a Cervantes, en esta ocasión, a pagar 510 maravedís a Pedro de la Hoz por las 340 candelas sustraídas. Otra de las demandas, la que presenta María Hernández, mujer de Pedro de Ojeda, el 30 de abril, permite conocer una de las costumbres de las cárceles de la época, y otro de los modos de los corregidores y sus tenientes de conseguir beneficios de sus cargos:

> Que estando preso el dicho Pedro de Ojeda, su marido, en la cárcel, le envió una cama en que durmiese, en que había un colchón, una manta colorada, una sábana y una toquilla de algodón. Y el dicho su marido estuvo seis semanas preso en la dicha cárcel; y salido de ella, el dicho licenciado Cervantes se llevó a su casa la dicha ropa y se aprovechó de ella; y que aunque ella se la demandó, nunca se la quiso dar, de manera que la tuvo más de cinco meses, y, cuando se la dio la dicha ropa, estaba perdida y estragada. Y pido a vuestra merced que teniendo esta relación por verdadera, condene al dicho licenciado Cervantes a que me dé y pague mil maravedís que en cinco meses pudo ganar, a 200 maravedís cada mes, que comúnmente se da de alquiler de una cama. (Astrana Marín, tomo VII, p. 631)

El juez de residencia condena de nuevo a Juan de Cervantes, pero a unas costas mucho menores de las solicitadas, según sentencia del 22 de mayo.

En otros casos, las acusaciones tienen que ver con abusos de autoridad. Así lo denuncia el 8 de abril el licenciado Orellana: «estando dentro de la casa del licenciado Orellana por mandado del dicho Cervantes, entró un alguacil dentro la dicha casa y le tomó una espada, un broquel, un guante». Y que después Juan de Cervantes lo metió tres días en la cárcel, sentenciándole y condenándole, sin que le permitiera apelación alguna. Pero, sin duda, la mayor de las denuncias es la presentada por Diego Cordido el 14 de abril, que acusa a Juan de Cervantes de haberle preso y dado tormento con sus propias manos en la cárcel pública, asistido por un alguacil. Los hechos se remontan al mes de agosto, cuando Diego Cordido fue encarcelado, y, sin mediar más información:

> luego el dicho licenciado me hizo sobir a la cámara del tormento donde acostumbra atormentar los malhechores; e teniéndome allí ansí, me hizo desnudar en carnes e tender en el escalera del tormento.

Y a pesar de que el demandante había intentado por todos los medios zafarse de la situación, describe los crueles tormentos sufridos en la cárcel:

Y no obstante la dicha sospecha y sin causa y razón, como arriba dije, el dicho licenciado, estando desnudo como estaba en la dicha escalera del tormento, me hizo atar y me apretó por su mano de la una parte muy reciamente los cordeles, y de la otra parte estiraba el dicho alguacil, usando amos a dos contra mí del oficio que usan los verdugos; y aunque yo estando en el dicho tormento pedí e requerí al dicho licenciado que no me despedazasen ni atormentasen ansí porque dijese mentira, [...] el dicho licenciado con su alguacil, más con ánimo de hacerme daño y de atormentarme mis carnes que no con celo de administrar justicia, me apretaron reciamente cada cual de su parte los dichos cordeles hasta que me los lanzaron bien por la carne, de tal manera, que estuve muy muchos días malo y muy atormentado de mis miembros, que no podía hazer cosa ninguna ni me podía valer de dolor, y me duraron las señales que me hizo más de tres meses, y aun hoy en día tengo señales y me quedaron reliquias del dicho tormento; y no contento con lo susodicho, me tuvo preso y detenido en la dicha cárcel después casi tres meses, por lo cual yo perdí, allende del daño que mi cuerpo recibió y lo que gasté en curar mi persona, más de veinte ducados en lo que perdí de trabajar y ganar en mi oficio y otros diez que me comí y gasté curándome del daño que había recibido, sin la injuria y afrenta de mi persona...

El juez, como en otros casos, le da la razón al demandante y sentencia de esta manera, la más severa de todas las conservadas: «condeno al dicho licenciado Cervantes en veinte ducados de oro y le mando que los dé y pague al dicho Diego Córdido dentro de nueve días primeros siguientes; condénole más en las costas d'este proceso» (Rodríguez Marín, 1914, pp. 17-19).

La llegada del licenciado Cervantes y de su familia a Alcalá de Henares en 1533 viene también cargada de polémica, de una historia donde no todo es oro lo que reluce en los maravedís que gastan de manera generosa. Tenemos noticia de estos primeros tiempos en Alcalá gracias al testimonio de varios testigos en el pleito que comienza su hijo Rodrigo en Valladolid en 1552 para probar su hidalguía. Fernando de Arenas, por ejemplo, recuerda las fiestas y juegos en los que participaban Juan de Cervantes y su hijo Rodrigo: «juntarse e acompañarse con gente noble en esta villa, así en juegos de cañas e torneos, y en otros ejercicios de hijosdalgo» (Rodríguez Marín, 1914, p. 146), mientras que Fernando de Antequera, «alcalde de la hermandad e vecino de la dicha villa de Alcalá», recuerda que «siempre se trataron e los vido tratarse sus personas en esta villa como hidalgos e como caballeros, andando muy ataviados e tiniendo buenos caballos e gastos» (ídem, p. 144); recuerdos a los que volverá Cristóbal de la Vega, catedrático de Medicina de la Universidad, que «sabe que los dichos licenciados

Cervantes e sus hijos en esta dicha villa en todo el dicho tiempo se trataron e ataviaron e andaban muy bien ataviados e de ricos atavíos e con muy buenos caballos e pajes e mozos e esclavos, e se trataban con otros caballeros e fijosdalgo, tiniendo gran fausto de casa, y esto es público en esta villa» (ídem, p. 148). En todo caso, no hemos de olvidar que estos testimonios se realizaron para demostrar la hidalguía de Rodrigo de Cervantes, por lo que pueden ser un tanto generosos a la hora de recordar la relación del licenciado Cervantes y de su familia con los caballeros e hidalgos alcalaínos, así como sus gastos y riquezas.

¿De dónde le procedía la fortuna al licenciado Cervantes, que había comprado casas en la Calle Mayor y en la calle de la Imagen, donde con el tiempo nacería Miguel de Cervantes en 1547? No de su nuevo empleo en Guadalajara, de la confianza que fue adquiriendo con el III Duque del Infantado, llegando a ser su confidente en los amores del anciano duque y una joven, María de Maldonado, con la que terminaría casándose en secreto en 1530, un año antes de morir, y que seguramente le costaría el puesto de lugarteniente de la Alcaldía de Alzadas cuando llegó su heredero, don Íñigo López de Mendoza, a ser el IV Duque del Infantado. La fortuna que le permite disfrutar de una vida de «fijodalgo» y caballero en Alcalá, a donde se traslada con su familia, procede del resultado económico de los amores entre su hija, María, y Martín de Mendoza, hijo bastardo del III Duque del Infantado, que había sido nombrado archidiácono. Amores y dineros que conocemos con un cierto detalle gracias a la demanda interpuesta por María de Cervantes a su enamorado el 2 de abril de 1532, y que se conserva en el Archivo de la Real Chancillería de Valladolid, dada a conocer por Narciso Alonso Cortés en su libro *Casos cervantinos que tocan a Valladolid* (Madrid, 1916).

Martín de Mendoza, que es descrito por los cronistas como «hombre de buena estatura, seco y moreno, conforme a la madre» nació de los amoríos entre don Íñigo y la hermosa gitana María Cabrera, cuando esta participó en los juegos de cañas que se celebraron en Guadalajara en 1488 para festejar el Corpus Christi. Recibió Martín *el gitano* no solo el amor de su padre sino también una cuidada educación, y más adelante los arcedianatos de Guadalajara y Talavera de la Reina, la abadía de Santillana o el curato de Galapagar, e incluso lo apoyó en sus deseos de conseguir la mitra arzobispal de Toledo. Esta carrera religiosa no le impidió enamorarse de la joven María de Cervantes, hija del licenciado Juan que, por entonces, era criado de su padre. Ante el miedo de que *el gitano* no cumpliera con su palabra de sustentar a la amante —ya que no podía darle palabra de matrimonio—, consiguió que firmara una obligación de 600 000 maravedís, que es la cantidad que se solicita en la demanda interpuesta en 1532.

En los interrogatorios que se llevan a cabo a varios testigos, hay una pregunta que llama la atención por su crudeza, pues describe el modo en que el licenciado Cervantes no solo conocía sino que consentía los amores de su hija con don Martín de Mendoza ya en su propia casa, ya en la casa de aquel; en esta parte, se les preguntaba a los testigos si sabían, creían vieron u oyeron que don Martín

> tuvo amores y acceso carnal con doña María [...] y después acá la ha tenido por su amiga e manceba públicamente, viéndolo e sabiéndolo e consintiéndolo el licenciado Juan de Cervantes, acogiendo de día e de noche al señor don Martín en su casa para dormir, e como durmió en una cama con doña María; e comer e cenar todos juntos en una mesa; e otros muchos días e noches, consintiendo el licenciado que doña María su hija estuviese e durmiese en casa del señor don Martín, que ansí ha sido y es público y notorio en esta ciudad; e que el licenciado lo sabía e consentía e rescibía muchas dádivas y raciones y acostamientos, y su mujer e hijos, del señor don Martín, por razón que le dejaban tener por amiga a su hija.

Al final, el pleito acabó con el pago de los 600 000 maravedís solicitados, que es la cifra a la que ascienden los cientos de regalos que María de Cervantes había recibido, y que se detallan en el citado documento. Su enumeración es ya una descripción de las galas, de las riquezas con que los Cervantes se presentaron en Alcalá de Henares:

> Cincuenta ducados que llevó Rodrigo de Cervantes y Contreras.
> Mas otros cuarenta ducados que su señoría le llevó a doña María para unas ruanillas.
> Un aforro de martas, que le dio y se las tornó a mercar y le dio por ellas trescientos ducados.
> Mas veinte y dos mil ciento y setenta y cinco maravedís que le mandó dar en holandas y ruanes y sedas de coser y lana para colchones.
> Mas diez ducados que le dio Ambrosio de Vera estando en la cámara de su señoría. [...]
> Una cadena de oro que pesaba veinte ducados, poco más o menos.
> Un brazalete de oro con cinco zafiros, cuarenta ducados.
> Una poma de oro, grande, treinta ducados.
> Un barrilico de oro con una perla en medio.
> Una esmeralda a manera de uña. Esto y lo de arriba y una sortija, cincuenta y tres ducados.

Tres sortijas: la una, una rosita de diamantes, y la otra un rubí berroqueño. y la otra un diamante de punta.
Un relogio de plata que valíe dos mil maravedís.
Un reloj que costó veinte ducados.
Una saya de terciopelo negro.
Otra saya, de grana de Valencia, con una trepa de terciopelo carmesí.
Otra saya, de ruan verde, con un bastón de terciopelo verde.
Un gorrete de terciopelo negro.
Dos martas enforradas en raso negro. Dos alfombras.
Un colchón de Holanda.
Un colchón de Ruán.
Dos sábanas de Holanda, etc. etc. etc... (Astrana Marín, vol. I, pp. 147-148).

Uno más de esos casos durante los Siglos de Oro en que las demandas de amor —o del matrimonio secreto— terminan con una compensación monetaria. Andrea y Madgalena Cervantes, sus sobrinas, conocidas con el paso de los años con el sobrenombre de las «Cervantas», serán protagonistas de historias semejantes, pero nunca conseguirán la cuantía que había conseguido la tía, ni nunca sus enamorados pudieron entroncar con unas de las ramas nobiliarias más conocidas de la Monarquía Hispánica.

La figura de Juan de Cervantes, su personalidad y su trayectoria vital, que le llevó a cambiar de trabajos y de señores según las oportunidades, a visitar la cárcel por sus desmanes o de personas cercanas a él, que buscó oportunidades en los resquicios de la sociedad de la época, bien puede servir de telón de fondo para entender a su hijo Rodrigo —con menos posibilidades de éxito debido a su sordera agravada con los años—, y a su nieto, Miguel, como a tantos miles de personas anónimas que vivieron durante los siglos XVI y XVII, y de los que solo hemos conservado trazas de sus nombres en los miles de documentos de los archivos de Simancas, de Indias o del Histórico Nacional. Desde un principio, desde sus orígenes, Cervantes se nos descubre como uno más de los miles de castellanos que se tienen que buscar la vida, día a día, que la tienen que construir a consecuencia de las oportunidades que se presentan a la vuelta de la esquina, o de acuerdo a los cambios que la inestable Fortuna impone en un instante. Tan solo hará falta un segundo para que los sueños construidos sobre el esfuerzo diario se derrumben y haya que comenzar de nuevo el edificio del futuro desde sus cimientos.

La casa de los Cervantes en Alcalá de Henares

Hasta 1941 no se tuvo conocimiento del lugar exacto de la casa que ocuparon los Cervantes en Alcalá de Henares. La certeza documental la expuso Luis Astrana Marín durante este año, y se basaba en dos documentos: por un lado, en una probanza testimonial de nobleza, fechada en 1610 en Alcalá de Henares, a favor de Lorenzo Hurtado de Satarén y de su mujer Isabel de Mendoza —nieta de María de Cervantes, tía de nuestro Miguel—, en la que se indica que tanto ella como su padre, el licenciado Juan de Cervantes, vivían en una casa en la calle de la Imagen, «a espaldas del hospital de Nuestra Señora de Antezana». Y en un segundo documento, fechado en Córdoba el 10 de enero de 1551, por el cual el licenciado Juan de Cervantes permitía a su hija, María de Cervantes, que vendiera la casa familiar, donde quedaban la abuela de Cervantes, Leonor de Torreblanca, y donde estaba instalado también Rodrigo con su mujer y sus cuatro hijos.

En 1551, la familia de Rodrigo de Cervantes al completo se mudaría a Valladolid en busca de nuevas oportunidades, de nuevos negocios, aunque no encontraron en la sede de la Cancillería Real el lugar esperado de su prosperidad, por lo que Rodrigo, acompañado en ocasiones sí y en otras no por su familia, viajará por Córdoba y Sevilla hasta recabar en Madrid en 1566, cinco años después de haber sido nombrada corte por Felipe II. Miguel de Cervantes habría vivido de manera permanente en Alcalá de Henares tan solo sus primeros cuatro años, y de manera esporádica, a lo largo de los siguientes, antes de instalarse en Madrid. Por este motivo, bien puede decirse que el mito de la «casa natal de Cervantes» nació primero como leyenda en el siglo XIX que como realidad documentada o recordada. Después de las polémicas del lugar de nacimiento de Cervantes —zanjadas desde hace más de dos siglos aunque hay algunos a los que les interesa mantenerlas con vida por motivos personales, turísticos, económicos o de lecturas cifradas de la obra cervantina—, Alcalá de Henares necesitaba una placa que dejara constancia pública del «lugar exacto» donde habría nacido y vivido los primeros años de su vida el mito universal en que se había convertido Miguel de Cervantes. Y esta placa-testimonio llegó en 1846, cuando, siguiendo el rastro de una «tradición», se colocó en una tapia de una antigua casa de la calle Tahona (hoy, calle Cervantes), relacionada con el desaparecido convento de los Capuchinos. La placa fue redactada por el poeta Manuel José Quintana, que se hace eco ya de la fama universal de Cervantes, en una redacción no muy afortunada:

> AQUÍ NACIÓ
> MIGUEL DE CERVANTES SAAVEDRA,
> AUTOR DEL DON QUIJOTE;
> POR SU NOMBRE Y POR SU INGENIO
> PERTENECE AL MUNDO CIVILIZADO;
> POR SU CUNA A ALCALÁ DE HENARES.
> AÑO 1846.

No debieron quedar muy contentos los alcalaínos con la ocurrencia de Quintana de distinguir entre el «mundo civilizado» y Alcalá de Henares, y en 1905, como un acto central de la celebración del III Centenario de la publicación de la primera parte del *Quijote*, fue sustituida por otra, en un texto mucho más anodino:

> AQUÍ ESTUVO LA CASA
> DONDE NACIÓ
> MIGUEL DE CERVANTES SAAVEDRA,
> AUTOR DEL «QUIJOTE».
> HOMENAGE DE LA CIUDAD DE ALCALÁ DE HENARES
> A SU HIJO ESCLARECIDO.
> MAYO DE MCMV.

La placa fue retirada en 1956 cuando se inauguró la Casa Museo de Cervantes.

¿Qué conocemos y qué conservamos de la casa original que ocuparon los Cervantes en Alcalá de Henares situada en el número 2 de la calle de la Imagen? Es realmente triste constatar cómo entre los años que median desde 1953, cuando el Ayuntamiento de Alcalá compra el inmueble, y su apertura al público el 9 de octubre de 1956, declarado para esta única ocasión «Día de la provincia», la casa sufrió una transformación en su estructura mucho mayor que la que había soportado en los tres siglos precedentes, por más que se sucedieron los dueños y se ampliaron a su antojo los espacios con las casas colindantes. Además de las fotos que publicó Luis Astrana Marín en su biografía cervantina, contamos con la descripción de Juan Antonio Cabezas, que el 23 de septiembre de 1956 publicó en la revista *España* un artículo con el título: «Alcalá de Henares, villa de mala suerte. La capital universitaria del «Siglo de Oro» se quedó sin monumentos» en que rememoraba la impresión que le produjo la casa cuando la visitó acompañado de otros cervantistas:

> Hace ahora dos años fuimos invitados, como miembros de la Sociedad Cervantina, a visitar la casa de Cervantes en Alcalá. Se trataba de una modesta, pero simpática casita, con mucho sabor de época. En la planta baja, un patio interior con su pozo. En torno al patio, columnas de madera que sostenían unos corredores, cuyas vigas estaban adornadas con molduras (Astrana Marín, vol. VII, p. 743).

La casa pertenecía desde 1906 a Pedro Sánchez Martos, y gracias al contrato de compraventa de estos años podemos conocer algo más de su estructura en el momento de su descubrimiento:

> Una casa situada en la ciudad de Alcalá de Henares y su calle de la Imagen, número dos, que consta de planta baja, principal y cámaras, distribuida aquella en portal,

3.- Miguel de Cervantes, estudiante (1547-1568)

patio con pozo, sala, gabinete, tres dormitorios, otra sala interior, dos cocinas, un corral, excusado y una cueva; la segunda, o sea la planta principal, consta de recibimiento, galería, sala, dos gabinetes, otra sala interior y otro gabinete interior, cinco dormitorios, cocina, despensa, carbonera y retrete, constando igualmente de varios departamentos las cámaras (Astrana Marín, vol. I, pp. 238-239).

Nada que ver después de los trabajos de remodelación dirigidos por el arquitecto José Manuel González Valcárcel, que había sido comisionado por la Dirección General de Bellas Artes del Ministerio de Educación Nacional para tal labor. González Valcárcel tomó dos decisiones cuestionables: por un lado, cambió la entrada de la Calle de la Imagen a la Calle Mayor, derribando la tapia del solar que habría hacia la calle Mayor (donde hasta finales del siglo XIX habría una casa me-

dianera) para convertirlo en un jardín, donde se plantó un ciprés que hoy parece ser testigo mudo de tantos turistas, como si siempre hubiera estado ahí; y por otro lado, transformó su interior, especialmente la planta superior, que fue derribada de manera completa, como indica Juan Antonio Cabezas en el citado artículo:

> Ahora, en una reciente y circunstancial visita a Alcalá de Henares, quisimos enseñar a unos amigos la casita en que naciera Cervantes. Nuestra desilusión fue tremenda. En vez de la casa, que debió conservarse como una reliquia en torno a la cual se hubieran podido realizar obras de consolidación y ampliación, pero sin tocar su estructura, solo había escombros y pilas de ladrillos destinados a la nueva edificación.
> No sabemos, ni nos interesa, de quién fue la idea del derribo total de la modesta casa alcalaína en que vino al mundo Miguel de Cervantes, ni qué criterio ha motivado tan absurda decisión, llevada a cabo sin que, al parecer, a nadie se le haya ocurrido protestar contra tamaño desatino. Solo pensamos ante lo irremediable ¡Está visto que la mala suerte de Alcalá no se ha terminado! (ídem).

Aunque se mantuvo la estructura de la casa original, lo cierto es que al abrir una nueva entrada a la Calle Mayor, crear una nueva fachada y añadir un jardín delantero donde antes había una casa medianera, además de algunos detalles —no menores— como sustituir las columnas de madera del edificio original por las columnas de piedra de la galería del Jardín del Vicario, obra de Covarrubias, hacen que hoy en día sea difícil entender que la actual casa de Cervantes fuera la modesta residencia donde pasó sus primeros años Miguel de Cervantes. En otras palabras, en 1956 se construyó una casa a la altura del Miguel de Cervantes mito donde un día estuvo la casa original cervantina más modesta, más acorde a la realidad económica y social de los Cervantes, por más que soñaban con haberse relacionado con lo más granado de la hidalguía complutense.

Una anécdota que refiere José César Álvarez, miembro de la Institución de Estudios Complutenses, y por entonces joven seminarista, testigo accidental de la inauguración, bien puede ser ejemplo de lo que se pensó en 1956 y lo que hoy podemos seguir pensando de la restauración realizada en la Casa Natal de Cervantes. En medio de los discursos anodinos de las autoridades en el momento de la inauguración, se oyó un grito, que no dejó de repetirse por unos minutos: «Esta no es la casa de Astrana». Quien así gritaba, admirando a propios y extraños, era Rafael Sanz de Diego, canónigo de la Iglesia Magistral de Alcalá de Henares, y daba voz a lo que muchos pensaban después de las obras de remodelación, que, como reivindicaba Juan Antonio Cabezas, habrían tenido que ser de conservación y respeto antes que reconstrucción e invención. Y este sentimiento debió de ser el del mismo Astrana, presidente de la recién fundada Sociedad Cervantina en Madrid. Ni Astrana, a pesar de haber sido invitado, acudió a la inauguración, ni tampoco hizo acto de presencia ninguno de los cervantistas del momento, para dejar clara su oposición a los trabajos realizados. En 1958, en el sexto volumen de su monumental obra *Vida ejemplar y heroica de Miguel de Cervantes Saavedra*, después de reproducir el artículo citado que el 23 de septiembre de 1956 publicó Juan Antonio Cabezas, Astrana se expresa con estas palabras que dicen todo lo que callan: «El dolor y la ira nos impide hacer ningún comentario. Yo descubrí la casa, ¡y ojalá no la descubriera!, para tropezar con el 'espíritu municipal y espeso' y con algo que queda en los puntos de la pluma. Que tiene que quedar» (vol. VI, p. 745).

De este modo, el edificio que hoy alberga la Casa Natal de Cervantes, aunque emplazada en el lugar donde estuvo la casa de los Cervantes en Alcalá de Henares, queda lejos de la forma en cómo llegó a los años cuarenta del siglo XX, con todos los avatares propios del paso del tiempo. La reforma de 1956 la convirtió no en la casa modesta donde vivió un médico-cirujano con su familia, alejada de las riquezas de otros tiempos, sino en la casa que merecía un mito de la fama universal como es Miguel de Cervantes, abriéndola con un jardín y un imponente ciprés a la Calle Mayor, alejándola de la calle de la Imagen que, con el tiempo se ha convertido en uno de los espacios más históricos de Alcalá de Henares, pues junto a la casa cervantina, puede contemplarse el convento de las Carmelitas Descalzas donde profesó Luisa de Cervantes, y la casa natal de Azaña. En las reformas sucesivas (la de 1971, la de 1983, y las que se han sucedido cuando la casa pasa a ser gestionada por la Comunidad de Madrid —a partir del 19 de abril de 1985—) se ha consolidado un nuevo proyecto museístico, que la ha convertido en uno de los espacios turísticos más visitados de la Comunidad de Madrid y donde se han descubierto elementos de la casa original: frescos con leyendas en grafía gótica y los sótanos, con fragmentos de cerámica de los siglos XVI y XXVII. Además del museo, siguiendo los deseos de Astrana Marín desde su fundación, se creó una biblioteca cervantina, que no ha dejado de aumentar sus fondos desde entonces, en muchos casos por donaciones de particulares y de instituciones públicas españolas y extranjeras. El sueño de Astrana, el descubridor de la casa de Cervantes, era heredero de lo que había visto que se había hecho en Inglaterra para honrar a Shakespeare, modelo imposible en tierras hispánicas:

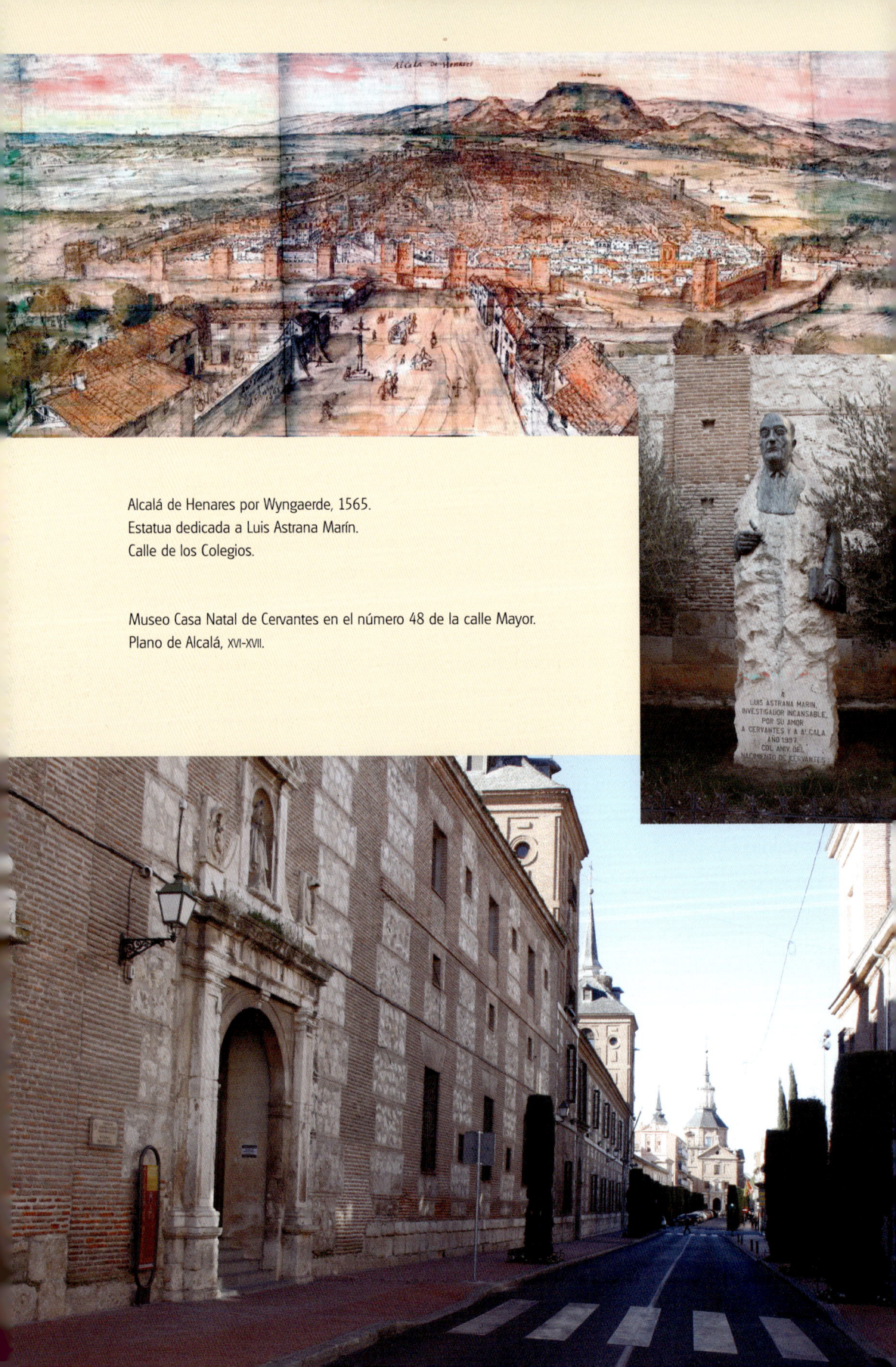

Alcalá de Henares por Wyngaerde, 1565.
Estatua dedicada a Luis Astrana Marín.
Calle de los Colegios.

Museo Casa Natal de Cervantes en el número 48 de la calle Mayor.
Plano de Alcalá, XVI-XVII.

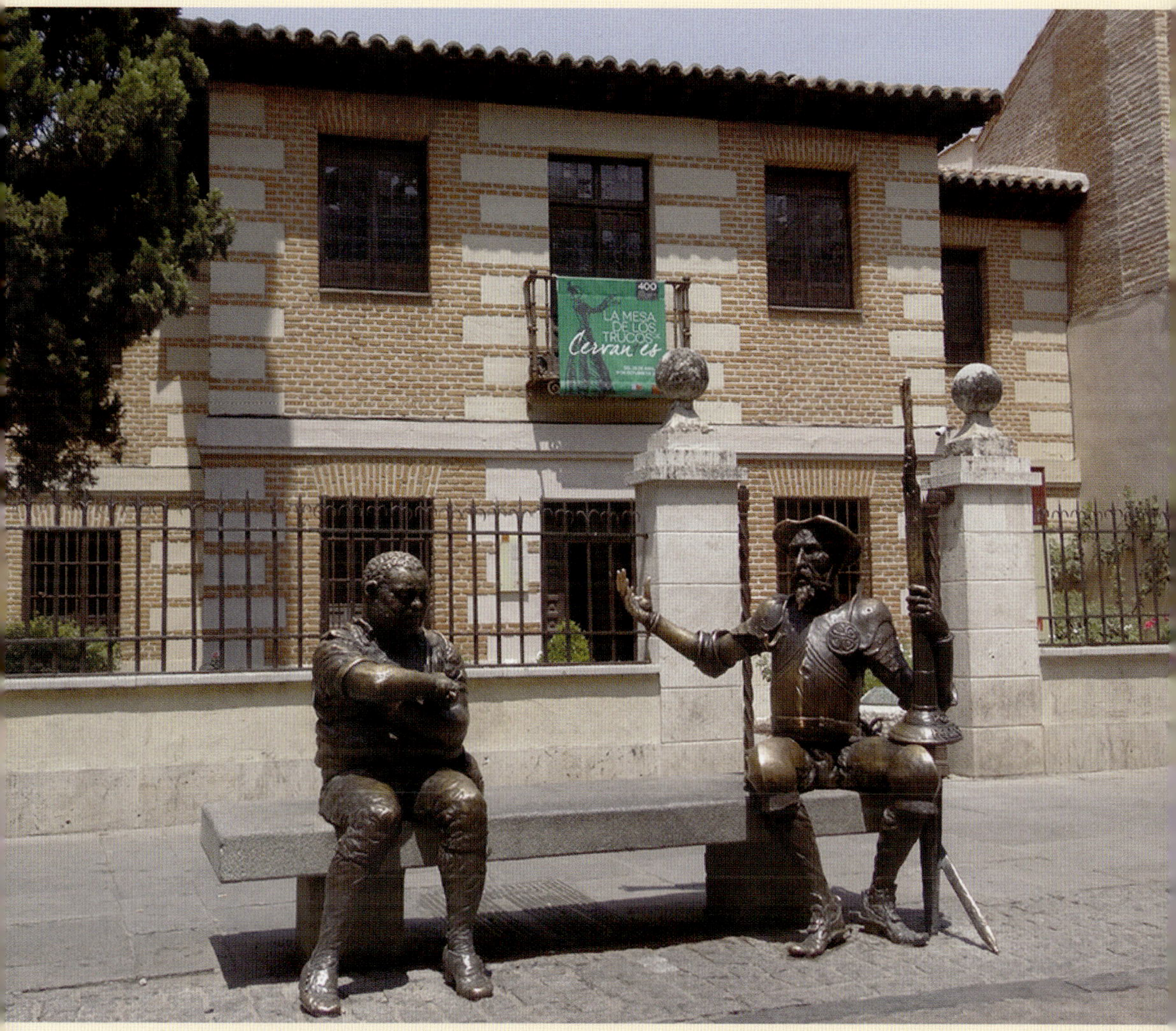

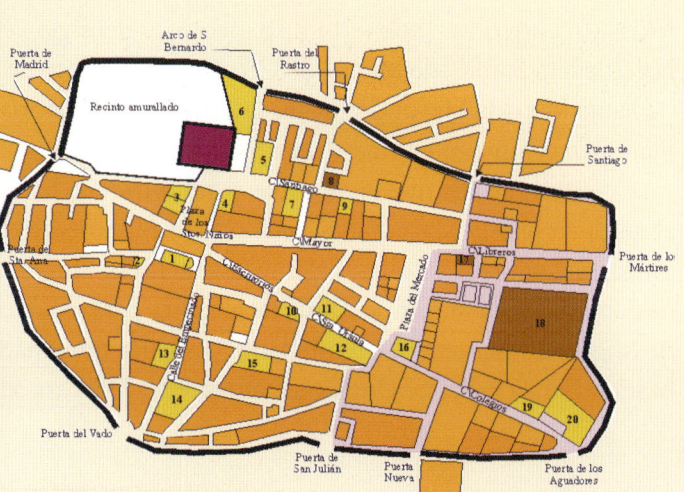

22

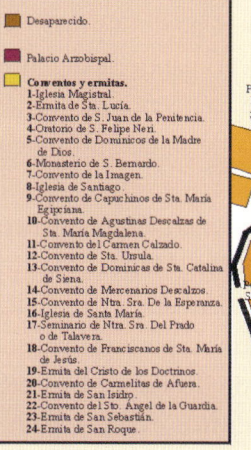

24

- ■ Desaparecido.
- ■ Palacio Arzobispal.
- ■ Conventos y ermitas.
  1- Iglesia Magistral.
  2- Ermita de Sta. Lucía.
  3- Convento de S. Juan de la Penitencia.
  4- Oratorio de S. Felipe Neri.
  5- Convento de Dominicos de la Madre de Dios.
  6- Monasterio de S. Bernardo.
  7- Convento de la Imagen.
  8- Iglesia de Santiago.
  9- Convento de Capuchinos de Sta. María Egipciaca.
  10- Convento de Agustinas Descalzas de Sta. María Magdalena.
  11- Convento del Carmen Calzado.
  12- Convento de Sta. Úrsula.
  13- Convento de Dominicas de Sta. Catalina de Siena.
  14- Convento de Mercenarios Descalzos.
  15- Convento de Ntra. Sra. De la Esperanza.
  16- Iglesia de Santa María.
  17- Seminario de Ntra. Sra. Del Prado o de Talavera.
  18- Convento de Franciscanos de Sta. María de Jesús.
  19- Ermita del Cristo de los Doctrinos.
  20- Convento de Carmelitas de Afuera.
  21- Ermita de San Isidro.
  22- Convento del Sto. Ángel de la Guardia.
  23- Ermita de San Sebastián.
  24- Ermita de San Roque.

23

> Es de desear (y esperamos llegue tan feliz día) que a la casa número 2 de ella se le reintegren los veintiséis metros cuadrados que le faltan; y en toda esa superficie, de 3.980 pies, se construya un amplio museo dedicado a MIGUEL DE CERVANTES, al modo del erigido en Stratford-on-Avon por Inglaterra en la casa de Shakespeare (Birthplace) para atracción de turistas: gran biblioteca, museo de reliquias locales y documentos cervantinos; salas de lectura y bellos jardines con flores y arbustos de los citados por CERVANTES en sus obras (Astrana, vol. I, p. 239).

Las comparaciones entre Cervantes y Shakespeare, en su recepción como mitos literarios, siempre dejan a nuestro escritor en una situación de inferioridad. Ni la obra de Cervantes fue reconocida ni en su tiempo ni en los siglos posteriores en suelo hispánico, ni tampoco su figura —sus restos, sus casas, sus espacios— se han preservado, siendo este el mejor homenaje que le podríamos tributar al Miguel de Cervantes hombre, dejando para futuras generaciones huellas de su paso por las ciudades y lugares en que vivió, en que escribió las obras que lo han convertido en un mito.

De cómo se descubrió la partida de bautismo de Cervantes en Alcalá de Henares (1752) y de cómo sobrevivió a la Guerra Civil (1939)

Madrid, Toledo, Sevilla, Córdoba, Consuegra o Alcázar de San Juan han sido algunas de las localidades que los primeros biógrafos de Cervantes, allá por el lejano siglo XVIII, defendieron que era el lugar donde había nacido Miguel de Cervantes. La falta de pruebas documentales, la lectura sesgada de referencias literarias o la aparición de falsas partidas de bautismo por estos años permitieron que se creara una nueva ficción en la biografía cervantina. Una de sus más recurridas y recurrentes. Todo terminó a mediados del siglo XVIII cuando se descubrió la verdadera partida de Miguel de Cervantes en el libro de bautismos de la Iglesia de Santa María la Mayor de Alcalá de Henares. La historia de su descubrimiento bien merece un alto en nuestro camino biográfico.

Durante los meses de junio y julio de 1752, Santiago Gómez Falcón, abad de la Iglesia Magistral, a petición del Bibliotecario Real Manuel Martínez Pingarrón, se dedicó a revisar exhaustivamente el libro de bautismos de la Iglesia de Santa María la Mayor de Alcalá de Henares para encontrar la partida bautismal de Miguel de Cervantes. En esta labor estuvo acompañado del cura párroco Sebastián García y Calvo. Unos años antes, en 1748 para ser más exactos, Juan de

Iriarte había descubierto en la Real Biblioteca una «relación» impresa en Granada en 1581 donde se daba cuenta de los cautivos redimidos en Argel el año anterior, entre los que figuraba «Miguel de Cervantes, natural de Alcalá de Henares», dato este que se correspondía también con las noticias de la *Topografía e Historia General de Argel* (Valladolid, 1612) de Antonio de Sosa, que hasta en tres ocasiones cita a Cervantes como natural de la ciudad complutense, como ya estudiara y diera a la luz el padre Sarmiento por estas fechas. Martín de Sarmiento terminaría de escribir en 1761 su libro, que se conserva manuscrito en la Biblioteca Nacional de España (mss. 11168): *La verdadera patria de Miguel de Cervantes*, donde recoge y amplía sus descubrimientos de estos años.

Las fechas no son casuales y la búsqueda de la «patria cervantina» entra de lleno en polémicas literarias y políticas de la época, que tenían a Juan de Iriarte y al padre Sarmiento de un lado, y al Bibliotecario Real Blas Nasarre, y al académico Agustín de Montiano por otro. Nasarre había reeditado en 1732 el *Quijote* apócrifo de Alonso Fernández de Avellaneda, defendiendo su superioridad literaria frente al *Quijote* cervantino, lo que fue rebatido, con vehemencia y argumentos, por Mayans y Siscar en el prólogo de la edición del *Quijote* de 1738, la primera biografía conocida de Cervantes, como ya se ha indicado con anterioridad. Nasarre tuvo una especial suerte en estos años para descubrir partidas de bautismos de Miguel de Cervantes: en 1746 encuentra en Alcázar de San Juan la de un tal Miguel, bautizado el 9 de noviembre de 1558, hijo de Blas Cervantes Saavedra y de Catalina López; y poco después la suerte le volvería a sonreír en los archivos de Consuegra, donde encontró la partida de bautismo de Miguel, hijo de Miguel López Cervantes y de María de Figueroa, fechada el 1 de septiembre de 1556. Para que no quedara duda de a quien se refieren estos asientos, en ambas partidas escribe de su puño y letra en los márgenes: «este es el autor de la Historia de Don Quixote de la Mancha», y «el autor de los Quixotes», respectivamente.

En este ambiente de disputas literarias y de puestos en la corte, ha de situarse la búsqueda en Alcalá de Henares de la partida de Cervantes, cuya transcripción fue remitida el 18 de julio de 1752 por el cura párroco de la Iglesia de Santa María la Mayor a Manuel Martínez Pingarrón, quien se la comunica a Mayans y a Iriarte. Pero la noticia llegó también a oídos de Agustín de Montiano, quien se hace con una copia, que dice haber sacado el 19 de junio de este mismo año y que publica en el *Discurso segundo sobre las tragedias españolas*, que sale a la luz en Madrid al año siguiente. Años de disputas, años de engaños, años de dudas que zanjaron los biógrafos del siglos XVIII (Vicente de los Ríos y Juan Antonio Pellicer) y del siglo XIX (con Fernández de Navarrete a la cabeza): Miguel de Cervantes es natural de la villa de Alcalá de Henares, donde fue bautizado un 9 de octubre de 1547 (según el calendario vigente, el juliano).

> Domingo, nueve días del mes de otubre año del Señor de mil e quinientos e cuarenta e siete años, fue baptizado Miguel, hijo de Rodrigo de Cervantes e su mujer doña Leonor; fueron sus compadres Juan Pardo. Baptizole el reverendo señor bachiller Serrano, cura de Nuestra Señora. Testigos: Baltasar Vázquez sacristán e yo que le baptizé e firmé de mi nombre.
>
> El bachiller Serrano

El hecho de que el 29 de septiembre se celebre la festividad de San Miguel arcángel, ha llevado a defender que este podía ser el día exacto en que nació Cervantes, el 29 de septiembre de 1547. La pila bautismal en la Iglesia de Santa María la Mayor se convertirá en lugar de peregrinación a lo largo del siglo XIX, como lo recuerda la *Ilustración de Madrid* en su número del 15 de abril de 1872, que la sitúa en la torre, donde estaba su emplazamiento original. En 1905, con motivo de la celebración del III Centenario de la publicación de la primera parte del *Quijote* la pila bautismal, restaurada por el arquitecto Cabello Lapiedra, fue trasladada a la Capilla del Oidor.

Pila bautismal de la Iglesia de Santa María la Mayor.

La historia de la partida de bautismo de Cervantes, uno de los documentos más importantes conservados sobre la vida del autor complutense, pudo haber tenido un final trágico el 29 de julio de 1936 cuando la Iglesia de Santa María la Mayor fue destruida por un incendio provocado al inicio de la guerra civil española,

llevándose tras de sí su archivo y biblioteca.

Pero días antes, el 16 de julio para ser más exactos, viendo el cariz que tomaba el intento de golpe militar franquista, César Manero, párroco de la Iglesia, decide llevar el libro de bautismos a un lugar más seguro, y se lo entrega a Juan Raboso San Emeterio, comerciante alcalaíno que, durante los tres años de guerra, escondió el libro en el fondo de un pozo dentro de una caja de galletas de hojalata cerrada y sellada herméticamente por el fontanero Francisco del Río Ortega en su casa de la calle Cerrajeros.

El 3 de abril de 1939, Juan Raboso entregó el libro de bautismos de la Iglesia de Santa María la Mayor al nuevo consistorio municipal. Su situación, después de varios siglos de consultas, exposición pública, calcos, fotografías y reproducciones era lamentable, como muestra la fotografía que Astrana Marín sacó de los folios 192v y 193r donde se

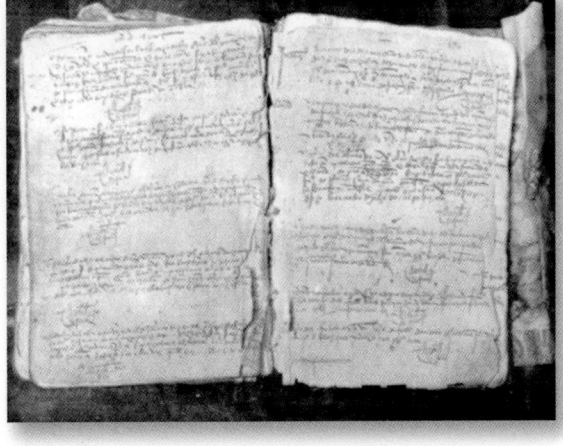

encuentra el asiento de los bautismos realizados el 9 de octubre de 1547. No se olvide que en este mismo libro se recogen los asientos del bautismo de los hermanos de Miguel de Cervantes nacidos en Alcalá de Henares: Andrés (1543), muerto siendo niño, Andrea (1544), Luisa (1546) y Rodrigo (1550).

El libro fue devuelto en 1959 a la Iglesia y el Obispado de Madrid realizó la restauración del folio cervantino. En 1976, pasó definitivamente al Ayunta-

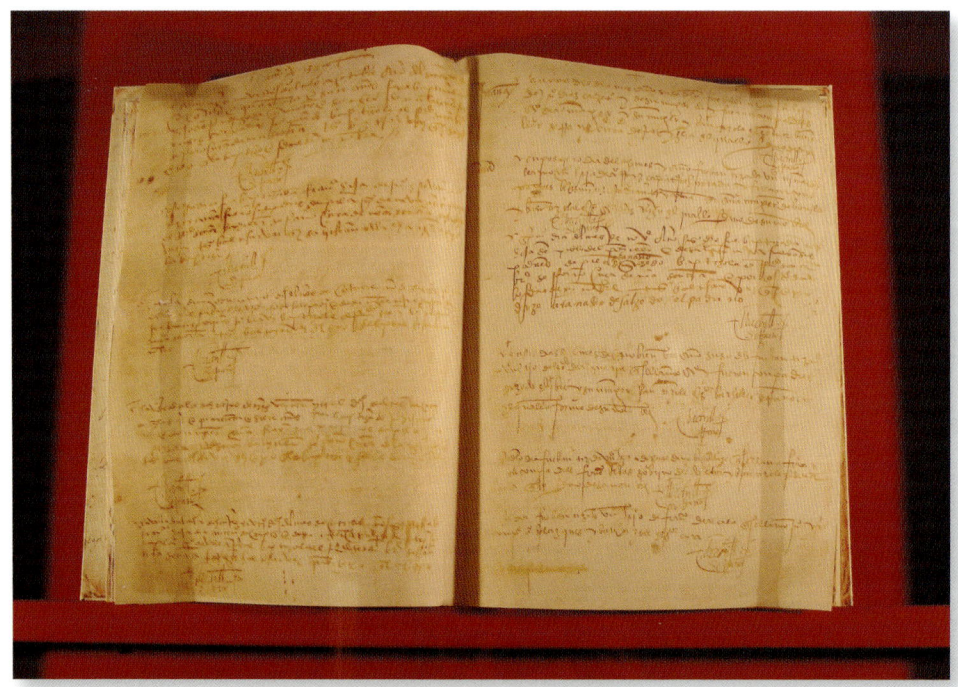

Facsímil del libro de bautismos de Santa María la Mayor de Alcalá en el que figura bautizado Miguel de Cervantes.

Copia de los folios en los que figuran registrados los bautizos de los hermanos de de Miguel: Andrés (12 de diciembre de 1543), Andrea (24 de noviembre de 1544), Luisa (25 de agosto de 1546) y Rodrigo (23 de junio de 1550).

miento de Alcalá de Henares. El Departamento de Conservación y Restauración del Archivo Histórico Nacional llevó a cabo una restauración completa del códice entre 2009 y 2011. Es uno de los documentos más valiosos conservados en el consistorio complutense, que solo puede ser visto una vez al año, en la solemne procesión que lo lleva de la sede municipal a la cercana Capilla del Oidor en la mañana del 9 de octubre.

Sobre la fecha verdadera del bautismo de Miguel de Cervantes y de la muerte de William Shakespeare

La reforma del calendario a finales del siglo XVI según lo acordado en el Concilio de Trento, y su dispar imposición en diferentes territorios —ya fueran estos católicos o protestantes— han llevado a un baile de cifras a la hora de indicar el nacimiento y muerte de algunos de los escritores más universales, como son Miguel de Cervantes y William Shakespeare. El primero fue enterrado y el segundo murió el día 23 de abril, pero uno según el novedoso calendario gregoriano (utilizado a partir de 1582) y el otro según el antiguo calendario juliano; por tanto, entre estos dos acontecimientos hay diez días de diferencia.

El calendario gregoriano, que toma su nombre del Papa Gregorio XIII, se impuso en pocos años en los reinos donde el catolicismo tenía influencia. El año 1582 en tierras de la Monarquía Hispánica fue realmente extraño pues al jueves (juliano) 4 de octubre se sucedería el viernes (gregoriano) 15 de octubre, de ahí que habría que sumar diez días a las fechas sometidas al «año del Señor» del calendario juliano para adaptarlo al gregoriano. Diez días que nunca existieron, dando lugar a curiosos datos biográficos. Sin duda, el más conocido sea el de Santa Teresa de Jesús, que murió a los 67 años en Alba de Tormes en la noche del 4 al 15 de octubre de 1582, justo en el momento del paso del calendario juliano al gregoriano.

Por su parte, en los países protestantes, como sucederá a Inglaterra y sus colonias, el cambio de calendario se llevó a cabo en 1752: del miércoles (juliano) 2 de septiembre se pasó al jueves (gregoriano) 13 de septiembre. De este modo, Shakespeare murió el 23 de abril de 1616 según el calendario juliano, pero en realidad, según el cómputo gregoriano, que es el que ya existía en Castilla, sería el 3 de mayo, diez días después de la muerte de Miguel de Cervantes, que sí que fue enterrado en el actual 23 de abril.

El primero en establecer esta feliz (y falsa) coincidencia fue John Bowle en sus *Anotaciones* a la historia de *Don Quixote de la Mancha*, publicado en Salisbury en 1781. Al constatar que «murió finalmente en Madrid Miguel de Cervantes Saavedra a 23 de abril del año 1616», añade una nota a pie de página donde se lee: «a 23 de Abril (Stil. Vet) del año de 1616 a los 53 de su edad murió el ilustre Poeta Inglés William Shakespeare, digno sin duda de sentarse con Cervantes en un rico escaño, igual con el del Cid; en balde será buscar un tercero para ponerse entre ellos, o a sus lados» (p. ix).

Esta feliz coincidencia la recogió Martín Fernández de Navarrete en su biografía (1819): «día en que también perdió la Inglaterra a su celebrado poeta, creador de su teatro, Guillermo Shakespeare, según la oportuna observación del doctor Bowle» (p. 195). El dato pasaría también a las biografías de Shakespeare. En 1864 publica Víctor Hugo su *William Shakesperare*, donde escribe cuando trata de la muerte del inglés: «Murió el 23 de abril. Tenía ese día cincuenta y dos años justos, pues había nacido el 23 de abril de 1564. Este mismo día, 23 de abril de 1616, murió Cervantes, genio de la misma altura».

Muchos han sido los estudiosos que han destacado el desfase de tiempo a pesar de la misma fecha, dada la divergencia de calendarios. Incluso Manuel Miranda y Marrón le dedicó en 1904 un folleto con el título clarificador de *Cervantes y Shakespeare no murieron el mismo día* (México, Talleres Tipográficos de «El Tiempo»), pero el dato se sigue repitiendo cada 23 de abril, fecha en la que desde 1995 se celebra el Día Mundial del Libro y de los Derechos de Autor, con el «objetivo de promover la lectura, la industria editorial y la propiedad intelectual a través del derecho de autor».

Alcalá de Henares en la obra de Cervantes

Miguel de Cervantes vivió sus primeros cuatro años en Alcalá de Henares y, hasta que se instaló definitivamente en Madrid en 1566, viajó seguramente acompañando a sus padres por Córdoba y Sevilla residiendo en la ciudad complutense en periodos cortos y esporádicos. A pesar de que no volviera a residir de manera continua en Alcalá de Henares, es indudable que la visitó en varias ocasiones en 1565, cuando entró en contacto con el futuro secretario de Felipe II, Mateo Vázquez; y, sin duda, en los meses en que su *Galatea* vea la luz, pliego a pliego, en las prensas alcalaínas de Juan Gracián entre 1584 y 1585. No es casual que el

Imposición del birrete a un nuevo doctor.
Copia de Antonio Martínez Anaya de un cuadro desaparecido del siglo XVII. Universidad Complutense de Madrid.

ámbito geográfico de este libro de pastores sea el río Henares, como se verá en el segundo tomo de nuestra biografía. En julio de 1613 aprovecha su paso por Alcalá de Henares para tomar el hábito de la Venerable Orden Tercera de San Francisco.

Lo curioso es que, siendo Cervantes un gran observador de las geografías que ha visitado —ya sea en libros, ya sea en su vida de soldado, espía, escritor, recaudador de impuestos o pretendiente de la corte—, Alcalá de Henares esté tan ausente en su obra. En el *Coloquio de los perros* (1615), se habla de la Universidad de Alcalá, pero más bien para hacer una crítica a los médicos, un lugar común que es posible rastrear en otros autores de los Siglos de Oro:

> BERGANZA.-D'esa manera, no haré yo mucho en tener por señal portentosa lo que oí decir los días pasados a un estudiante, pasando por Alcalá de Henares.
> CIPIÓN.- ¿Qué le oíste decir?
> BERGANZA.- Que de cinco mil estudiantes que cursaban aquel año en la Universidad, los dos mil oían Medicina.
> CIPIÓN.- Pues, ¿qué vienes a inferir d'eso?
> BERGANZA.- Infiero, o que estos dos mil médicos han de tener enfermos que curar (que sería harta plaga y mala ventura), o ellos se han de morir de hambre.

Por su parte, en el capítulo XXIX de la primera parte del *Quijote* se recuerda una de las leyendas complutenses en la respuesta que le da el cura al caballero manchego cuando desea que él se monte sobre Rocinante y no quede sin cabalgadura:

> —Eso no consentiré yo en ningún modo —dijo el cura—: estese la vuestra grandeza a caballo, pues estando a caballo acaba las mayores fazañas y aventuras que en nuestra edad se han visto; que a mí, aunque indigno sacerdote, bastárame subir en las ancas de una d'estas mulas d'estos señores que con vuestra merced caminan, si no lo han por enojo. Y aun haré cuenta que voy caballero sobre el caballo Pegaso, o sobre la cebra o alfana en que cabalgaba aquel famoso moro Muzaraque, que aún hasta ahora yace encantado en la gran cuesta Zulema, que dista poco de la gran Compluto.

Y nada más. Ninguna descripción de la portada de su Universidad, de su Palacio Arzobispal o de la calle Mayor, tan conocida por el joven Cervantes.

Esta escasez de referencias contrasta con los detalles y el conocimiento directo que demuestra Alonso Fernández de Avellaneda en el capítulo XXVIII de su *Quijote* apócrifo (1614): «De cómo don Quijote y su compañía llegaron a Alcalá, do fue libre de la muerte por un extraño caso, y del peligro en que allí se vio por querer probar una peligrosa aventura». Aprovechará el autor tordesillesco la propia voz de don Quijote para alabar la ciudad de Alcalá, lo que no encontraremos en ningún texto cervantino:

> Y pues ya estamos en Alcalá, paréceme marchemos por aquí poco a poco detrás d'estas murallas, sin pasar por medio del lugar, que es grande y poblado de gente de cuenta.

No faltan tampoco detalles del lugar donde se encuentra el mesón donde pasan la noche («Y llegaron, en esto, a un mesón fuera de la puerta que llaman de Madrid» que no es otra que la Posada del Diablo o del Infierno), ni tampoco el lugar donde suenan las trompetas anunciando invenciones que el caballero apócrifo toma por combates, que no es otro que la Calle Mayor («Caminó nuestro caballero por aquellas calles poco a poco, yendo siempre hacia la parte que sentía el sonido de las trompetas, hasta tanto que encontró la bulla de la gente en medio de la calle Mayor»). Curiosamente, esa Calle Mayor tan cercana a la casa donde vivió Cervantes los primeros años de su infancia.

De profesión, cirujano: Rodrigo de Cervantes en Alcalá de Henares

Hacia 1509 nace en Alcalá de Henares Rodrigo de Cervantes, el padre de Miguel. Hijo del abogado Juan de Cervantes y de Leonor de Torreblanca, su vida fue una continua búsqueda de un oficio estable con que poder sustentar a su familia. La profesión de médico, a la que podría aspirar al pertenecer, por parte de madre, a una prestigiosa familia dedicada a este oficio, se tuvo que quedar en la de cirujano por sus problemas de sordera.

El propio Miguel recordará esta profesión en boca de Aldonza Minjaca, no sin cierta sorna, en el entremés de El juez de los divorcios (1615), cuando, entre las razones que aduce para que le concedan el divorcio está el que su marido le ha mentido, pues dijo ser médico y es solo un cirujano:

> MINJACA.- Señor juez, vuesa merced me oiga, y advierta que, si mi marido pide por cuatro causas divorcio, yo le pido por cuatrocientas. La primera, porque, cada vez que le veo, hago cuenta que veo al mismo Lucifer; la segunda, porque fui engañada cuando con él me casé, porque él dijo que era médico de pulso, y remaneció cirujano, y hombre que hace ligaduras y cura otras enfermedades, que va decir d'esto a médico la mitad del justo precio; la tercera, porque tiene celos del sol que me toca; la cuarta, que, como no le puedo ver, querría estar apartada d'él dos millones de leguas.

Para ser cirujano, solo bastaba con pasar un examen realizado por un protomédico, o por las autoridades urbanas, para lo que tenía que presentar un testimonio de haber practicado durante cuatro años ya fuera en un hospital, con cirujano aprobado, o en una villa, con aprobación de corregidor o alcaldes del lugar donde practicó, confirmado por el juez.

Granjel en su estudio de 1974 diferencia tres tipos de cirujanos durante el siglo XVI: en primer lugar, «los cirujanos latinos», que, sin ser licenciados en medicina, realizaban operaciones quirúrgicas y estaban autorizados a prescribir medicamentos de uso externo, y cobraban casi tanto como un médico licenciado; en segundo lugar, los «cirujanos romancistas», que habían seguido una formación muy semejante a los de otros oficios artesanales, que comenzaban como aprendiz desde los trece o catorce años y aprendían con el uso y la práctica, tanto en su labor de cirujano como de barbero; de ahí que, en la mayoría de los casos, carecieran del conocimiento del latín; y en tercer lugar, nos encontraríamos con los «barberos sangradores, flebotomistas o los que estaban autorizados única-

Dos libros que figuraban entre las pertenencias de Rodrigo de Cervantes.

mente a sajar, sacar dientes y muelas, sangrar y poner ventosas y sanguijuelas». Entre estos, podían estar los conocidos como «barberos de partido», que tenían contratos similares a los de los médicos en los centros, o aquellos ambulantes, que se movían entre las poblaciones según las necesidades.

En algunos documentos, Rodrigo de Cervantes es citado como «médico zurujano» y, teniendo en cuenta los tres libros que se le embargan en Valladolid en 1552, dos en romance y la *Gramática latina* de Antonio de Nebrija, quizás hemos de pensar que Rodrigo de Cervantes pertenecía a uno de los dos primeros grupos. En todo caso, la competencia del momento fue enorme en Alcalá de Henares —ciudad universitaria con numerosos médicos licenciados como recordaría Cervantes—, o en las cortes de Valladolid y Madrid. Se estima que había casi tres mil cirujanos en el siglo XVI en Castilla, y que solo una cuarta parte serían «cirujanos aprobados».

Mucho se habla y se ha comentado sobre la situación económica de Rodrigo de Cervantes y de su familia. Pero más allá de las especulaciones, lo cierto es que la realidad que conocemos a su llegada a Valladolid no puede ser más desoladora, y eso que María de Cervantes, su tía, había vendido las casas que tenía en Alcalá, para lo cual, su padre le escribe desde Córdoba el 10 de enero de 1551 permitiéndole la venta, como ya se ha indicado. Hacia abril o mayo de este año,

Rodrigo de Cervantes se había instalado en Valladolid, ciudad que en aquellos tiempos albergaba la corte, pues allí se encontraban la hermana de Felipe II, doña María, y el príncipe Maximiliano, como gobernadores del reino, mientras que el futuro rey se encontraba embarcado en el conocido como «felicísimo viaje», que lo llevó a tierras de Alemania y de Flandes.

Dada su penuria económica, doña Leonor de Torreblanca arrienda una casa de dos pisos a Diego de Gormaz, en el arrabal de Sancti Spíritus. En la planta superior viviría la madre con María de Cervantes; y en la de abajo, Rodrigo, junto con su mujer, Leonor de Cortinas, y sus cuatro hijos: Andrea, Luisa, Miguel y Rodrigo. Pero las cosas no le fueron bien a Rodrigo, y ya el 5 de noviembre de 1551, tuvo que pedir un préstamo de 44 472 maravedís a Gregorio Romano, que debía pagarse «el día de San Juan, el año venidero». Llegada la fecha, ni Rodrigo pudo hacer frente a su deuda ni su madre a los 20 ducados de la renta de la casa que le solicitaba el casero. Por estas deudas, Rodrigo de Cervantes entra en julio de 1552 en la cárcel de Valladolid, como antes lo había estado su padre y como años después también lo estará su hijo Miguel.

El 4 de julio, el escribano Francisco Mateo de Morillas levanta acta de los bienes embargados a Rodrigo de Cervantes, que son la prueba documental de su pobreza. El documento se conserva en el Archivo de la Real Chancillería de Valladolid y fue dado a conocer por Rodríguez Marín en 1914. Estas son todas sus pertenencias embargadas, muy lejos de la lista de los regalos que María de Cervantes había recibido de Martín de Mendoza treinta años antes. Documentos, listas y descripciones que son muestra de una pobreza anunciada:

> Primeramente, una manta frazada blanca.
> Otra colorada.
> Más cuatro sábanas.
> Más otras dos mantas frazadas viejas.
> Más tres almohadas de cama, las dos llanas y la una labrada.
> Más unas calzas amarillas.
> Más un jubón blanco.
> Más un sayo pardo, viejo.
> Más cuatro colchones.
> Más un repostero, con las armas de un castillo y unas cruces.
> Más un tapiz de verdura.
> Más una alhombrilla.
> Más un chapeo de terciopelo con un cordón de seda.
> Más unos zapatos de terciopelo.

Más otra alhombrilla vieja.
Más cuatro almohadas de estrado.
Más una silla de cuero.
Más tres libros, el uno de *Antonio,* y el otro de *Prática de zurugía,* y otro *Libro de las cuatro enfermedades.*
Más una espada.
Más un cofrecillo, de joyas.
Más unas chinelas de raja.
Más una vihuela.
Más otra almohada de cama con su lana.
Más una arca con las cosas siguientes: una capa negra llana y un sayo de lo mismo, aforrado de tafetán.
Más ocho servilletas de mesa.
Más un jubón blanco.
Más una caja de cuchillos dorados.
Más dos sábanas y una tabla de manteles.
Más otra almohada.
Más unos zaragüelles de lienzo, viejos.
Más otra almohadica pequeña.
Más otra almohada labrada de colorado.
Más dos toballetas de lienzo.
Más un Niño Jesús en una caja de madera.
Más un sayo de tafetán acuchillado.
Más una mesa de nogal con sus bancos.
Más dos sillas de caderas, quebradas.
Más un banco de sentar, de pino.
Más otros tres colchones, buenos.
Más otra manta frazada, buena.
Más dos sábanas de Ruán.
Más dos almohadas de cama, blancas.
Más una manta de piel, vieja.

Al día siguiente, se embargaron las pertenencias del piso superior, pero Leonor de Torreblanca ya había notificado que todos los bienes allí presentes eran suyos y no de su hija, María de Cervantes, por lo que el embargo se declaró nulo. Al menos, Leonor de Cortinas, embarazada de ocho meses de su última hija, Magdalena, pudo dormir en casa amueblada por un tiempo.

Malos tiempos para los Cervantes.

Malos tiempos para todos aquellos que no tenían un fácil acomodo en la corte, como la novela picaresca, por estos años, se empeñaba en denunciar.

De ahí no extraña que en cuanto Rodrigo salió de la cárcel, la familia se mudara a Cabra, y estuviera deambulando por Córdoba y Sevilla, para instalarse en Madrid en 1566, ahora un poco mejor abastecidos, gracias a la reciente herencia recibida por Leonor de Cortinas después de la muerte de su madre y la venta de algunos de los bienes heredados. El 2 de diciembre de este año, Leonor firma ante el escribano un poder a favor de su marido para que cobre todo lo que le corresponde de la herencia de su madre, Elvira de Cortinas. Unos días después, el 29 de diciembre para ser exactos, le venden a Andrés Rendero, «vecino del lugar de Arganda», unas viñas «e vos las vendemos por precio e cuantía de veinte ducados, que suman en montan siete mil e quinientos maravedís» (Astrana Marín, vol. 2, p. 71).

Con este dinero, el nuevo destino y las dificultades de sobrevivir como cirujano, según lo vivido en Alcalá de Henares y en Valladolid, no extraña que Rodrigo de Cervantes buscara ganarse la vida por otros modos, siempre a remolque de los préstamos y del alquiler de casas; fuentes de ingresos a los que también se podría haber acercado su hijo Miguel en los últimos años de su vida… esas «sus cosas» a la que se referirá Andrea en el interrogatorio por el caso Ezpeleta en el Valladolid de 1605.

El 13 de junio de 1585 muere Rodrigo de Cervantes en Madrid; el día 8 firma su testamento, donde declara que «yo no debo cosa alguna a ninguna persona», pero tampoco hay relación de bienes, y lo poco que pueda sacarse de la venta de los mismos lo deja en herencia a sus cinco hijos (Miguel, Rodrigo, Juan, Andrea y Magdalena) y a su mujer «los cuales quiero que hayan y hereden mis bienes por iguales partes con la bendición de Dios y la mía».

Lope de Rueda, «varón insigne en la representación y en el entendimiento» (Sevilla, 1564)

Miguel de Cervantes, en el prólogo al lector de sus *Ocho comedias y ocho entremeses nuevos, nunca representados* (1615), hace acopio de sus recuerdos y, después de pedir disculpas por sus palabras («No puedo dejar, lector carísimo, de suplicarte me perdones si vieres que en este prólogo salgo algún tanto de mi acostumbrada modestia»), reproduce una conversación que con unos amigos han tenido sobre «comedias y de las cosas a ellas concernientes». Entre estas «cosas», lo primero es sacar a volar sus recuerdos y llenarse de autoridad al ser el único de los presentes («como el más viejo que allí estaba») en ver representar al gran Lope de Rueda, varón insigne en la representación y en el entendimiento. Fue natural de Sevilla y de oficio batihoja, que quiere decir de los que hacen panes de oro; fue admirable en la poesía pastoril, y en este modo, ni entonces ni después acá ninguno le ha llevado ventaja; y, aunque por ser muchacho yo entonces, no podía hacer juicio firme de la bondad de sus versos, por algunos que me quedaron en la memoria, vistos agora en la edad madura que tengo, hallo ser verdad lo que he dicho; y si no fuera por no salir del propósito de prólogo, pusiera aquí algunos que acreditaran esta verdad.

Y más adelante da detalles de su muerte y de su enterramiento con curiosidades que prueban que no habla de oídas, que su autoridad, que sus palabras proceden de una vivencia personal:

> Murió Lope de Rueda, y por hombre excelente y famoso le enterraron en la iglesia mayor de Córdoba (donde murió), entre los dos coros, donde también está enterrado aquel famoso loco Luis López.

¿Cuándo y dónde vio Miguel de Cervantes representar a Lope de Rueda? Si tenemos en cuenta que el 21 de marzo de 1565 Lope de Rueda desde Córdoba todavía recuerda los 59 ducados (de un total de 96) que le debe Juan de Figueroa, clérigo sevillano «de doce días de representación que representé en una casa una farsa a ocho ducados cada día», representadas el año anterior en Sevilla, es posible pensar que fue en

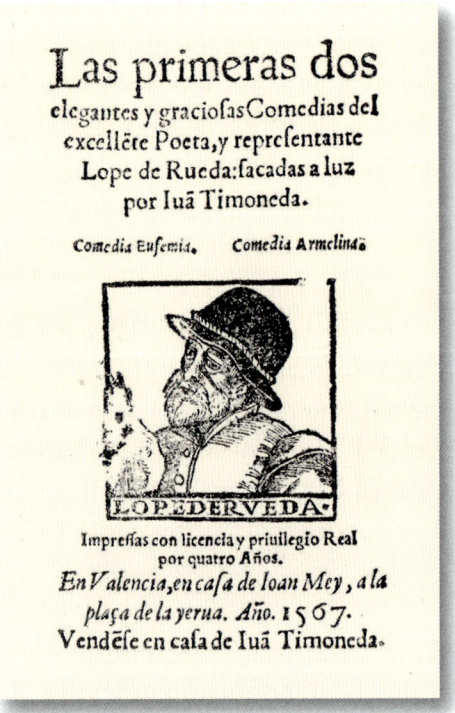

Le debemos a Juan de Timoneda la publicación de las primeras comedias de Lope de Rueda (1567).

esta ciudad en 1564 cuando Cervantes pudo ver representar a Lope de Rueda, muy cercano a su familia (residían en la misma colación de San Miguel), y que de este tiempo viene la estrecha relación con algunos de los intérpretes de su compañía como Alonso Getino de Guzmán al que volveremos en más de una ocasión a lo largo de estas páginas.

Pero además del dato biográfico —el pedigrí de haberle visto actuar e incluso haber podido estar presente en su sepelio en Córdoba—, interesa también destacar las lecciones que Cervantes sacó con el tiempo del teatro de Lope de Rueda, que, en una de sus piruetas literarias, permite mostrar la antigüedad de un oficio al que dedicó buena parte de su tiempo y esperanzas a la vuelta de Argel, y destacar a otro autor por delante de Lope de Vega, que, no lo olvidemos, es uno de los responsables de que las obras de Cervantes han de ser impresas como «nunca representadas» al haberse hecho con el monopolio de los Corrales de Comedias. Como en tantas otras ocasiones, la capacidad crítica y analítica de Cervantes es admirable… no tanto el joven Cervantes que estuvo presente en los acontecimientos históricos aquí narrados, como el anciano Cervantes, conocedor de los secretos del arte de la escritura, vapuleado ya en muchas plazas y en muchos corrales, dedicado ya a la construcción de una vida en papel antes que de carne y hueso:

> En el tiempo d'este célebre español, todos los aparatos de un autor de comedias se encerraban en un costal, y se cifraban en cuatro pellicos blancos guarnecidos de guadamecí dorado, y en cuatro barbas y cabelleras y cuatro cayados, poco más o menos. Las comedias eran unos coloquios, como églogas, entre dos o tres pastores y alguna pastora; aderezábanlas y dilatábanlas con dos o tres entremeses, ya de negra, ya de rufián, ya de bobo y ya de vizcaíno: que todas estas cuatro figuras y otras muchas hacía el tal Lope con la mayor excelencia y propiedad que pudiera imaginarse. No había en aquel tiempo tramoyas, ni desafíos de moros y cristianos, a pie ni a caballo; no había figura que saliese o pareciese salir del centro de la tierra por lo hueco del teatro, al cual componían cuatro bancos en cuadro y cuatro o seis tablas encima, con que se levantaba del suelo cuatro palmos; ni menos bajaban del cielo nubes con ángeles o con almas. El adorno del teatro era una manta vieja, tirada con dos cordeles de una parte a otra, que hacía lo que llaman vestuario, detrás de la cual estaban los músicos, cantando sin guitarra algún romance antiguo.

Miguel de Cervantes,
¿estudiante del Estudio de la Villa de Madrid con López de Hoyos?

El aumento de la burocracia en la corte, con la consiguiente necesidad de personas capaces de leer, escribir y copiar documentos, y el proceso imparable de la nueva evangelización social impuesto por la «confesionalización» nacida del Concilio de Trento permiten explicar la variedad de los sistemas educativos durante los Siglos de Oro, y la necesidad cada vez más imperiosa de contar con personas que supieran leer y escribir correctamente. De este modo, junto a diversos tipos de escuelas (municipales, parroquiales, episcopales o privadas), existían las conocidas como casas de doctrina (orfanatos); todas ellas, sin poseer planes de estudio reglados, ofrecían una enseñanza adaptada a las necesidades de los alumnos que las frecuentaban, sin olvidar que las casas nobiliarias contaban con preceptores particulares. El sistema de escuelas domésticas se había extendido en España por el ejemplo que había dado la emperatriz Isabel en 1530 al contar de nuevo con la figura del «maestro de pajes», que es habitual tanto en la corte de los Reyes Católicos como en la etiqueta de la corte borgoñesa de Carlos V.

Las enseñanzas más básicas se aprendían en las escuelas parroquiales y en las casas de doctrina: lectura, escritura, matemáticas y el catecismo. Estaban destinadas a estudiantes que no aspiraban a seguir adelante en sus estudios sino a entrar como aprendices en algún taller, y así desarrollar un oficio artesanal o mercantil.

Las autoridades municipales impulsaron un nivel superior, los llamados «Estudios de gramática» o «Estudios de villa» que proporcionaban a sus alumnos una enseñanza del latín, que era imprescindible para poder continuar los estudios universitarios, que siempre comenzaban en la facultad de Artes dedicados al acercamiento de los clásicos latinos. Otros, en cambio, las frecuentaban dado que, al conocer el latín, podían ocupar algún puesto en la administración local o en la compleja realidad de las casas nobiliarias o en la propia corte: contadores, escribanos, alcaldes… sin olvidar el ejército, donde nunca estaba de más que alguien pudiera hablar o leer en latín.

Por su parte, a partir de los años cuarenta del siglo XVI fueron habituales las escuelas de escritura, o de caligrafía. En las grandes ciudades se hacía necesario contar con escribanos adiestrados, y famosos calígrafos de la época no perdieron la oportunidad de abrir sus propios centros, como Alonso Martín del Canto en Salamanca, Gaspar de Tejada en Valladolid, Juan de Ycíar en el ámbito de Aragón, o Alonso de Vieras en Córdoba.

Este sistema educativo preuniversitario se trastocó a mediados del siglo XVI con la aparición de los centros educativos auspiciados por la Compañía de Jesús, impulsando una pedagogía católica renovada. El primero de los colegios se abrió en 1546 y a finales de siglo ya contaba con más de cien centros funcionando en toda la Península. El éxito de estos centros se impuso por su enseñanza reglada y por los nuevos modelos didácticos que van a desarrollar. A finales del siglo XVI se estableció la *ratio studiorum* en los centros jesuíticos. Para poder ingresar en un colegio los niños debían saber ya leer y escribir, habilidades que podían haber adquirido en las numerosas escuelas parroquiales, o en las propias escuelas preparatorias que los jesuitas mantenían abiertas en muchos de sus centros. Al ser admitidos, los estudiantes accedían a dos períodos de formación: el primero, conocido como *studia inferiora*, se prolongaba a lo largo de cinco cursos que se impartían en seis años, en los que se enseñaban tres de gramática latina, uno de humanidades y uno de retórica. El alumno estaba, normalmente, en el centro desde los diez a los dieciséis años. Después, si así lo deseaban, pasaban a completar los *studia superiora*: tres años más en los que se enseñaba lógica, física, ética y metafísica.

Tal sistema educativo fue alabado por Berganza en el *Coloquio de los perros* (1613), en un repetido fragmento que muestra el conocimiento directo que pudo tener Cervantes de un colegio jesuítico, seguramente el de Sevilla:

> BERGANZA.— [...] Y así, digo que los hijos de mi amo se dejaron un día un cartapacio en el patio, donde yo a la sazón estaba; y como estaba enseñado a llevar la esportilla del jifero mi amo, así del *vademécum* y fuime tras ellos, con intención de no soltalle hasta el estudio. Sucediome todo como lo deseaba: que mis amos, que me vieron venir con el *vademécum* en la boca, asido sotilmente de las cintas, mandaron a un paje me le quitase; mas yo no lo consentí ni le solté hasta que entré en el aula con él, cosa que causó risa a todos los estudiantes. Llegueme al mayor de mis amos, y, a mi parecer, con mucha crianza se le puse en las manos, y quedeme sentado en cuclillas a la puerta del aula, mirando de hito en hito al maestro que en la cátedra leía. No sé qué tiene la virtud, que, con alcanzárseme a mí tan poco o nada d'ella, luego recibí gusto de ver el amor, el término, la solicitud y la industria con que aquellos benditos padres y maestros enseñaban a aquellos niños, enderezando las tiernas varas de su juventud, porque no torciesen ni tomasen mal siniestro en el camino de la virtud, que juntamente con las letras les mostraban. Consideraba cómo los reñían con suavidad, los castigaban con misericordia, los animaban con ejemplos, los incitaban con premios y los sobrellevaban con cordura; y, finalmente, cómo les pintaban la fealdad y horror de los vicios y les dibujaban la hermosura de las virtudes, para que, aborrecidos ellos y amadas ellas, consiguiesen el fin para que fueron criados.
>
> CIPIÓN.— Muy bien dices, Berganza; porque yo he oído decir d'esa bendita gente que para repúblicos del mundo no los hay tan prudentes en todo él, y para guiadores y adalides del camino del cielo, pocos les llegan. Son espejos donde se mira la honestidad, la católica dotrina, la singular prudencia, y, finalmente, la humildad profunda, basa sobre quien se levanta todo el edificio de la bienaventuranza.

Este elogio, que algunos estudiosos consideran irónico, llevó al cervantista Francisco Rodríguez Marín a defender que Cervantes había frecuentado las aulas de la Compañía de Jesús, ya fuera en el Colegio cordobés de Santa Catalina, o en el sevillano de San Hermenegildo. Hipótesis que apoyó Astrana Marín y que, dada su autoridad, ha sido mantenida por algunos biógrafos modernos de Cervantes. Nada más lejos de la realidad. Tras fundar en 1553 una escuela de gramática en Córdoba, los primeros jesuitas entraron en Sevilla a principios de mayo de 1554, aunque habrá que esperar hasta 1561 para que comenzaran a impartir clases de Gramática, encomendadas al padre Pedro de Azevedo, profesor en el colegio de Santa Catalina. Bajo el nombre de Colegio de San Hermenegildo, en 1563 los jesuitas daban ya clases de Retórica, y en 1564, de Filosofía. Pero la descripción de las aulas jesuíticas de Berganza no parece que se refiera a estos primeros momentos —pudo Cervantes estar en Sevilla con su padre alrededor de este año—, sino más bien fruto de su conocimiento gracias a sus continuas estancias en Sevilla entre 1585 y 1600, cuando se había impuesto este modelo educativo: en 1579 contaban con nueve colegios y 260 religiosos en la Provincia Bética de la Orden; en este mismo año el colegio sevillano llegaba casi a los mil estudiantes, y otras tantas solicitudes de alumnos se habían rechazado por falta de aulas.

El éxito de las escuelas jesuíticas conllevó la decadencia del sistema educativo anterior, por lo que muchas escuelas parroquiales y municipales tuvieron que cerrar, y muchos preceptores particulares vieron cómo desaparecía su fuente de ingresos. Además del prestigio educativo que las escuelas jesuitas fueron ganando a lo largo del siglo XVI, su éxito tuvo una razón más práctica: en sus aulas los estudiantes podían relacionarse y trabar amistades con los herederos de grandes títulos, algo que podría ser muy útil en su futuro, sin olvidar que los alumnos educados por jesuitas tendían a establecer entre sí una estrecha red de solidaridad y se identificaban como un grupo especial, distinto al resto de los estudiantes. Quien participaba en este sistema podía acceder luego a puestos o espacios de poder en la corte que tenían vedados los que se habían quedado fuera, como aquellos que se habían formado en los Estudios de Villa.

Un buen ejemplo de este cambio de paradigma y de situación educativa, que vivió Cervantes en sus propias carnes, lo encontramos en el Estudio de Villa de Madrid, que será regentado desde 1568 a 1583 por el humanista Juan López de Hoyos que ahora podemos situar en el sistema educativo de la época gracias a los estudios de Alfredo Alvar, muy alejado de los adjetivos de otros tiempos que hablaban del «catedrático de Gramática» como el centro de un foco de humanismo en Madrid, equiparable en prestigio e influencia a la cercana Universidad Complutense.

Desde mediados del siglo XIV se documenta la existencia de maestros de gramática en Madrid a costa del municipio. La situación económica no debía de ser tampoco para entusiasmar a muchos candidatos: en 1513 nadie concurrió a la vacante, pues para un colegial sería más rentable enseñar en Alcalá de Henares con clases particulares que hacerlo en el Estudio de Villa en Madrid.

Desde 1544 a 1560 Alejo de Venegas fue catedrático de gramática en el Estudio; a su muerte, los jesuitas se ofrecieron a cubrir la vacante —lo que no dejaron de hacer en todas las oportunidades posibles, sobre todo a partir de 1561, cuando la corte se instala en Madrid—. Pero el consistorio, después de dos años de no contar con catedrático alguno, ofreció a uno de los frailes de la abadía de Párraces que se hiciera con el cargo, que fue maestro entre 1562 y 1566. En este año se despidió y habrá que esperar al 29 de enero de 1568 para contar con López de Hoyos como catedrático de Gramática del Estudio, cargo que ocupó hasta su muerte, acaecida en junio de 1583. A partir de 1572, el Estudio de la Villa tuvo que soportar la competencia de los estudios de los jesuitas, que abrieron en este año su Colegio con escuela de Gramática y Retórica, a la que pusieron al frente a cuatro profesores y un preceptor; una competencia en que terminaron los jesuitas victoriosos, pues a la muerte de López de Hoyos, el Estudio no pudo soportar la decadencia y terminó por ser absorbido por el Colegio de los jesuitas.

Desde que Rodrigo de Cervantes abandonara Alcalá de Henares en 1551 camino de Valladolid, y después de un peregrinaje por tierras cordobesas y sevillanas en que pudo estar acompañado por algunos de sus hijos, en otoño de 1566 se instala la familia Cervantes en Madrid, siguiendo el camino recorrido por tantos que esperaban encontrar en la reciente nombrada corte una nueva oportunidad de prosperar.

Rodrigo de Cervantes parece haber abandonado su profesión de médico-cirujano con que intentó ganarse la vida en Alcalá de Henares y en Valladolid, y sus negocios parecen estar más vinculados con préstamos y asuntos financieros. En estas fechas, presta 800 ducados a Pedro Sánchez de Córdoba, y las actas notariales del momento lo vinculan con los negociantes italianos Pirro Bocchi y Francesco Musacchi, así como es habitual en su casa Alonso Getino de Guzmán, instalado recientemente en Madrid, antiguo músico y bailarín, vinculado a la compañía de Lope de Rueda, como ya se ha indicado.

Este círculo de intereses, muy vinculado a la vida literaria de Madrid —que pasa también por los contratos para la organización de fiestas y de celebraciones, una de las fuentes económicas más apreciadas y solicitadas por los escritores de la época— explican los primeros textos poéticos que hemos conservado de Miguel de Cervantes, pero nada dicen de su formación académica. La única documentación que conservamos de la educación de Cervantes es la confesión que López de Hoyos hace en la *Historia y relación verdadera* que cuenta las celebraciones preparadas en Madrid para lamentar la pérdida de la reina Isabel de Valois en 1568 en la que se refiere a Miguel de Cervantes como «nuestro caro y amado discípulo». Esta sola alusión ha hecho pensar a los biógrafos que Miguel frecuentó desde 1568 el Estudio de Villa, a la que entraría a la edad de 21 años, una edad muy superior al resto de los alumnos que la frecuentarían. Más plausible parece la hipótesis defendida por Alfredo Alvar, en que «discípulo», por muy caro y amado que fuera, no se refiere tanto al Estudio de Villa como a la escuela privada que mantendría en Madrid López de Hoyos antes de ser nombrado Catedrático de Gramática en 1568: «Si Cervantes está en Madrid desde 1561 y de continuo desde 1566 (desde que tiene catorce años y diecinueve años respectivamente), ¿podría haber sido pupilo de López de Hoyos fuera del Estudio?; si en el Estudio, ¿qué impide a López de Hoyos darle lecciones particulares a Miguel, ya joven?» (2013, pp. 81-82).

Que Miguel de Cervantes fuera «discípulo» de López de Hoyos no puede negarse. ¿Por qué habría de mentir el Catedrático de Gramática en el libro por él coordinado que da cuenta de las fiestas y textos a los que había invitado al joven Cervantes a participar? Pero deducir que este «caro y amado discípulo» lo haya sido a la edad de 21 años en las aulas del Estudio de Villa, no tiene ninguna justificación; más bien hemos de pensar en algún tipo de educación particular al margen de los estudios reglados que cursarían estudiantes de una edad mucho menor a las de nuestro autor. Cervantes, frente a otros grandes escritores de su época, como Francisco de Quevedo o Lope de Vega (este último de manera parcial), tuvo una educación autodidacta, fuera de los circuitos reglados durante los Siglos de Oro. Una educación nacida de la curiosidad, del ingenio y que aprovechó todas las posibilidades que se le pusieron a su alcance para aprender, ya sea en los ambientes literarios y cortesanos que frecuentó en las «academias» madrileñas de la época, ya sea en la lectura y conversación en Roma y en los tercios italianos, ya sea en las horas interminables en los baños de Argel… lo cierto es que en estos primeros años, Cervantes debió de volcarse en una educación práctica, tendente a conseguir o aspirar a un oficio, que bien podría ser el conocimiento necesario de alfabetización que tendría

Placa en el lugar donde estuvo la sede del Estudio de Villa en Madrid.

que tener un escribano, un aspirante a secretario en cualquiera de las casas nobiliarias que demandaban cada vez más estos oficios. Y así lo demuestra el tipo de letra que domina y que se aprecia en los escasos autógrafos que hemos conservado: la bastarda canónica, que era letra propia de escribanos. Si sus pretensiones hubieran sido la que de quedarse en menestral o comerciante, entonces hubiera aprendido a escribir en la normal redondilla, que era la modalidad más barata que enseñaban los maestros de escritura. De ahí que su formación, en su acercamiento a López de Hoyos, esté lejos de una educación para afianzar sus conocimientos humanísticos; lejos de una educación para poder dedicarse a ser escritor, como si la escritura fuera una profesión durante los Siglos de Oro. Cervantes, como tantos otros jóvenes en el Madrid de mediados del siglo XVI, recibe una educación adaptada a sus necesidades, puesta ya la vista, quizás, en alcanzar uno de los puestos de «letrado» que la nueva corte, cada vez más burocratizada, está demandando día a día. Los letrados, que ahora comienzan su andadura, terminarán por dominar la corte; los secretarios Antonio Pérez y Mateo Vázquez serán un buen ejemplo de este cambio que ahora se inicia.

La vida literaria madrileña pasa por la «alcobilla» del príncipe don Carlos: la «Academia» del Duque de Alba

A mediados del siglo XVI en el Alcázar de Madrid rivalizaban dos academias: la del Duque de Alba, que hacía de mecenas de la que se reunía en la «alcobilla» del príncipe don Carlos, a la que solía asistir, como autoridad invitada, el humanista y embajador Diego Hurtado de Mendoza; y otra, en el mismo espacio cortesano, que estaba presidida por don Diego de Acuña, gentilhombre de la Cámara del príncipe don Carlos hasta 1566, en la que se reunían numerosos caballeros notables.

El Duque de Alba, al que le había tocado desde su oficio de Mayordomo Mayor desarrollar el ceremonial borgoñón en la Casa de don Felipe, por el que se sustituía la austeridad del ceremonial castellano por este otro más ostentoso, era un referente en la corte. A su alrededor se juntaba lo más granado de la juventud nobiliaria, y era un gran honor poder compartir su mesa, puerta esencial para triunfar en los entresijos del poder, como se lo recuerda Juan de Vega, sexto señor de Grajal de Campos, a su hijo:

> No se ha de comer en la posada de propósito, porque comer en la corte los mozos en su casa solo es deslustre y para hacer mesa no hay caudal, porque es menester mucho; y así habéis de comer unas vezes con unos y otras con otros, como será con el Duque de Alba, si está en la corte, con Monseñor Granvela y algunas veces con otro señor alguno; más ha de ser comer en la posada como por desastre y no por cosa ordinaria (Bouza, *Imagen y propaganda*, pp. 224-225).

A esta *Academia*, junto a algunos nobles veteranos, como el citado Diego Hurtado de Mendoza, solían asistir jóvenes cortesanos, con edades comprendidas entre los veinte y treinta años, y personal cercano al Príncipe don Carlos, como el escritor Pedro Laínez; en ocasiones todos ellos eran acompañados por poetas de su misma edad, entre los que podríamos contar a Gálvez de Montalvo o al propio Miguel de Cervantes. En una carta dirigida a Andrés Corso en febrero de 1583, Juan de Silva recuerda sus años «académicos», y cita la compañía de Idiáquez, Moura, Zúñiga, Ayala y Borja, y en el margen izquierdo se ha añadido:

> Todos los que el Conde ha nombrado arriba y más el Conde de Miranda, el de Fuentes, D. Pedro Henríquez, el de Olivares, Marqués de Poza, Marqués de Velada, Duque de Feria el primero y Don Diego de Mendoza fueron de la Academia tan

nombrada en Castilla de que el Duque de Alba era presidente y se hacía de ordinario en su casa (BNE: Mss. 10 259, fols. 236v-240r).

Esta *Academia,* que se reunía tanto en la «alcobilla» del príncipe don Carlos en el alcázar madrileño, ya que muchos de sus integrantes desempeñaban oficios en la Casa del Príncipe, como en otros espacios (las casas que Juan de Silva tenía en Toledo, o en el famoso *Sotofermoso de la Abadía,* la casa de recreo que poseía el Duque de Alba en Cáceres), no solo era un lugar propicio para la literatura, sino que en sus discusiones y diálogos tenía también cabida la política, las armas o la galantería. La *Academia* se conforma como un espacio de libertad, de paréntesis dentro de una corte que, poco a poco, se va convirtiendo en un lugar «para ver y ser visto, oír, hablar y ser oído», según feliz expresión de la época.

La presencia esporádica en estas reuniones de escritores (o aspirantes a escritores) que no estaban vinculados a ninguna casa nobiliaria se explica por su ingenio, por la necesidad de destacarse en los juegos de improvisación poética que era uno de sus entretenimientos más habituales; ejercicios que además los preparaban para la vida cortesana donde el ingenio oral, la rapidez y brillantez en las respuestas se convertirán en una de las bases de su afectada naturaleza.

A pesar de que la *Academia* sufrirá una dispersión en los años 1567 y 1568, lo cierto es que sus miembros siempre se recordarán como parte de un grupo cohesionado que, con el tiempo, irá adquiriendo cierto poder en la corte. La salida del Duque de Alba de Madrid con destino a Flandes en la primavera de 1567, y la muerte (previo encarcelamiento) del príncipe don Carlos y de Isabel de Valois en 1568 fueron acontecimientos históricos que supusieron una reorganización entre los miembros de la *Academia,* en especial aquellos que formaba parte de la Casa del Príncipe, que tuvieron que buscar acomodo después de haber temido sufrir represalias por parte de Felipe II. Son las fechas de los primeros escritos de Cervantes y de su salida de España con destino a Roma.

Cuando el Duque de Alba parte para Flandes en 1567, el cardenal Espinosa, por aquel entonces Presidente del Consejo de Castilla e Inquisidor General y uno de los hombres fuertes en la joven administración del reinado de Felipe II, será el nuevo mecenas de la *Academia.* Uno de sus integrantes más relevantes, don Juan de Zúñiga y Silva, fue nombrado embajador en Roma, y desde allí llamará a su servicio a algunos de sus miembros, pues según le confiesa en carta a

Cristóbal de Moura, fechada en Roma el 26 de marzo de 1568: «Se me ha redoblado el crédito que tengo de los de la *Academia* y lo que los quiero, porque no se topan hombres como ellos». Precisamente en Zúñiga y Moura recayó el mantenimiento de la *Academia* cuando murió el Duque de Alba en 1582.

Como se ha indicado, la *Academia* del Duque de Alba no era la única que se había instalado en palacio. Allí también se reunían los integrantes de otra academia, dirigida por don Diego de Acuña, gentilhombre de Cámara del Rey. Son pocas las noticias que se tienen de esta academia que, en su uso y finalidad, debía de ser semejante a la *Academia* de Alba, pero no en su importancia ni en la permanencia que como grupo mantuvo a lo largo del tiempo.

Miguel de Cervantes, que desde muy joven amó el «arte/dulce de la agradable poesía», gracias a su amistad con Pedro Laínez, ayuda de cámara del Príncipe don Carlos, pudo asistir a alguna sesión de la *Academia* de Alba (e incluso también a la de Don Diego de Acuña), y escuchar algunos poemas inéditos (muchos de ellos improvisados) de los jóvenes escritores y nobles que allí se daban cita. No es posible afirmar que formara parte estable de las mismas —lo que no le corresponde ni por linaje ni por trabajo—, pero sí que la poesía le abrió las puertas para luchar en conseguir un oficio más allá de la tradición familiar (médicos, abogados y agricultores), formando parte de alguna casa nobiliaria en el complejo universo clientelar que se ha impuesto en Madrid, o aspirante a algún puesto en la administración cortesana, donde los secretarios, los «letrados» van a adquirir un papel cada vez más protagonista. Participar en las Academias literarias sería una buena carta de presentación no para poner las bases del «Cervantes escritor», fundamento de la mitificación de los siglos XVIII y XIX, sino para la búsqueda de un oficio dentro de la compleja red de relaciones de la corte de la Monarquía Hispánica.

Los primeros poemas escritos por Miguel de Cervantes (1567 y 1568)

El 10 de octubre de 1567 nació Catalina Micaela de Austria, la segunda hija del rey Felipe II y de su tercera esposa, Isabel de Valois. Madrid, que desde 1561 había sido designada sede de la corte, quería hacerse merecedora del título organizando unas fastuosas fiestas, cuya preparación se encarga, en parte, a Diego de la Ostia, vecino de Toledo, y al músico y bailarín de la compañía de Lope de Rueda, Alonso Getino de Guzmán, quien, desde su llegada a la corte, se había hospedado en la casa de los Cervantes. Los preparativos tuvieron que aligerarse pues el parto fue prematuro, aunque todo estaba ya casi listo el 8 de octubre: los certámenes poéticos estaban convocados, aunque en las actas municipales se da cuenta de la dificultad de conseguir toros que lidiar. El 7 de noviembre de este año, el Ayuntamiento de Madrid acuerda pagar a Getino de Guzmán y a Diego de la Ostia «100 reales por las invenciones que sacaron en las fiestas del buen alumbramiento de la reina nuestra señora». Estas «invenciones» hacen alusión a los arcos triunfales con sus respectivas cartelas llenas de composiciones poéticas con que se embelleció la ciudad. En una de ellas pudo leerse el primero de los sonetos conocidos de Cervantes, el dedicado a la reina Isabel; una obra de circunstancias, de acuerdo a los moldes poéticos y retóricos del momento. Miguel de Cervantes cuenta con veinte años:

> Serenísima reina, en quien se halla
> lo que Dios pudo dar a un ser humano;
> amparo universal del ser cristiano,
> de quien la santa fama nunca calla.
>
> Arma feliz, de cuya fina malla
> se viste el gran Felipe soberano,
> ínclito rey del ancho suelo hispano
> a quien fortuna y mundo se avasalla.
>
> ¿Cuál ingenio podría aventurarse
> a pregonar el bien que estás mostrando,
> si ya en divino viese convertirse?
>
> Que, en ser mortal, habrá de acobardarse,
> y así le va mejor sentir callando
> aquello que es difícil de decirse.

No se hicieron ni publicaron relaciones de las fiestas donde dejar constancia del resto de las invenciones que, por unos días, llenaron las calles de Madrid de poesía, industrias y arquitecturas efímeras. El texto se conoce gracias a un manuscrito del siglo XVII conservado en la Bibliothèque Nationale de France: *Recueil de poésies castillanes du XVI.ᵉ et du XVII.ᵉ siècle* (mss. Esp. 373, fols. 73v-74r), publicado por primera vez en 1899 por el hispanista francés Morel-Fatio. Curiosamente, al texto cervantino le sigue un entremés de Lope de Rueda: *Del*

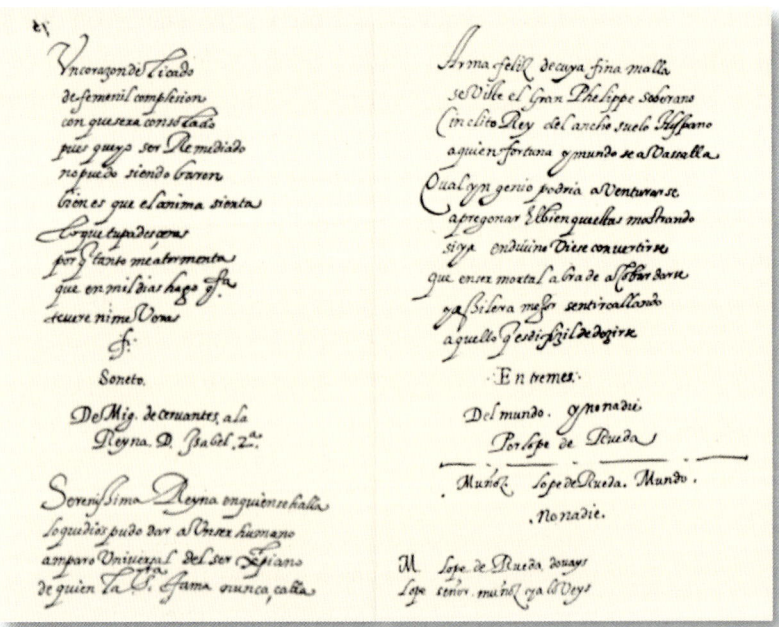

Primera poesía conocida de Miguel de Cervantes (BNF).

Mundo y no Nadie, donde el mendigo Nadie debate con el Mundo, ricamente vestido, destacando cuán escasos son los verdaderos cristianos, especialmente entre los ricos y los privilegiados.

Este primer poema de Cervantes permite comprobar su vinculación con la vida cultural de palacio, en especial con la que reunía a su alrededor el príncipe don Carlos, entre los que se encontraba su ayuda de cámara el poeta Pedro Laínez, cuya amistad con Cervantes tuvo que comenzar en estos años. El soneto de Cervantes, según algunos críticos, está inspirado en dos octavas reales inéditas que el propio Laínez le dedicara al príncipe heredero, y que Cervantes podría haber escuchado en la *Academia* del Duque de Alba, en la «alcobilla»: «Príncipe digno bien de cuanto el cielo (Al príncipe don Carlos en Alcalá)».

Un año después, la corte se llena de luto: a la muerte del príncipe don Carlos (24 de julio), se le sucede, después de un nuevo parto, la de la reina, Isabel de Valois (3 de octubre). El Ayuntamiento de Madrid le encomienda al nuevo Catedrático de Gramática del Estudio de Villa, Juan López de Hoyos la escritura de la relación de las exequias de la reina, que serían recogidas en un libro impreso en Madrid por Pierres Cosin en 1569: *Historia y relación verdadera de la enfermedad, felicísimo tránsito y*

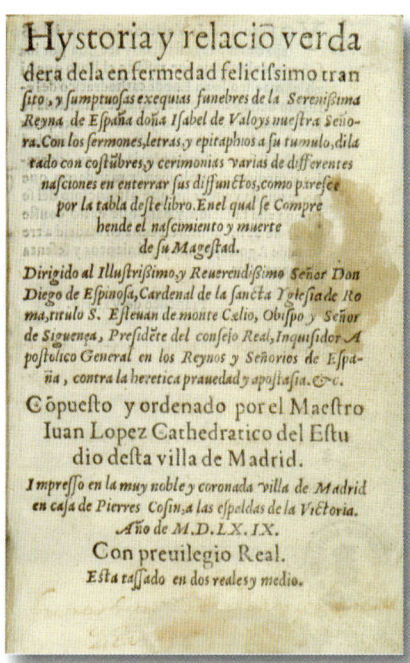

Relación compuesta y ordenada por Juan López de Hoyos (Madrid, 1569)

suntuosas exequias fúnebres de la Sereninima Reina de España doña Isabel de Valois, nuestra Señora, con los sermones, letras y epitafios a su túmulo, que está dedicada al cardenal Espinosa, lo que no es dato marginal como veremos más adelante.

Cervantes participará en la decoración escrita del túmulo de la reina en el Monasterio de San Francisco con las siguientes composiciones: un epitafio en soneto («Aquí el valor de la española tierra»), acompañado de una copla en redondillas castellanas («Cuando dejaste la guerra») (fols. 145r-146v); cuatro redondillas castellanas («Cuando un estado dichoso») (fols. 148v-149r); y una elegía que «en nombre de todo el Estudio el sobredicho compuso, dirigida al ilustrísimo y reverendísimo cardenal don Diego de Espinosa» («A quién irá mi doloroso canto») (fols. 157v-162r).

Las diversas composiciones, tanto latinas como castellanas, que llenan de significación y de lecturas el túmulo real, proceden de los ejercicios que «en el Estudio hicieron nuestros discípulos», según indica Juan López de Hoyos cuando comienza la descripción de los mismos (fol. 142v). Textos antiguos y textos modernos entremezclados, y todos ellos anónimos, a excepción de los escritos por Cervantes y un epitafio en latín con «su declaración en romance», que escribirá el secretario Diego de Gracián, uno de los humanistas más prestigiosos y conocidos de época. En las dos ocasiones que López de Hoyos va a mencionar a Miguel de Cervantes, lo hará con un tratamiento similar: «nuestro caro y amado discípulo» (fol 147v) y «mi amado discípulo» (fol. 224r), en la tabla de capítulos al reseñar el epitafio en forma de soneto. Este diferente trato bien puede ser un indicio más de cómo no podemos equiparar a nuestro escritor con el resto de los estudiantes que por aquel entonces frecuentaban las aulas del Estudio General.

Las primeras composiciones poéticas conocidas de Miguel de Cervantes son escritos de circunstancias, nacidas por encargo, lo que era una práctica habitual en la época. No es posible descubrir en ellas una pasión particular por la

Elegía de Miguel de Cervantes, a quien López de Hoyos califica de «nuestro charo y amado discípulo» (Madrid, 1569).

escritura, el comienzo del sueño de una carrera vinculada a los versos. Nada tiene que ver el Miguel de Cervantes que con veinte años se ha acercado con sus versos de encargo a dos de los acontecimientos históricos de la época, con el joven Lope de Vega quien confiesa que a los once y doce años ya había escrito sus primeras comedias: «Yo las compuse de once y doce años /de a cuatro actos y de a cuatro pliegos/ porque cada acto un pliego contenía»; comedias y églogas que admiraron al obispo de Cartagena, Jerónimo Manrique de Lara, quien lo tomó como paje y lo envió a estudiar con quince años a la Universidad de Alcalá, al Colegio Mayor de Santiago, que había sido fundado por su familia.

Si desde que fue un niño Lope de Vega consiguió gracias a los versos un oficio que le permitiera soñar con un futuro alejado de sus humildes orígenes, que lo llevaría a triunfar en la corte de la Monarquía Hispánica, no puede decirse lo mismo de Miguel de Cervantes. La literatura, los versos conocidos y tantos otros que se han perdido, fue uno de los mecanismos que utilizó el joven Miguel de Cervantes para darse a conocer en Madrid en círculos alejados de los de su familia, círculos más vinculados a la administración (ya sea la de Felipe II como la municipal, donde habían conseguido un puesto dos personas muy vinculadas a él como Alonso Getino de Guzmán y Juan López de Hoyos) o a las casas nobiliarias, cada vez más necesitadas de escribanos, de personas que pudieran desempeñar diversos oficios, que va tejiendo una red clientelar que no deja de crecer. La literatura le abrió a Miguel de Cervantes las puertas del alcázar, la posibilidad de participar, aunque fuera de mero oyente en las *Academias* literarias muy relacionadas con el príncipe don Carlos, como años después también lo encontraremos en un segundo plano en las famosas academias madrileñas que surgieron en Madrid a principios del siglo XVII, y donde Lope de Vega hacía gala y ostentación de su posición de «rey» de las letras castellanas. Poemas de circunstancias los de Cervantes que dejan entrever no tanto su pretensión de comenzar su carrera de escritor como el sueño de conseguir, por ejemplo, un oficio de escribano, de ayudante de cámara o de secretario en algunas de las casas nobiliarias instaladas en Madrid. Como será habitual en tantos escritores de los Siglos de Oro, la literatura entendida como un medio y no como un fin. Lejos estamos con estos versos primerizos de Cervantes del sueño de una carrera literaria. Muy lejos han ido los biógrafos en este momento al proyectar el mito universal del mejor escritor en español sobre los primeros pasos de un joven Cervantes, de quien está todavía por construirse su vida, su futuro.

Cervantes, el cardenal Espinosa y el secretario Mateo Vázquez: la escritura como carta de presentación

Gracias a la poesía, Miguel de Cervantes pudo entrar en contacto con la *Academia del Duque de Alba*, tratar con algunos de los jóvenes nobles que, con los años, vendrán a protagonizar las intrigas de la corte a la vuelta de Cervantes de su cautiverio en Argel. Pero, en las intrincadas redes de conspiraciones y de repartos de poder en la época de Felipe II, hay que tener en cuenta otro factor, al que podemos (y debemos) también vincular a Cervantes para comprender cuales podrían ser sus expectativas de futuro ya instalado en Madrid en 1566.

La corte de Felipe II, esa corte que se mueve hasta 1573 en el péndulo de las influencias entre las facciones de los *albistas* (liderados por el Duque de Alba) y la de los *ebolistas* (que tiene en la princesa Juana, hermana de Felipe II, y del príncipe de Éboli, Ruy Gómez de Silva, a sus impulsores), presencia cómo el poder de la nobleza va dejando lugar al de los «letrados», y que las grandes reformas que va a impulsar Felipe II en su reinado —sobre todo, el uso de la ortodoxia católica

Sepulcro del cardenal Espinosa, obra de Pompei Leoni, en la iglesia de Martín Muñoz de las Posadas (Segovia).

emanada del Concilio de Trento para justificar la actuación política de la Monarquía Hispánica— necesitan de un nuevo equipo de dirigentes, formados, profesionales, identificados con las nuevas directrices y que obedezcan ciegamente los planes trazados por el rey. En este contexto hemos de entender la aparición y ascenso del que llegará a ser cardenal Diego de Espinosa y, a partir de él, del secretario Mateo Vázquez, tan vinculado a la biografía cervantina de estos años.

Diego de Espinosa nace en el seno de una familia hidalga segoviana, que, con pocos medios económicos, encauzó su futuro a la carrera eclesiástica. Estudió en la Universidad de Salamanca y comenzó a desempeñar cargos de provisor y vicario en Sigüenza. Pero será en Sevilla donde adquirió cierta fama por su diligencia y formación jurídica desempeñando el cargo de juez de la Audiencia; virtudes que serán celebradas por Felipe II cuando en 1562 lo llamó para que formara parte del Consejo Real: «confiando de la suficiencia, letras y buena consciencia». En estos años, acumula cargos e influencia, hasta que el 23 de marzo de 1565, el rey, ante la sorpresa de todos los candidatos nobiliarios, lo nombra Presidente del Consejo de Castilla, uno de los órganos más influyentes de la administración de la Monarquía Hispánica. Puesto al que se le unirá al año siguiente el de Presidente de la Suprema, es decir, del Consejo del Santo Oficio. Visto, en principio, con muchos recelos por los *ebolistas* y los *albistas*, él supo tratarlos con equilibrio, manteniendo su esfera de influencia en los consejos, al tiempo que se iba rodeando de un verdadero ejército de «letrados», que ocupaban, poco a poco, puestos de confianza y de influencia en la corte. En todo caso, la Compañía de Jesús, auspiciada por los *ebolistas*, apoyó el ascenso de Espinosa, con lo que se creó una particular red de influencias entre ellos. La «suficiencia, letras y buena consciencia» de la que se había hecho eco el rey Felipe II, hizo que, por primera vez, los asuntos de Estado se agilizaron. Los porteros del Consejo no daban crédito: al final de la jornada se encontraban las salas vacías, cuando antes siempre estaban llenas de peticionarios. Los acontecimientos que se sucedieron a lo largo de 1568 (rebelión de los Países Bajos, las citadas muertes del príncipe don Carlos y de la reina Isabel de Valois, y la guerra de las Alpujarras) propiciaron que el rey Felipe II, abrumado y deprimido, delegara algunas parcelas de poder en el prelado que, a estas alturas, se había convertido en uno de los hombres más influyentes de la corte, cuya cartera clientelar no dejaba de crecer. Influencia que fue perdiendo a medida que el rey recuperaba la salud. En 1572, después de muchos enfrentamientos, el cardenal Espinosa abandona la política y muere el 5 de septiembre.

Pero a la altura de 1568, en el momento de su máximo poder e influencia en la corte no extraña que el Ayuntamiento de Madrid le quisiera dedicar el libro que había preparado el catedrático López de Hoyos para dejar constancia de las actividades programadas que dieran cuenta del dolor por la pérdida de la reina Isabel de Valois. Y lo mismo podemos decir de Cervantes, que escribe una elegía en honor a la reina, «dedicada al cardenal Espinosa», «en la cual con bien y elegante estilo se ponen cosas dignas de memoria» (fol. 157v). Esta composición cierra el volumen impreso en Madrid en 1569.

Comienza Cervantes su elegía siguiendo el guión establecido en este tipo de composiciones, mostrando la gran pesadumbre que todos han sentido por la pérdida de la reina, pero es interesante destacar cómo «el doloroso canto» del poeta solo tiene sentido si llega a los oídos del «gran cardenal», con quien inicia un diálogo literario, sueño y ficción de los que le gustaría mantener en la realidad:

> ¿A quién irá mi doloroso canto,
> o en cúya oreja sonará su acento,
> que no deshaga el corazón en llanto?

> A ti, gran cardenal, yo le presento,
> pues vemos te ha cabido tanta parte
> del hado secutivo violento.
>
> Aquí verás qu'el bien no tiene parte:
> todo es dolor, tristeza y desconsuelo
> lo que en mi triste canto se reparte.
>
> ¿Quién dijera, señor, que un solo vuelo
> de una ánima beata al alta cumbre
> pusiera en confusión al bajo suelo? (vv. 1-12).

Por este motivo, no extraña que la última estrofa de la elegía sea testigo del deseo de Cervantes de formar parte de la casa de Espinosa, ese «vuestro» lleno de ambición y de promesas de futuro:

> Con esto cese el canto dolorido,
> magnánimo señor, que, por mal diestro,
> queda tan temeroso y tan corrido
> cuanto yo quedo, gran señor, por vuestro. (vv. 196-200)

¿Consiguió Cervantes ser admitido en el servicio del cardenal Espinosa? ¿Lo estaba ya en el momento de escribir los versos, dando final feliz a su pretensión de entrar en la casa de un gran señor? ¿O acaso se siente criado del cardenal Espinosa por pertenecer a la casa, por formar parte de la red clientelar de algunos de las personas vinculadas a él, como pudiera ser el secretario Mateo Vázquez?

Mateo Vázquez de Leca, que llegaría a ser el poderoso *archisecretario* de Felipe II, y al que Cervantes dedicó una larga *Epístola* en su cautiverio argelino, escrita en 1577, tuvo un origen (casi) novelesco, que lo lleva de un nacimiento en Córcega en 1544, al cautiverio junto a su madre, Isabel de Luchiano, y a su hermana, capturados por corsarios que se adentraron hasta su pueblo, y una liberación que les instala definitivamente en Sevilla. Su madre entra al servicio de un canónigo de la catedral, Diego Vázquez de Alderete, quien se hace cargo de la educación del joven Mateo. A su muerte en 1556 no solo le dejó unas rentas que cobrará años después sino también el permiso para que empleara su apellido: Mateo Vázquez. En estos momentos, con tan solo doce años, Mateo es acogido por el licenciado Juan de Ovando; y será precisamente en la escuela doméstica que Ovando organizó para la educación de sus pajes donde Mateo

3.- Miguel de Cervantes, estudiante (1547-1568)

Inmaculada de Francisco Pacheco (1621) con Mateo Vázquez a sus pies.

Vázquez pudo comenzar sus estudios. Entre sus maestros, contó con las enseñanzas magistrales de los humanistas Benito Arias Montano y Francisco Pacheco.

Su formación se completó con unos cursos de Filosofía en la Universidad de Alcalá, donde se matriculó el 20 de octubre de 1564. Mateo Vázquez se encontraba en la ciudad complutense acompañando como escribano a su señor Juan de Ovando, a quien el rey Felipe II lo había enviado para que hiciera una «visita» a la Universidad, es decir, una inspección administrativa en la que se fiscalizaba el buen gobierno de la institución y se daban, a partir de sus conclusiones, nuevas reglas de cómo debía gobernarse en los años siguientes. Por estas fechas, ya con veinte años, recibe las rentas de Diego Vázquez, con una cuantía de la no despreciable cantidad de 150 ducados.

Será en Alcalá de Henares, por estos años, cuando Miguel de Cervantes entre en contacto con Mateo Vázquez, un nuevo punto de relación de nuestro escritor con uno de los grupos más influyentes en la corte en los próximos años. En Alcalá de Henares vivía Leonor de Cortinas con sus hijos, y en estas fechas Rodrigo de Cervantes se traslada a Alcalá pues su hija Luisa tenía intención de profesar como monja: el 11 de febrero ingresará en el convento carmelita de la Concepción de Alcalá, fundado por la beata sor María de Jesús en 1562, el segundo convento carmelita más antiguo, después del de San José de Ávila, fundado por santa Teresa. El conocimiento entre Mateo Vázquez y Cervantes pudo no ser casual. En estos años la familia Cervantes «había emparentado» con la de los Ovando, los señores sevillanos del futuro archisecretario de Felipe II. Nicolás

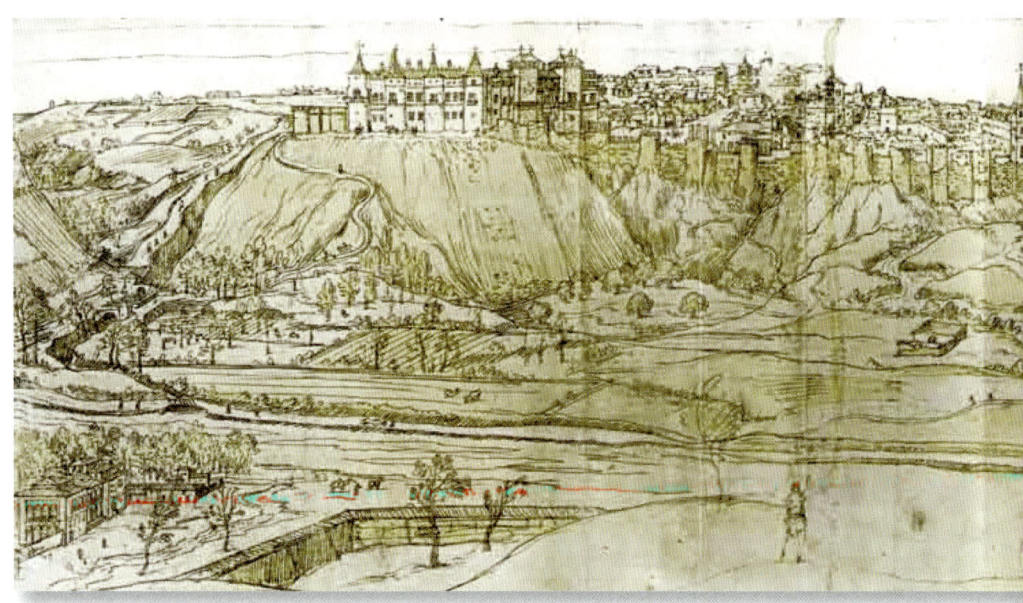

Vista de Madrid de Anton van Wyngaerde (1562).

de Ovando, primo de don Juan y amigo de Mateo Vázquez, mantuvo relaciones en Sevilla con Andrea de Cervantes, de la que nació una hija, Constanza (seguramente el nacimiento se produjo entre 1566 y 1567). En el proceso de Ezpeleta, Andrea dirá ante el juez el 30 de junio de 1605 que era «viuda, mujer que fue de Sante Ambrosio, florentín, y que antes fue desposada y concertada con Niculás de Ovando». Como suele ser habitual en la época, hubo promesa de matrimonio antes de las relaciones sexuales, que luego rompió el padre a cambio de una compensación económica, que quizás se negociaba en estos días en Alcalá de Henares entre Rodrigo de Cervantes y Juan de Ovando.

Mateo Vázquez y después Nicolás Ovando entran como secretario y camarero, respectivamente, al servicio del obispo Diego de Espinosa en Madrid en

3.- Miguel de Cervantes, estudiante (1547-1568)

1565. Juan de Ovando recomienda encendidamente a su paje-escribano Mateo Vázquez apoyado en tres argumentos que sabía que iban a hacer mella en el obispo: caligrafía, estilo de vida y buenas costumbres. Al año siguiente Miguel de Cervantes y el resto de su familia ya están instalados en la corte. ¿Contaba Cervantes con las mismas cualidades que Mateo Vázquez para poder entrar en la casa del hombre más poderoso en la corte por estos años?

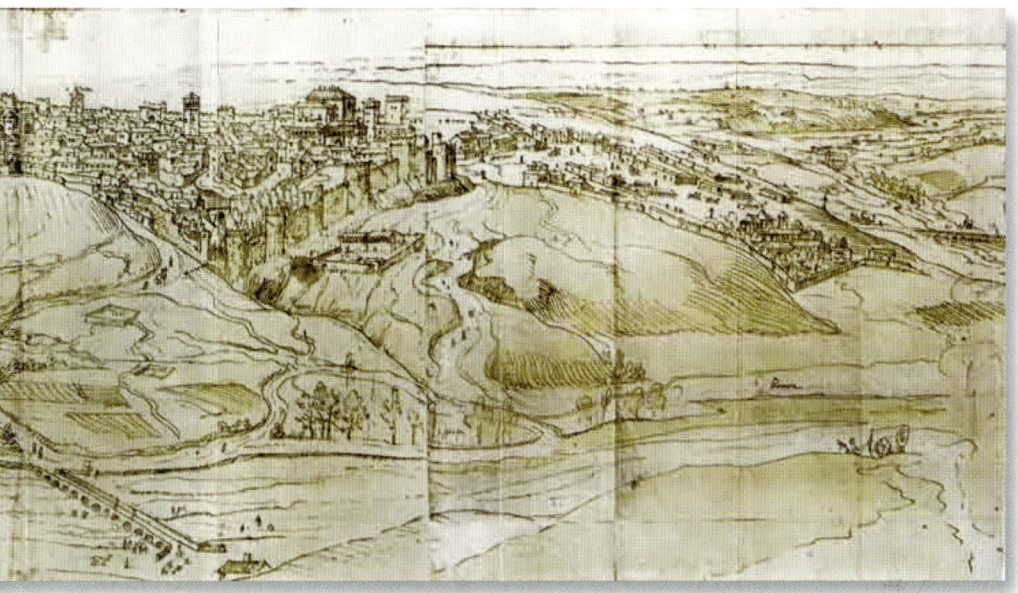

Instalados en Madrid, Mateo Vázquez y Cervantes; el uno, al servicio de Espinosa, que no dejará de alabarlo y ayudarle en una carrera brillantísima que permitirá, ni más ni menos, que ser nombrado secretario personal de Felipe II en 1573, un año después de la muerte del cardenal; y el otro, en busca de algún oficio con el que mantenerse y ayudar a su familia más allá de las escasas rentas que vienen de Arganda del Rey y de los negocios que ha emprendido su padre Rodrigo, ¿mantuvieron algún tipo de relación?

José Luis Gonzalo Sánchez-Molero, a quien se le debe el redescubrimiento de la *Epístola a Mateo Vázquez* (2010), es de la opinión que más que amistad habría que hablar de una relación clientelar, dado el tratamiento de «señor» con que Cervantes se dirige al secretario. No solo el texto que le envía desde Argel comienza con esta fórmula: «De Miguel de Cervante, captivo, a M. Vázquez, mi Sr.», sino que con el mismo tratamiento lo vemos aparecer en las primeras estrofas:

> Si el bajo son de la zampoña mía,
> señor, a vuestro oído no ha llegado
> en tiempo que sonar mejor debía, [...] (vv. 1-3)
>
> Vos sois, señor, por quien dezir podría
> y lo digo y diré sin estar mudo
> que sola la virtud fue vuestra guía (vv. 73-75).

El conocimiento y relación entre ambos pudo haberse mantenido en el séquito del cardenal Espinosa, en cuya casa seguramente deseó trabajar Cervantes, o en algunas de las *Academias* literarias de Madrid en las que pudieron haber coincidido, en especial en la del Duque de Alba, cuyo mecenazgo asumió Espinosa cuando el duque se ausentó. Mateo Vázquez pudo haber leído a Cervantes, las primeras composiciones publicadas por Cervantes, ya fuera en las calles de Madrid, ya fuera en el libro publicado por López de Hoyos en 1569. En el inventario de su biblioteca en 1579 se lee: «Historia y relación de la enfermedad de la Reyna doña Isabel», ejemplar que en el segundo inventario de 1581 se llena de datos bibliográficos: «Relación de la muerte de la reina de España Doña Isabel de Valois y sus obsequias por el maestro Juan López en Madrid año de 1569 en 8° y cuero».

El nombramiento de Mateo Vázquez como secretario del rey en 1573 supuso un nuevo reparto de las facciones del poder en la corte. Si la primera parte del reinado vio la oposición entre *ebolistas* y *albistas*, con importantes nobles al frente de los mismos, a partir de 1573 las corrientes enfrentadas —castellanistas y romanistas— estarán lideradas por secretarios, Mateo Vázquez y Antonio Pérez respectivamente, por la casta de «letrados» que había conseguido situar en el centro del poder el cardenal Espinosa.

Tanto en la *Epístola a Mateo Vázquez* como en la *Información* de limpieza de sangre de 1578, Miguel de Cervantes indica que hace diez años que está al servicio de su Magestad, el rey Felipe II: «Diez años ha que tiendo y mudo el passo / en servicio del gran Philippo nuestro» (vv. 106-107). ¿Hay que entender, como algunos críticos, que este cómputo lo comenzó Cervantes al tener en cuenta su incorporación a la casa del cardenal Espinosa, cerca de Mateo Vázquez, en 1568, por lo que sus servicios al rey no han de limitarse a su carrera como soldado?

Como siempre el silencio documental, tan propio de la época con una persona que a sus veinte años es solo silencio de pasado y de linaje y sueños de futuro, impide dar una respuesta, esa única respuesta que todos buscamos. Pero la realidad política de la corte por estos años, el ambiente cultural, literario y de clientelismo en cuyos laberintos vive, las relaciones personales que ha establecido Miguel de Cervantes y su familia con figuras o círculos de poder relevantes en aquel momento, permiten pensar que antes que en la escritura, antes que en los oficios que habían sido propios de los hombres de su familia (leyes y medicina), o los que desarrollará su hermano, Rodrigo, del que comenzamos a tener noticias cuando forme parte de los tercios españoles, el futuro que se estaba labrando Miguel de Cervantes en Madrid era el de entrar en la casa de Espinosa, formar parte de ese nuevo equipo de «letrados» que se va imponiendo en la administración de Felipe II. Y en este contexto «el caro discípulo» de López de Hoyos impreso en un texto que estaba presente en las estanterías de los palacios de los hombres más influyentes de la época, no deja de ser una magnífica carta de presentación de Miguel de Cervantes.

Este será su sueño madrileño, el sueño de sobrevivir en la corte gracias a sus estudios junto a López de Hoyos, entrar a formar parte de ese cuerpo de «letrados» que, año tras año, irá extendiéndose y dominando el clientelismo cortesano. Un sueño en construcción, que nunca dará sus frutos, por lo que podrá despedirse de su Madrid en el *Viaje del Parnaso* en 1614 como lo pudiera hacer en 1569, dejando atrás un mundo que bien conoce pero donde no encuentra acomodo, un mundo cuyas complejidades ahora comienza también él a construir:

> «Adiós», dije a la humilde choza mía;
> «adiós, Madrid; adiós tu Prado y fuentes,
> que manan néctar, llueven ambrosía;
>
> adiós, conversaciones suficientes
> a entretener un pecho cuidadoso
> y a dos mil desvalidos pretendientes;
>
> adiós, sitio agradable y mentiroso,
> do fueron dos gigantes abrasados
> con el rayo de Júpiter fogoso;
>
> adiós, teatros públicos, honrados
> por la ignorancia que ensalzada veo
> en cien mil disparates recitados;

adiós, de San Felipe el gran paseo,
donde si baja o sube el turco galgo,
como en gaceta de Venecia leo;

adiós, hambre sotil de algún hidalgo,
que por no verme ante tus puertas muerto,
hoy de mi patria y de mí mismo salgo» (vv. 115-132).

4. Miguel de Cervantes, soldado (1569-1575)

«Estante en corte romana» (1569)

El 22 de diciembre de 1569, Rodrigo de Cervantes comienza los trámites para una información de limpieza de sangre a favor de su hijo «estante en corte romana»; documento que actualmente se conserva en el Archivo Histórico de Protocolos de Madrid:

> Rodrigo de Cervantes, andante en corte, digo que a Miguel de Cervantes, mi hijo, y de doña Leonor de Cortinas, mi legítima mujer, estante en corte romana, le conviene probar y aviriguar como es hijo legítimo mío y de la dicha mi mujer, y cual ni yo ni la dicha mi mujer, ni mis padres ni agüelos, ni los de las dicha mi mujer hayan sido ni somos moros, judíos, conversos ni reconciliados por el Santo Oficio de la Inquisición ni por otra ninguna justicia de caso de infamia; antes han sido y somos muy buenos cristianos viejos, limpios de toda raíz (protocolo 490, fols. 982r-984v).

Como es habitual, la información de limpieza de sangre se realiza presentando testigos que hacen una declaración ante una autoridad civil (en este caso, Duarte de Acuña, teniente de corregidor de Madrid), que es sancionada por un escribano público (Rodrigo de Bera). Los tres testigos que presenta Rodrigo de Cervantes son el ya citado Alonso Getino de Guzmán, que se describe como «alguazil d'esta villa de Madrid», y dos comerciantes italianos, «andantes en corte de su Magestad»: Piro Boqui (quien afirma que conoce «a los susodichos de tiempo de ocho años») y Francisco Muzaqui.

¿Para qué oficio o con qué finalidad necesitaba Miguel de Cervantes una información de limpieza de sangre? ¿Qué razones le pueden haber llevado a Cervantes a viajar hasta Roma, abandonando su vida en Madrid? Dado que la información de limpieza de sangre era esencial, documento imprescindible para acceder o solicitar cualquier puesto en la administración, entrar en una cofradía religiosa, viajar a América (desde 1552), formar parte de los mandos de los tercios españoles o podía ser solicitada por un noble para admitir a alguien en el servicio de su casa, nada nos aclara su petición sobre el oficio de Cervantes en la ciudad de Roma.

La única noticia que tenemos es lo escrito por el propio Cervantes en la carta «dedicatoria al ilustrísimo señor Ascanio Colona, abad de Santa Sofía», con que comienza su *Galatea*, impresa en Alcalá de Henares en 1585, es decir, 16 años después, en la que afirma que escuchó muchos elogios de su persona «al cardenal de Aquaviva, siendo yo su camarero en Roma…».

Entre septiembre y diciembre de 1568 el joven Giulio Acquaviva d'Aragona, que había nacido en 1546 (un año antes que Cervantes), y que sería nombrado cardenal el 9 de junio de 1570, estuvo en Madrid como nuncio extraordinario para entregar las condolencias del Papa Pío V al rey Felipe II por la muerte de su hijo Carlos, el 24 de julio; en la corte madrileña vivió también la inesperada muerte de la reina Isabel de Valois el 3 de octubre. Durante su estancia madrileña, Cervantes pudo tener relación y conocimiento con algunos de los miembros de su séquito al compartir literatura y política en la *Academia* que por estos años mantenía el cardenal Espinosa en el alcázar.

En todo caso, con tan solo este dato y algunas referencias indirectas de Mateo Alemán y de otros autores de la época, de acuerdo a un modelo muy propio que siguieron los biógrafos de los siglos XVIII y XIX, que no es otro que el de imaginar lo que la documentación no detalla, Martín Fernández de Navarrete encontró en 1819 el modo de explicar el paso de nuestro escritor a tierras italianas, a partir del guión de una biografía nacida antes desde el mito del escritor universal que desde la perspectiva del hombre que vivió aquellos viajes tan habituales en la época:

> Como Cervantes asegura haberle servido en Roma de camarero, es de presumir, conociendo el carácter e inclinación de monseñor Aquaviva, que hallándose en Madrid cuando se hicieron las exequias de la Reina, y al tiempo que Cervantes dedicaba la elegía al cardenal Espinosa, prendado de su ingenio y penetración, y acaso compadecido de su escasa suerte, le admitió en su familia y comitiva al regresar a Italia; cuyo viage emprendía entonces con suma facilidad y frecuencia la noble juventud española, sin desdeñarse de servir familiarmente a los papas y cardenales, como lo hiciera don Diego Hurtado de Mendoza, D. Francisco Pacheco y otros para continuar en Roma sus estudios, y conseguir por su influjo las más pingües o elevadas dignidades de la Iglesia, o bien dejaban su patria incitados del deseo de ver mundo,

y de probar ventura en el ejercicio de las armas que, aunque estéril de riquezas, atraía gran reputación y esclarecido nombre en época tan gloriosa y memorable para el imperio español (1819, pp. 14-15).

Lo único cierto es que Miguel de Cervantes se encuentra en Roma a finales de 1569 y que, de haber servido al recientemente nombrado cardenal Acquaviva, lo hizo por poco tiempo, pues a mediados de 1570 ya había «sentado plaza» en los tercios italianos. El documento de 1569 en realidad llena de detalles novelescos la salida de Cervantes de Madrid, que quizás fuese testigo de una

Cardenal Giulio Acquaviva (Fondazione Tercas).

realidad mucho más prosaica: la posibilidad de un viaje seguro a Roma, acompañando al séquito de Acquaviva, para así estar más cerca de Zúñiga, ahora embajador en la Ciudad Eterna, que le podría abrir las puertas de las escribanías de los nobles españoles asentados en la ciudad, lo que presupone que no tuvo mucho éxito en su acercamiento al cardenal Espinosa ni a su secretario Mateo Vázquez en la corte madrileña. O quizás, Roma era el punto de partida para enrolarse en los tercios, que ofrecían a un hidalgo como él unas posibilidades de futuro que se le negaban en otros campos en los que triunfan los «letrados».

«Iglesia o mar o casa real». Este es el refrán que recuerda el capitán cautivo para explicar las tres circunstancias que permiten medrar al hombre.

> Hay un refrán en nuestra España, a mi parecer muy verdadero, como todos lo son, por ser sentencias breves sacadas de la luenga y discreta experiencia; y el que yo digo dice: «Iglesia o mar o casa real», como si más claramente dijera: «Quien quisiere valer y ser rico siga o la Iglesia o navegue, ejercitando el arte de la mercancía, o entre a servir a los reyes en sus casas» (*Quijote*, I, cap. XXXIX)

Y de estas tres, ahora Cervantes ha elegido servir al rey en sus tercios italianos. ¿Es una decisión que se apresura por la posible sentencia del duelo con Antonio de Sigura al que volveremos más adelante? ¿Es una decisión que se toma porque ha conocido en Madrid a personas del séquito del cardenal Acquaviva que lo invitan a viajar a Roma con ellos, y así beneficiarse de la seguridad de un viaje en tal compañía? ¿Es una decisión que nace fruto del azar, después de no querer seguir adelante con un viaje a América, que pudo haber acariciado si realmente estuvo en Sevilla en este tiempo huyendo de la justicia de Madrid, el sueño americano que acariciará a su vuelta del cautiverio argelino? ¿O acaso hemos de suponer que en su decisión algo tuvo que ver la carrera de soldado que había comenzado su hermano Rodrigo, que ya en 1570 se encuentra luchando en las Alpujarras en la compañía de Diego de Urbina? De nuevo, preguntas y posibilidades en la construcción de la biografía de los primeros años cervantinos.

Georg Braun y Franz Hogenberg: Vista de Roma en *Civitates Orbis Terrarum*, Liber 1 (1575).

Las razones por las que Miguel de Cervantes viaja a Roma en 1569 y el modo e itinerario que siguió para llegar a la Ciudad Eterna los desconocemos. Pero lo que sí puede afirmarse es que a Cervantes, como a tantos escritores, soldados y viajeros, «el viaje a Italia» lo marcó en la columna vertebral de su biografía, ya que le permitió tener un contacto directo con escritores, corrientes culturales y novedades literarias que solo eran referencias indirectas en las tertulias y lecturas que había frecuentado en la corte madrileña. En este tiempo pudo acercarse a la poesía de Petrarca —ya conocida a partir de Garcilaso de la Vega—, o los poemas caballerescos del Boiardo (*Orlando innamorato*) o del Ariosto (*Orlando furioso*), sin olvidar a Boccaccio y su *Decamerón*, o los textos pastoriles, como la *Arcadia* de Sannazaro o la *Aminta* del Tasso, o los *Diálogos de amor* de León Hebreo, unidos a tantos autores que pudiera conocer y que hoy son referencias anónimas o notas a pie de página en nuestras historias de la literatura, como los *Gli asolani* de Pietro Bembo o el *Libro de nature d'amore* de Mario Equicola, que suponen una base para la composición de su libro de pastores *La Galatea* (1585). Sin Italia, sin las lecturas en Italia, sin los contactos con los libros y con los escritores en las decenas de Academias que proliferaban por aquellos años en sus palacios —que serán también habituales en el Madrid donde él desarrollará su carrera de escritor a finales del siglo XVI y principios del XVII—, Miguel de Cervantes, este joven Miguel de Cervantes de tan solo 22 años, nunca llegaría a ser el gran Miguel de Cervantes, el autor de una de las obras literarias más influyentes en la cultura occidental. Su curiosidad innata, su deseo de leer todo lo que caía en sus manos, de aprender todo lo que le podían enseñar las personas con las que se cruzó en su vida, al margen de las enseñanzas regladas, ya sea en los Estudios de Villa o en la Universidad (recuérdese que hasta Lope de Vega, el brillante Lope de Vega cursó cuatro cursos en la Universidad de Alcalá, aunque al final no consiguiera ningún título), son una de las claves de su capacidad de innovación, de moverse siempre en los márgenes de los géneros, de las expectativas de los lectores de su tiempo. Roma, Nápoles, Messina, Génova… serán su particular academia, su escuela personal. Y todas estas ciudades y muchas de las enseñanzas allí aprendidas dejaron huella en su obra. A veces en forma de tópico compartido; a veces, en forma de recuerdo personal, en esos itinerarios que compartieron muchos de los viajeros, de los soldados de su tiempo, pero que muy pocos, como Cervantes, supieron convertir en literatura. Nada comparado a los recuerdos del soldado Tomás Rodaja en el *Licenciado Vidriera* (1613), que rememora Roma, una de las ciudades que también conoció Cervantes por estos años:

> y luego se partió a Roma, reina de las ciudades y señora del mundo. Visitó sus templos, adoró sus reliquias y admiró su grandeza; y así como por las uñas del león se viene en conocimiento de su grandeza y ferocidad, así él sacó la de Roma por sus despedazados mármoles, medias y enteras estatuas, por sus rotos arcos y derribadas termas, por sus magníficos pórticos y anfiteatros grandes; por su famoso y santo río, que siempre llena sus márgenes de agua y las beatifica con las infinitas reliquias

de cuerpos de mártires que en ellas tuvieron sepultura; por sus puentes, que parece que se están mirando unas a otras, que con solo el nombre cobran autoridad sobre todas las de las otras ciudades del mundo: la vía Apia, la Flaminia, la Julia, con otras d'este jaez. Pues no le admiraba menos la división de sus montes dentro de sí misma: el Celio, el Quirinal y el Vaticano, con los otros cuatro, cuyos nombres manifiestan la grandeza y majestad romana. Notó también la autoridad del Colegio de los Cardenales, la majestad del Sumo Pontífice, el concurso y variedad de gentes y naciones. Todo lo miró, y notó y puso en su punto. Y habiendo andado la estación de las siete iglesias, y confesádose con un penitenciario, y besado el pie a Su Santidad, lleno de *agnusdeis* y cuentas, determinó irse a Nápoles...

Y el viaje continúa en el relato del soldado Tomás Rodaja y comienza también en el del soldado bisoño Miguel de Cervantes.

¿Otro Miguel de Cervantes en Madrid en 1569?

El 25 de junio de 1840, los responsables del Archivo General de Simancas comunicaron a la Real Academia de la Historia que habían encontrado un interesante documento que podría explicar las razones por las que Cervantes abandonara la corte a finales de 1569: la providencia de los alcaldes de casa y corte para que el alguacil de Madrid Juan de Medina «vaya a prender a Miguel de Cervantes», firmada a 15 de septiembre de 1569 (Registro General del Sello, 15. RGS,156909). ¿Cuál es la razón, el motivo para lanzar esta petición de búsqueda y captura?

> sepades que por los alcaldes de nuestra casa y corte se ha procedido y procedió en rebeldía contra un Miguel de Cervantes, absente, sobre razón de haber dado ciertas heridas en esta corte a Antonio de Sigura, andante en esta corte, sobre lo cual el dicho Miguel de Cervantes, por los dichos nuestros alcaldes, fue condenado a que con vergüenza pública le fuese cortada la mano derecha y en destierro de nuestros reinos por tiempo de diez años y en otras penas contenidas en la dicha sentencia (Sliwa, p. 39).

Gracias a esta providencia sabemos que un tal «Miguel de Cervantes» no solo ha sido condenado por el duelo mantenido con Antonio de Sigura meses atrás (cuya sentencia se ha perdido), sino que se encuentra a la fecha de su escritura «ausente» de Madrid, pues más adelante se dice: «habiendo sido informado de los dichos nuestros alcaldes que el dicho Miguel de Cervantes se andaba

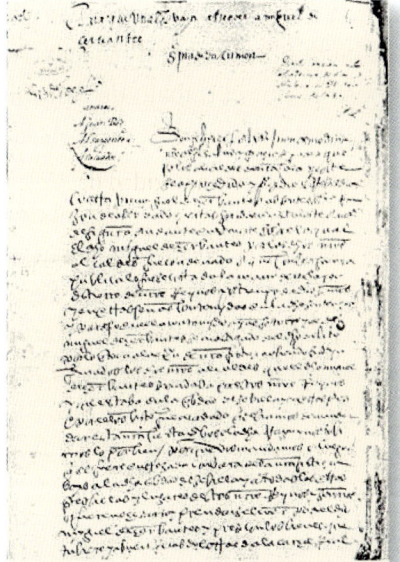
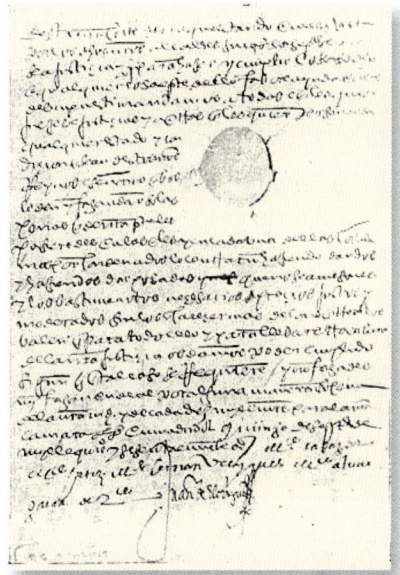

Providencia de los alcaldes de casa y corte para apresar a un tal Miguel de Cervantes «ausente» de Madrid (Simancas, RGS,LEG,156909).

por estos nuestros reinos y que estaba en la cibdad de Sevilla y en otras partes». Por esta razón, se le ordena al alguacil que vaya «a la dicha cibdad de Sevilla y a todas otras partes, villas y lugares d'estos nuestros reinos y señoríos que fuere necesario, y prendáis el cuerpo del dicho Miguel de Cervantes, y preso con los bienes que tuviere y a buen recabdo, le traed a la cárcel real d'esta nuestra corte».

Antonio de Sigura estuvo muy vinculado a la corte y a la casa del rey, pues fue aparejador de las obras del alcázar de Madrid, y de otras construcciones reales en Aranjuez y en El Pardo.

Este documento fue desestimado en 1840 por la Real Academia de la Historia al considerarlo una superchería que solo quería acabar con la buena fama de Cervantes. Habrá que esperar a 1863 para verlo publicado en *La vida de Cervantes*, que escribe Jerónimo Morán como tercer tomo de su edición del *Quijote* impresa en Madrid.

Al margen de la duda sobre la identidad de ese «Miguel de Cervantes» que se cita en la providencia, llama la atención las penas a las que se le condena por dar «unas ciertas heridas» en un duelo. La pena del destierro es habitual en la época —tan solo hay que recordar lo que le sucedió a Lope de Vega en su contienda con su antigua amante, Elena Osorio, que, por unos poemas difamatorios (y no haber cejado en el empeño), fue condenado a diez años de destierro de la corte y de Castilla—; pero no así la de cortar la mano derecha con «vergüenza pública», que solo se explica si el duelo se hubiera producido en palacio (*Nueva Recopilación* VIII, 23, 1), lo que no sería imposible por el trabajo de Antonio de Sigura y la relación de Cervantes con algunos poetas habituales en la *Academia* que había patrocinado el Duque de Alba.

En todo caso, la prueba documental del duelo entre un «Miguel de Cervantes» y Antonio de Sigura, una providencia de «busca y captura», estando ausente de la corte en septiembre de 1569, plantea más interrogantes que respuestas y, en absoluto, resulta hoy en día necesaria para explicar la salida de Cervantes de Madrid camino de Italia, dadas sus relaciones con los círculos de las *Academias* del alcázar y del círculo de influencia del cardenal Espinosa. ¿Hubo otro Miguel de Cervantes en la corte? Difícil es admitirlo. Imposible demostrarlo.

Miguel de Cervantes, soldado de los tercios de Italia (1570-1571)

1568 no va a ser un año fácil para Felipe II. A los problemas personales —la detención y posterior muerte de su hijo Carlos, a la que se sucederá la de su mujer Isabel de Valois—, se le unirán otros políticos, que atentan contra la unidad de su imperio, cada vez más herido a medida que no deja de crecer: la segunda sublevación de los moriscos en la Alpujarra en Granada y los primeros escarceos rebeldes en Flandes. En este mismo año, Selim II, el nuevo sultán de Constantinopla pone en marcha uno de sus sueños más queridos desde que llegó a dominar la Gran Puerta: la conquista de Chipre, a la que atacará años después con 360 galeras. Conquista fácil y nunca mejor el momento elegido, pues todas las potencias europeas estaban enfrascadas en sus propios asuntos internos: además de España, Francia se encontraba desgarrada por la guerra de los hugonotes; Maximiliano II, tío de Felipe II, ha firmado con Selim II un tratado de paz en este año; Lisboa sufre una peste... Nicosia es conquistada y cae el 9 de septiembre de 1570, y una vez más las ruinas de sus murallas se convierten en un tópico literario con el que Cervantes da comienzo a su novela ejemplar *El amante liberal*:

> —¡Oh lamentables ruinas de la desdichada Nicosia, apenas enjutas de la sangre de vuestros valerosos y mal afortunados defensores! Si como carecéis de sentido, le tuviérades ahora, en esta soledad donde estamos, pudiéramos lamentar juntos nuestras desgracias, y quizá el haber hallado compañía en ellas aliviara nuestro tormento.

> Esta esperanza os puede haber quedado, mal derribados torreones, que otra vez, aunque no para tan justa defensa como la en que os derribaron, os podéis ver levantados. Mas yo, desdichado, ¿qué bien podré esperar en la miserable estrecheza en que me hallo, aunque vuelva al estado en que estaba antes d'este en que me veo? Tal es mi desdicha, que en la libertad fui sin ventura, y en el cautiverio ni la tengo ni la espero (p. 109).

Esta derrota es el punto de partida de una gran victoria —limitada en sus consecuencias, como veremos—, como lo fue la batalla de Lepanto. El Papa Pío V ha conseguido crear una Santa Liga para recuperar Chipre, para dominar de nuevo el Mediterráneo; una Santa Liga que firman el 25 de marzo de 1571 representantes de España, Roma y Venecia, y que solo durará dos años en vigor.

Este ambiente bélico, lleno de oportunidades para un joven sin oficio (y con muchas ambiciones) como Miguel de Cervantes, es el que mueve a pensar que se alistara a algún tercio español a mediados de 1570. No hemos de olvidar que la carrera de soldado era una manera de vivir, un oficio, durante el siglo XVI. Y que muchos soldados, acabado su servicio militar, solicitaron «mercedes», alguno de los puestos vacantes en una administración cada vez más demandante, como fue la corte de la Monarquía Hispánica. Los mentideros de las gradas de San Felipe y los del Alcázar en Madrid estarían llenos de historias semejantes, de peticiones de merced que, en la mayoría de los casos, no llegarían a ningún puerto. Una historia que seguirá al pie de la letra Miguel de Cervantes, aunque seguramente ahora sus sueños fueran otros.

En todo caso, tantas eran las peticiones de merced que los soldados licenciados le hacían al rey que el 27 de junio de 1568 Felipe II le envía una carta al Duque de Alba con un decreto para evitar que sigan llegando a la corte «tanta multitud de soldados a pedir mercedes y algunos con falsas relaciones». En el decreto se indica que los «capitanes, oficiales y soldados» que solicitaban una «merced», debían previamente solicitarla al capitán general, que tenían la obligación de informar al rey sobre la petición y comprobar la veracidad de los méritos presentados antes de enviarla a la corte. La petición de merced de Cervantes —que le acompañará buena parte de su vida en construcción— es una más de las que presentarán miles de soldados en su tiempo.

Los tercios españoles, el ejército de la Monarquía Hispánica fuera de la Península Ibérica, se configuraron definitivamente en 1534, aunque será en el reinado de Felipe II cuando adquirirán su momento de mayor expansión e importancia militar. Son unidades permanentes, adiestradas fuera de España, con una estructura

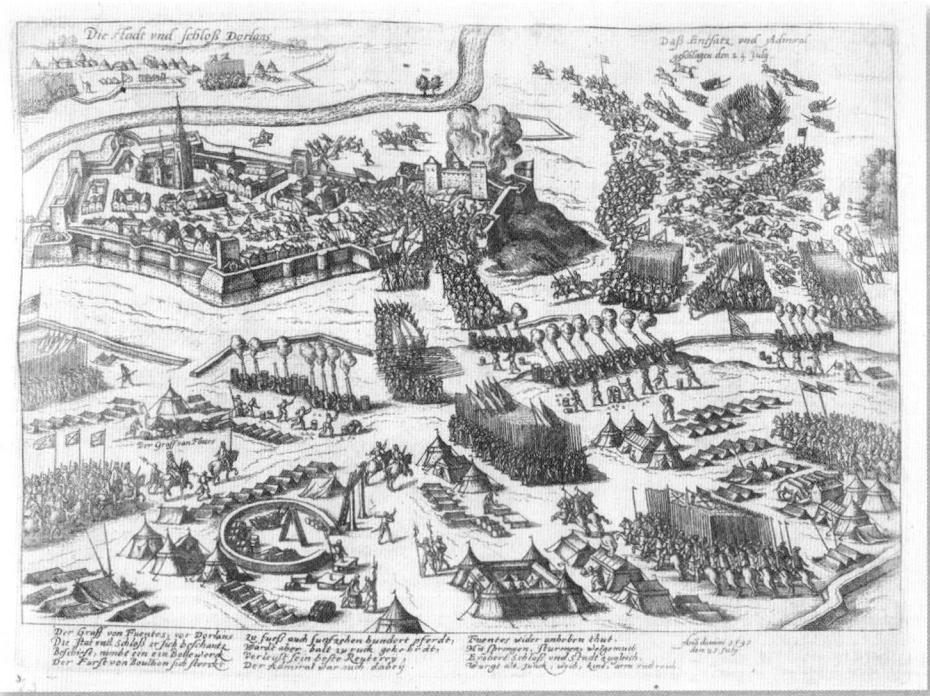

El Conde de Fuentes, llegado desde Italia, sitia y conquista la ciudad de Doullens en el Somme. En la imagen se aprecian las formaciones características de los tercios: banderas al viento con la cruz de san Andrés, los cuadros de picas de la infantería protegidos por las mangas de arcabuceros mientras la caballería y la artillería hostigan y baten las posiciones enemigas. (Frans Hogenberg, 1595).

fija. Según la ordenanza de 1560, Felipe II estableció que el tercio debía componerse de 3000 soldados, repartidos en diez compañías, de las que dos de ellas eran de arcabuceros y el resto de piqueros; a medida que llegamos a final de siglo, disminuyó el número de soldados por compañía (llegando a cien en 1603) y aumentó el porcentaje de los arcabuceros y mosqueteros en cada tercio, llegando a constituir el sesenta por ciento. Al frente de cada compañía había un capitán, que era el que estaba autorizado por el rey para reclutar nuevos soldados. El capitán nombraba a sus oficiales: el alférez (el que lleva la bandera del tercio), sargento y cabo. Las personas que querían formar parte de los tercios tenían que «sentar plaza», es decir, firmar un contrato por el que el capitán se comprometía a pagarle una determinada soldada por sus obligaciones, todo a cargo de las arcas reales.

Hasta finales del siglo XVI los ascensos se basaban en los certificados que obtenían los soldados por los servicios prestados. La antigüedad va a ser un criterio objetivo para conseguir un ascenso —aunque solo sea por el hecho de haberse mantenido con vida—. El capitán Marcos de Isaba en su *Cuerpo enfermo de la milicia española* (Madrid, 1594) parte de su experiencia personal para dar cuenta de los plazos que, como mínimo, debían cumplir los soldados para aspirar a un ascenso. Se recomienda que el soldado bisoño no tenga menos de veinte años, y que sean cinco los años de instrucción en los que tiene que aprender a «tratar sus armas, hacer sus guardias, respetar sus oficiales, obedecer ciegamente las órdenes y conservar los bandos». A los veinticinco años podrá ser nombrado cabo, y remarca que es «menester tenga esta edad, ansí para la autoridad de su persona como para que conozca lo que se le encomienda y considere las cosas y entienda lo que en este oficio le toque, procurando que los de su escuadra vivan satisfechos, aprecien sus armas, y en todo momento y sin gruñir obedezcan lo que se les ordene; y si alguno se le desmediere, hágase respetar con la fuerza de la ley y sin ponerle las manos». Un año al menos estará de cabo antes de ser nombrado sargento; y al menos dos años antes de poder llegar a alférez, para así poder hacerlo entre «veinticinco a treinta años, para que cuando llegue a capitán tenga por lo menos treinta y dos, y con ellos juicio y entendimiento para mandar, obedecer y ejecutar. De allí en adelante hasta los cincuenta años, que es edad robusta, sana y gallarda, puede alcanzar los puestos que a su mérito le empuje».

Cada tercio tenía sus símbolos de identificación: un nombre, colores, algún ropaje, bandera... Las armas y la vestimenta las tenía que sufragar el soldado; las armas las suministraba el tercio, pero se descontaban de su soldada. Además de la pica, el mosquete o el arcabuz —dependiendo de la posición que cada uno ocupara en la compañía—, cada uno portaba una espada de longitud variable y una daga.

En este ambiente de preparación de una gran batalla en el Mediterráneo, estando en Italia —huyendo o no del peso de la justicia—, Miguel de Cervantes, como tantos otros jóvenes de España y fuera, se alistó en una compañía. ¿Sus razones? Las expresa mejor que nadie Antonio Gallo en su *Destierro de ignorancias en todo género de soldados de infantería*, que imprime en Madrid en 1639, que, a pesar del tiempo transcurrido, serían razones semejantes a las que moverían a Cervantes a tomar esta decisión:

> Dos cosas obligan al hombre a salir de su patria a ser soldado: la primera, por ser inclinado a las armas y ganar honra en el exercicio d'ellas; la segunda, por ser pobre y no se poder sustentar conforme a su persona (Astrana Marín, vol. II, p. 251).

Roger de Gaignières (1642-1715). Estampas de soldados españoles. A la izquierda, un capitán de compañía con su banda roja y espontón (lanza corta) de mando. A la derecha, un alférez (abanderado de la compañía) con el estandarte de su unidad (Gallica, btv1b6937394z).

¿En qué tercio se alistó Cervantes en el comienzo de su carrera militar?

En Italia funcionaban los siguientes: el «Tercio viejo de Nápoles», el primero que se constituyó, que controlaba la zona sur de Italia, y tenía su cabecera en la ciudad de Nápoles; el tercio de Sicilia, que, además de proteger la isla, tenía tropas destacadas en Calabria, en la Marina de Catanzaro; el tercio de Cerdeña, que guarnecía la isla con sus plazas de Cagliari, Nuoro y Sassari; y, el último, el tercio de Lombardía o de Milán, que protegía la zona norte de Italia. Pero esta organización se había trastocado por los últimos acontecimientos militares y los que se estaban preparando: por un lado, el tercio de don Miguel de Moncada, del que dependía la compañía de Diego de Urbina, se encontraba en 1570 sofocando la rebelión de las Alpujarras, y no llegaron a Italia hasta julio de 1571 (una de las escasas ocasiones en que estas fuerzas militares participaron en conflictos dentro de la Península Ibérica, como años después sucederá en el momento en que Lisboa pase a formar parte de los reinos de la Monarquía Hispánica); y por otro, el resto de los tercios italianos se estaban reagrupando en Sicilia, junto con las naves del Papa. En una misiva que le envía Felipe II desde El Escorial el 15 de julio de 1570 al Marqués de Santa Cruz, le informa que le ha pedido a Juan Andrea Doria que junte sus naves a las del Papa, y que «siga su estandarte el tiempo que durare la dicha junta» y que acate todas las órdenes que reciba en este sentido.

En este contexto ha de ser entendida, como ya explicara Astrana Marín, la alusión que Cervantes escribe en la carta dedicatoria al inicio de la *Galatea* (1585) de que estuvo bajo la bandera de Marco Antonio Colonna, el padre de Ascanio; texto en que también se hace eco de su muerte, muy cercana a la redacción de la misma («ayer») acaecida el 1 de agosto de 1584 cuando el noble italiano se dirigía a Medinaceli para dar explicaciones de su gestión como Virrey de Sicilia al rey Felipe II:

> Y si por esto no lo meresciere, merézcalo, a lo menos, por haber seguido algunos años las vencedoras banderas de aquel sol de la milicia que ayer nos quitó el cielo delante de los ojos, pero no de la memoria de aquellos que procuran tenerla de cosas dignas de ella, que fue el Excelentísimo padre de V. S. Ilustrísima.

Enseñas habituales en los tercios viejos.

De este modo, cualquiera que «sentara plaza» para participar en la batalla marítima de Lepanto, ya estuviera a las órdenes de Doria o del Marqués de Santa Cruz, bien podía decir, como hará Cervantes, que lo hacía siguiendo las banderas (estandartes) de Marco Aurelio Colonna.

Así, la carrera militar de Cervantes comienza muy vinculada a la batalla de Lepanto. Y casi será Lepanto el primer momento en que demostrar su valentía, el deseo de abandonar su puesto de «soldado bisoño». No hemos de olvidar este hecho para explicar los adjetivos laudatorios de su participación en la misma. En todo caso, la vida militar en los tercios de infantería dejará también su huella a lo largo de su obra, donde no podrá dejar de alabarla en sus principios ideales (muy cercanos a la caballería) y de criticarla en su realidad, en ese día a día que él conoció en primera persona.

El capitán don Diego de Valdivia, «capitán de infantería con su Majestad», no puede dejar de alabarle la vida soldadesca a Tomás Rodaja al inicio de la novela del *Licenciado Vidriera* (1613), y con estos argumentos le convence para dejar los estudios salmantinos y lanzarse a la vida de los tercios italianos:

> Alabó la vida de la soldadesca; pintole muy al vivo la belleza de la ciudad de Nápoles, las holguras de Palermo, la abundancia de Milán, los festines de Lombardía, las espléndidas comidas de las hosterías; dibujole dulce y puntualmente el *aconcha, patrón; pasa acá, manigoldo; venga la macarela, li polastri e li macarroni*. Puso las alabanzas en el cielo de la vida libre del soldado y de la libertad de Italia; pero no le dijo nada del frío de las centinelas, del peligro de los asaltos, del espanto de las batallas, de la hambre de los cercos, de la ruina de la minas, con otras cosas d'este jaez, que algunos las toman y tienen por añadiduras del peso de la soldadesca, y son la carga principal d'ella. En resolución, tantas cosas le dijo, y tan bien dichas, que la discreción de nuestro Tomás Rodaja comenzó a titubear y la voluntad a aficionarse a aquella vida, que tan cerca tiene la muerte.

Gracias al perro Berganza, que acompaña a un atambor de una compañía de soldados que se iban a embarcar en Cartagena, en *El coloquio de los perros* (1613), nos adentramos en la realidad de los tercios españoles, a ese espacio que solo lo conoce quien lo ha vivido, a la vida picaresca y rufianesca del día a día, de la supervivencia a base de ingenio:

> el capitán era mozo, pero muy buen caballero y gran cristiano; el alférez no hacía muchos meses que había dejado la corte y el tinelo; el sargento era matrero y sagaz y grande arriero de compañías, desde donde se levantan hasta el embarcadero. Iba la compañía llena de rufianes churrulleros, los cuales hacían algunas insolencias por los lugares do pasábamos, que redundaban en maldecir a quien no lo merecía. Infelicidad es del buen príncipe ser culpado de sus súbditos por la culpa de sus súbditos, a causa que los unos son verdugos de los otros, sin culpa del señor; pues, aunque quiera y lo procure no puede remediar estos daños, porque todas o las más cosas de la guerra traen consigo aspereza, rigiridad y desconveniencia.

El sueño de ser capitán… pero en 1570 Cervantes comienza su carrera militar siendo soldado bisoño. El nombre procede del italiano «fa bisogno» (hay necesidad, es necesario), con que se encabezaba la columna donde se indicaba el número de soldados que se necesitaban en una compañía. Los soldados bisoños, después de ser reclutados, comenzaban su formación. A no ser que demostraran un conocimiento en el uso de las armas de fuego, se les asignaba una pica seca, sin yelmo ni coraza. Su función era la de aguantar con la fuerza de su cuerpo la embestida de la caballería enemiga. Con el tiempo, el soldado bisoño iba comprando el resto del equipo militar necesario, comenzando por el yelmo, o el morrión, que lo protegía de los sablazos de la caballería y el golpe de las alabardas; y el coselete, un peto que podía ser o de cuero de búfalo o de acero; y, por último, la rodela, un escudo pequeño y redondo, que es muy útil en campaña. Con el tiempo, y el adiestramiento adecuado, se podía aspirar a ser arcabucero e incluso soldado de caballería; pero para eso el soldado debía comprarse y mantener tanto el arcabuz como el caballo, para lo que recibía una soldada mayor.

Las galeras, «verdaderamente cosas encantadas»

A lo largo del siglo XVI, las galeras recuperaron el protagonismo como naves de guerra en el Mediterráneo a partir de los enfrentamientos entre la Monarquía Hispánica y la Sublime Puerta. Las galeras, frente a los buques de alto bordo, que son los que se utilizarán en los océanos, obtienen su fuerza gracias a la combinación de dos elementos: las velas y los remeros.

Los nuevos requerimientos de la guerra moderna, donde adquieren las armas de fuego un mayor protagonismo, obligaron a realizar diversas mejoras en las galeras con dos finalidades: construir galeras mayores y más resistentes para soportar el peso y el retroceso ejercidos por una artillería de bronce de calibre cada vez mayor; y aumentar su velocidad y capacidad de maniobra. Para lo primero se proyectaron galeras con el casco más alargado y ligero, al

Un soldado bisoño empezaba su carrera como pica seca: armado con un asta de más de cuatro metros que llevaba en su extremo una moharra de hierro. Solía proteger su cuerpo con ropas de cuero acolchado y su cabeza con un morrión en forma de media almendra con alas para defender el cuello. Sujeta con un tahalí llevaba una espada ropera y, a su espalda, una daga mortífera (*quitapenas*).

Las galeras venecianas tuvieron fama en el Mediterráneo durante los siglos XVI y XVII
(Pierre Puget, h. 1655, Musée des Beaux Arts, Marsella).

tiempo que se les incorporó un castillo de proa y un alcázar en la popa, donde se alojaban los oficiales. Gracias a estas mejoras, se pudo aumentar el número de cañones que llevaban las galeras a proa (de tres a cinco), y su calibre, con lo que se convirtieron en plataformas artilleras que completaban el fuego de las compañías de infantería embarcadas antes de comenzar el combate cuerpo a cuerpo. Para lo segundo, velocidad y maniobrabilidad, se contaba con mástiles con aparejo latino cuando había viento y con la fuerza de los remeros (los conocidos como galeotes). Era habitual que las galeras desde mediados del siglo XVI contaran con veinticuatro bancos, cada uno de los cuales tenía tres remeros por banda. Desde las ordenanzas de 1553, este cuerpo de galeotes estaba formado en su (casi) totalidad por esclavos o por personas condenadas a cumplir sus penas en este medio. Con el tiempo se llegó a contar con veintiséis bancos, y con cuatro galeotes por remo, que, de un mayor tamaño —y más posibilidades de acción—, se le denominaba galocha.

Las galeras que hasta 1557 podían ser gestionadas por particulares, constituyen durante el reinado de Felipe II uno de sus brazos armados, junto con los tercios, que permiten explicar el éxito militar de la Monarquía Hispánica. Una expansión que es más que evidente en los años previos y posteriores a la batalla de Lepanto: de las 79 galeras de 1567, se habla de 146 en los años posteriores.

Esta situación de expansión cambió en marzo de 1577 cuando el rey Felipe II firmó una tregua con el sultán Amurad III, por lo que se redujeron los enfrentamientos navales en el Mediterráneo, con lo que la tropa de galeras hispánicas se redujo a unas cien, que fueron utilizadas para el abastecimiento de los presidios norteafricanos, el transporte de tropas y el castigo a los corsarios berberiscos. Cuando Cervantes salió de Argel en 1580 se encontró con un mundo militar bien diferente al que había vivido en los años setenta, pues el Mediterráneo había perdido su protagonismo bélico frente a Flandes.

Durante el siglo XVII se mantuvieron las escuadras hispánicas, pero cada vez más mermadas en su número. En todo caso, en España la construcción de tales barcos llegó hasta 1788, fecha en que se construyó la última galera, que fue desarmada en 1800.

Cervantes en su novela ejemplar el *Licenciado Vidriera* (1613) da cuenta de cómo se vivía en estas «marítimas casas», siguiendo el relato de Tomás Rodaja cuando se embarca en una de ellas en Cartagena: una vida de estrecheces que se une al miedo de las borrascas, el gran temor de todo marinero hasta que llega a puerto, a poder cantar el *gaudeamus* en la iglesia o en la taberna más cercana:

> y allí notó también Tomás Rodaja la extraña vida de aquellas marítimas casas, adonde lo más del tiempo maltratan las chinches, roban los forzados, enfadan los marineros, destruyen los ratones y fatigan las mareas. Pusiéronle temor las grandes borrascas y tormentas, especialmente en el golfo de León, que tuvieron dos; que la una los echó en Córcega y la otra los volvió a Tolón, en Francia. En fin, trasnochados, mojados y con ojeras, llegaron a la hermosa y bellísima ciudad de Génova; y, desembarcándose en su recogido mandrache, después de haber visitado una iglesia, dio el capitán con todas sus camaradas en una hostería, donde pusieron en olvido todas las borrascas pasadas con el presente *gaudeamus*.

En todo caso, los galeotes, que viven amarrados a los bancos con su remo, son los que peor viven, como lo detalla Pedro a Juan y Mata en el coloquio tercero del *Viaje de Turquía* de Cristóbal de Villalón (h. 1557):

> JUAN.- Yo reniego de esa manera de la mejor. Y la cama, ¿era conforme a la comida?
> PEDRO.- Tenía por cortinas todo el cielo de la luna y por frazada el aire. La cama era un banquillo cuanto pueden tres hombres caber sentados, y de tal manera tenía de dormir allí que con estar amarrado al mismo banco y no poder subir encima la pierna, sino que había de estar colgando, si por malos de mis pecados sonaba tantico la cadena, luego el verdugo estaba encima con el azote.
> MATA.- ¿Quién os lavaba la ropa blanca?

PEDRO.- Nosotros mismos con el sudor que cada día manaba de los cuerpos; que una que yo tuve, a pedazos se cayó como ahorcado.

JUAN.- Parece que me comen las espaldas en ver cuál debía estar de gente.

PEDRO.- A eso quiero responder que, por la fe de buen cristiano, no más ni menos que en un hormigal hormigas los veía en mis pechos cuando me miraba, y tomábame una congoja de ver mis carnes vivamente comidas de ellos y llagadas, ensangrentadas todas, que, como aunque matase veinte pulgaradas no hacía al caso, no tenía otro remedio sino dejarlo y no me mirar; pues en unas botas de cordobán que tenía, por el juramento que tengo hecho y por otro mayor si queréis, que si metía la mano por entre la bota y la pierna hasta la pantorrilla, que era mi mano sacar un puñado de ellos como granos de trigo.

Es difícil hacerse una idea de la impresión que debiera producir a quien viera por primera vez una galera por dentro, con los galeotes en sus bancos, todos los marineros en sus puestos y la coordinación —a primera vista caótica—

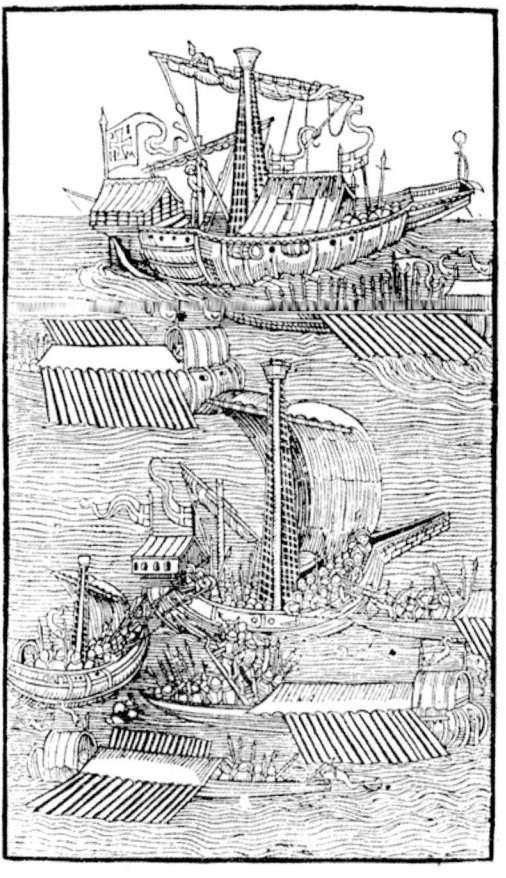

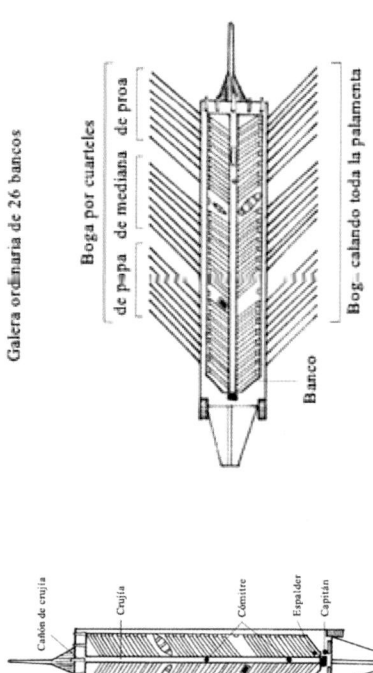

Combate naval y disposición de galeotes en una galera (Fondevila, *Revista de Historia Naval*, 2010, pp. 25-51.).

cuando la nave se pone en marcha. Algo similar a lo que sintió Sancho Panza en Barcelona es lo que podríamos nosotros sentir si hubiéramos tenido la oportunidad de subir en una. Solo quien ha vivido en ella es capaz de describirla con todo detalle como hace Cervantes:

> A este instante abatieron tienda, y con grandísimo ruido dejaron caer la entena de alto abajo. Pensó Sancho que el cielo se desencajaba de sus quicios y venía a dar sobre su cabeza; y, agobiándola, lleno de miedo, la puso entre las piernas. No las tuvo todas consigo don Quijote; que también se estremeció y encogió de hombros y perdió la color del rostro. La chusma izó la entena con la misma priesa y ruido que la habían amainado, y todo esto, callando, como si no tuvieran voz ni aliento. Hizo señal el cómitre que zarpasen el ferro, y, saltando en mitad de la crujía con el corbacho o rebenque, comenzó a mosquear las espaldas de la chusma, y a largarse poco a poco a la mar. Cuando Sancho vio a una moverse tantos pies colorados, que tales pensó él que eran los remos, dijo entre sí:
> —Estas sí son verdaderamente cosas encantadas, y no las que mi amo dice. ¿Qué han hecho estos desdichados, que ansí los azotan, y cómo este hombre solo, que anda por aquí silbando, tiene atrevimiento para azotar a tanta gente? Ahora yo digo que este es infierno, o, por lo menos, el purgatorio (*Quijote*, II, cap. 63).

La batalla de Lepanto, ¿la más alta ocasión que vieron los siglos pasados? (7 de octubre de 1571)

La batalla de Lepanto, la que Cervantes vivió a los veinticuatro años siendo un soldado bisoño, es decir, inexperto, a la que a lo largo de su vida reivindicó como «la más alta ocasión que vieron los siglos pasados, los presentes ni esperan ver los venideros», siendo en realidad la única batalla victoriosa en la que participó, es, en realidad, una de las más cruentas (e inútiles) batallas de la historia. Las cifras aterrorizan: más de 61 000 víctimas, entre muertos y heridos en tan solo seis horas de enfrentamiento. Cielo y mar unidos por la sangre, el fuego, el humo y la muerte.

No cabía ni un alfiler en el puerto de Mesina aquel 1571. Allí podían admirarse las naves de España (90 galeras, 24 naos, 50 fragatas y bergantines), las del Papa (12 galeras y 6 fragatas) y las de Venecia (106 galeras, 6 galeazas, 2 naos y 6 fragatas). El 12 de septiembre la armada de la Santa Liga zarpó con rumbo a la isla griega de Corfú: nunca, hasta entonces, el Mediterráneo había visto tal despliegue de naves y de combatientes: 84.421 hombres, 28 000 solda-

Réplica de la galera *Real*, buque insignia de don Juan de Austria en la batalla de Lepanto. La réplica se realizó en 1971, para celebrar los 400 años de la batalla de Lepanto, y actualmente se encuentra en el Museo Marítimo de Barcelona.

dos, 12 920 marineros y 43 500 remeros, sin olvidar 1815 cañones de diferentes calibres. Y eso solo era una parte de lo que se estaba preparando, una parte de lo que terminaría por enfrentarse en el Mediterráneo al cabo de unos días.

La armada cristiana estaba organizada en tres secciones: una de vanguardia, otra central, compuesta de tres escuadras, y una última de reserva y de ayuda puntual para momentos de peligro. La sección de vanguardia estaba a las órdenes de Juan de Cardona y disponía de siete galeras. Su función era la de adelantarse a la flota para descubrir la posición del enemigo, prevenir posibles trampas y estudiar el terreno y así poder ofrecer información de primera mano a los mandos a la hora de tomar decisiones de estrategia. Se las reconocía por sus banderas blancas. La sección central estaba formada por el mayor número de galeras y barcos. Su distintivo eran las banderas de color azul. Estaba a las órdenes directas de Juan de Austria desde *la Real*, con una guardia de cien soldados alemanes y españoles en su interior. Por último, la retaguardia o ayuda estaba al mando de Álvaro de Bazán, Marqués de Santa Cruz, y compartía con las de vanguardia el color blanco de sus banderas. Navegaba a cierta distancia por dos motivos: por un lado evitaba posibles ataques sorpresas, y por otro, podía apreciar con más facilidad el lugar débil del combate y así poder ir en su auxilio.

Es difícil imaginar, imposible describir lo que sucedió aquel domingo 7 de octubre de 1571 en el golfo de Lepanto. A las siete de la mañana, las galeras de la Santa Liga divisaron la enorme escuadra turca, que, según las últimas investigaciones, se componía de 222 galeras y 60 naos, equipadas con 750 cañones; 34.000 soldados, 13.000 marineros y 43.000 remeros estaban preparados para defender su hegemonía en el Mediterráneo. Ni más ni menos.

La organización de las naves otomanas era semejante a la descrita para las de la Santa Liga, a excepción de no contar con una sección de vanguardia; la parte central, estaba compuesta por tres secciones: el ala derecha estaba al mando de Mehmet Scorocco (Sokollu), virrey de Alejandría; la central, desde *la Sultana*, Alí Pachá; y en el ala izquierda, el virrey de Argel, uno de los más sanguinarios del Mediterráneo, Uluch-Alí. Una sección de retaguardia estaba al mando de Murat Dragut.

Todo estaba preparado para el combate. Las naves dispuestas y los nervios en tensión. Solo era necesario esperar la señal convenida en estos casos: el primer cañonazo lo disparó *la Sultana* de Alí Pachá, al que le dio su réplica *la Real*, alzando el estandarte azul con la imagen del Cristo crucificado, que actualmente se conserva en el Museo de Santa Cruz en Toledo. A esta señal siguió el bombardeo de las naves de la Santa Liga y la réplica de las naves turquescas. El acercamiento de las naos venía acompañado de cañonazos y de fuego de infantería, hasta llegar al choque directo y al enfrentamiento cuerpo a cuerpo.

La primera en caer fue el ala derecha de los turcos, que no pudo soportar el ataque de las naves cristianas. Más equilibrado resultó el enfrentamiento en la parte central, después de que el espolón de *la Sultana* se clavara en el centro de *la Real*, sobre todo cuando la sección de retaguardia vino a ayudar a *la Sultana* en el momento en que comenzaba a verse que perdía la batalla.

En el famoso discurso de las armas y de las letras, en boca de don Quijote se describe el modo con que los soldados de infantería tenían que luchar en la mar, sus peligros, su valentía que es vivida por el propio Cervantes, que es la de su hermano Rodrigo, que es la de tantos que se encuentran en este momento en la batalla:

> Y si este parece pequeño peligro, veamos si le iguala o hace ventaja el de embestirse dos galeras por las proas en mitad del mar espacioso, las cuales enclavijadas y trabadas, no le queda al soldado más espacio del que concede dos pies de tabla del espolón; y, con todo esto, viendo que tiene delante de sí tantos ministros de la

muerte que le amenazan cuantos cañones de artillería se asestan de la parte contraria, que no distan de su cuerpo una lanza, y viendo que al primer descuido de los pies iría a visitar los profundos senos de Neptuno; y, con todo esto, con intrépido corazón, llevado de la honra que le incita, se pone a ser blanco de tanta arcabucería, y procura pasar por tan estrecho paso al bajel contrario. Y lo que más es de admirar: que apenas uno ha caído donde no se podrá levantar hasta la fin del mundo, cuando otro ocupa su mesmo lugar; y si este también cae en el mar, que como a enemigo le aguarda, otro y otro le sucede, sin dar tiempo al tiempo de sus muertes: valentía y atrevimiento el mayor que se puede hallar en todos los trances de la guerra (*Quijote*, I, cap. XXXVIII).

Volviendo a la batalla de Lepanto, la sangre y el fuego hicieron que en dos ocasiones los tercios cristianos tuvieran que abandonar la cubierta de *la Sultana*. Pero de pronto un arcabuzazo acabó con la vida de Alí Pachá. Un soldado le cortó la cabeza y la puso en la punta de la lanza: en *la Real* estalló un grito de victoria que ya nadie pudo acallar.

Pero aún quedaba el ala izquierda, donde aún no había comenzado el combate. El virrey de Argel, Uluch-Alí, se lanzó con todas sus fuerzas hundiendo varias galeras. Era el ala de las naves de Andrea Doria, a las que se habían añadido las de Álvaro de Bazán. En la galera *la Marquesa* luchó un soldado bisoño conocido como Miguel de Cervantes. En ella se contabilizan unas cuarenta bajas y más de un centenar de heridos, entre ellos el propio Miguel. Al final, Uluch-Alí, viendo imposible la victoria, interrumpe el combate y se retira con cuarenta galeras hacia Santa Maura y Lepanto.

A las cuatro de la tarde todo había terminado.

Las pérdidas de la Santa Liga se han calculado en 15 galeras, 7650 muertos y casi 8000 heridos; mientras que los turcos, además de las 15 galeras hundidas, vieron cómo otras 190 fueron capturadas, 30 000 fueron los muertos y 8000 los prisioneros; los heridos, como era costumbre, fueron rematados. Se liberaron 12 000 esclavos cristianos. La amenaza de una tempestad aconsejó alejarse del golfo de Lepanto y retirarse a Petala, donde se haría el reparto del botín y se vería cómo dar a conocer la victoria y el modo de actuar. Tan solo en la galera de Alí Pachá se encontraron 150 000 cequíes de oro (unos 600 000 escudos), sin contar las innumerables joyas y sedas. Como puede imaginarse, serán miles las fiestas que se multiplicaban en toda la cristiandad y los escritores afilaron sus plumas para mostrar sus mejores galas en los adjetivos laudatorios de cientos de escritos que se difundieron por aquellos años. La primera noticia de la victoria llegó a Venecia el 19 de octubre, y a Madrid, el 4 de noviembre, aun-

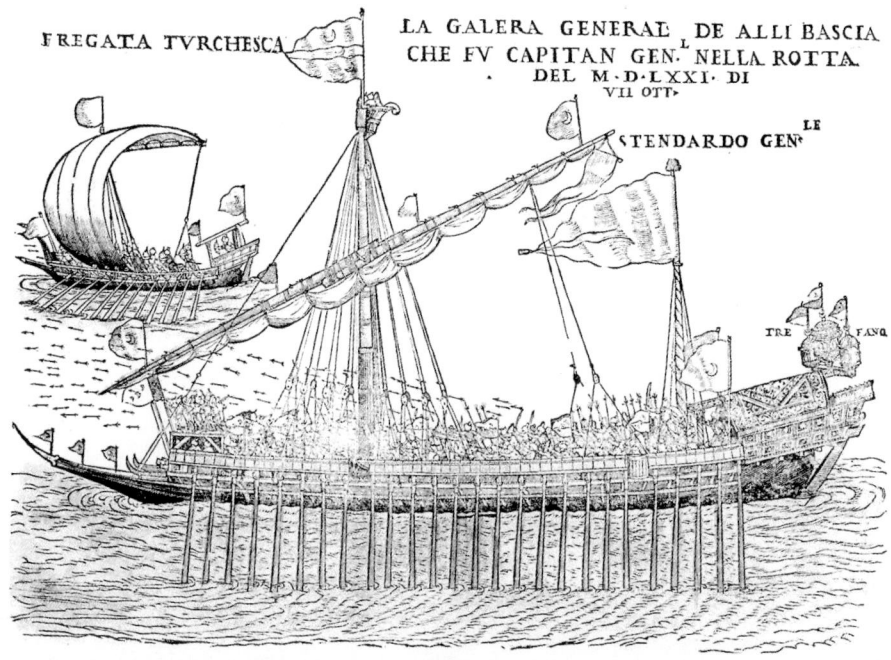

La rica galera de Alí Pachá (Lorck Melchior, h. 1576, Museo estatal de Prusia).

que la confirmación oficial no se recibió hasta el 18 de noviembre cuando se leyó en la corte la relación que había escrito don Juan de Austria a su hermano el rey Felipe II.

Pocas victorias como la batalla de Lepanto han conseguido sobrevivir en el imaginario colectivo, gracias a un verdadero ejército de poetas y de escritores, como un mito victorioso por más que sus consecuencias políticas o militares fueran limitadas. En realidad, la batalla de Lepanto supuso una victoria de papel. Una victoria de recuerdos de lo que pudo ser, de lo que se esperaba que fuera. La mayoría de sus combatientes, como le sucedió a Cervantes, se quedaron aferrados al rito victorioso («la más alta ocasión que vieron los siglos pasados...»), negando la realidad pírrica que se impondrá con el tiempo. Demasiada sangre, fuego, humo y muerte para aceptar, sin más, la realidad.

La Biblioteca Nacional de España conserva una magnífica copia manuscrita del extenso (y aburrido) poema de Jerónimo Corte-Real, *Espantosa y felicísima victoria concedida al Señor Don Juan d'Austria en el golfo de Lepanto, de la poderosa armada Othomana en el año de nuestra salvación de MDLXXI* (mss/3693),

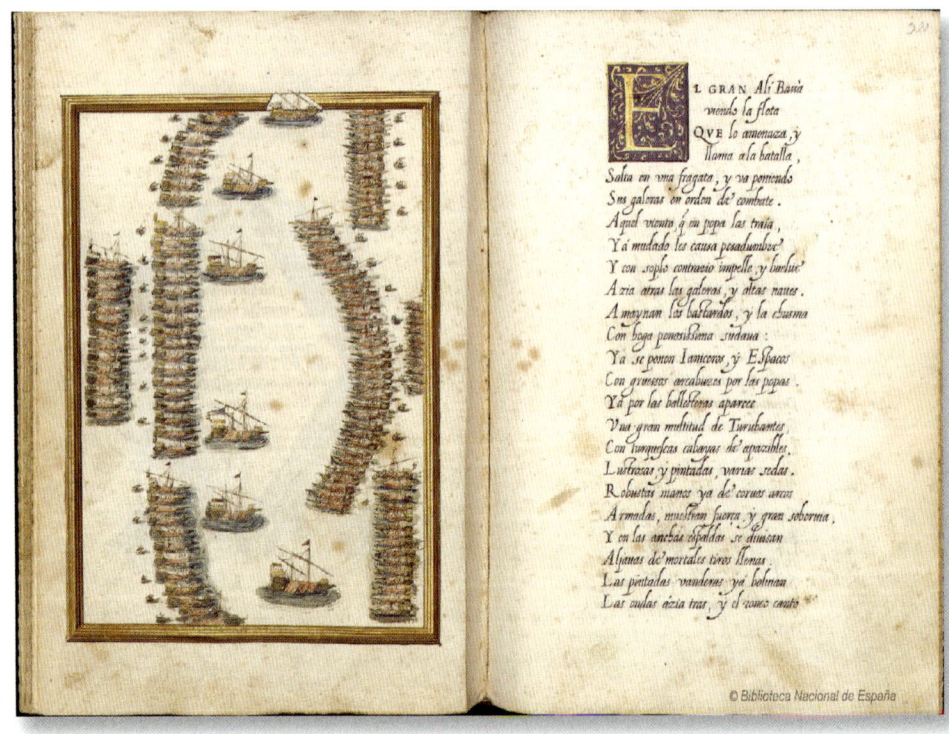

Jerónimo Corte-Real: *Espantosa y felicísima victoria concedida del cielo al Señor Don Juan de Austria en el golfo de Lepanto, de la poderosa armada Othomana, en el año de nuestra salvación de MDLXXII* (BNE, Mss/3693, fol. 320v y 321r).

que se data en 1575 y está dedicado al rey Felipe II; este poema, compuesto en estrofas de desigual extensión en endecasílabos sueltos, es buen ejemplo del tono épico y el carácter cristiano con que se vivió la batalla —el mito de su éxito militar— en su tiempo, con algunas expresiones que repetirá también Cervantes y otros tantos autores cuando traten el tema en sus escritos. Con estos versos comienza el poema:

> Un caso famosísimo, admirable,
> una vitoria al mundo extraña y nueva,
> un suceso felice jamás visto
> en trances arriscados y sangrientos,
> canto con alta voz; canto la fuerza,
> el ímpitu furioso, osado y fiero,
> de la cristiana gente, y el vencimiento
> del armada otomana aquí rendida.

4.-Miguel de Cervantes, soldado (1569-1575)

En 1572, Fernando de Herrera va a publicar en Sevilla su *Relación de la Guerra de Cipre y Sucesso de la Batalla Naval de Lepanto*, que comienza también haciéndose eco de que va a tratar una batalla ni antes vista ni esperan los tiempos venideros soñar con ver:

> Y pudiera yo decir como solían los antiguos escritores que trato la mayor y más dudosa y más importante batalla que ha habido en nuestro mar, por ser entre príncipes muy poderosos, y que la mejor y más belicosa parte de la tierra se levantó a favor de ellos, y que nunca los tiempos pasados alcanzaron semejante ocasión (Montero, p. 288).

Pero, frente a lo que sucederá en otras obras, Fernando de Herrera también prestará atención a los relatos de los soldados supervivientes, que se encontraron con un espectáculo dantesco al final del día, después de seis horas de combates:

> la noche sucedió oscurísima y con grande pluvia; parecía el mar ardiendo en llamas un monte de fuego, y en todo el espacio de la batalla se vio teñido en sangre infiel y cristiana, lleno de cuerpos muertos y despedazados de varias maneras, y cubierto de bajeles rotos, de fuegos, de remos, de astas y armas, que ningún suceso se pudo ver mayor terribilidad, ni más digna consideración de la miseria humana (*Relación*, pp. 369-379; Montero, p. 288).

En esta misma línea describe un testigo presencial cómo quedó el mar después de la batalla. La sangre, el fuego, el humo y la muerte, más allá de las palabras huecas de la propaganda, de sus cuadros y grabados alegóricos que comenzaron a decorar los salones nobiliarios y las capillas de cientos de iglesias:

> Duró el ímpetu grande de la batalla cerca de tres horas, y fue tan sanguinolenta y horrenda, que parescía que la mar y el fuego era todo uno, viendo dentro de la misma agua arderse muchas galeras turquescas, y toda estaba roja de sangre. No había otra cosa que aljubas, turbantes, carcajes, flechas, arcos, rodelas, botas, vasijas y algunos árboles y entenas y otros infinitos despojos de guerra, y, sobre todo, muchos cuerpos humanos, así cristianos como turcos, unos hechos pedazos y otros que, no acabando de morir, andaban por cima del agua, con el agonía de la muerte, el ánima echando juntamente con la sangre que de las heridas les salía, la cual era en tanta cantidad, que todo el mar teñía con la calma que hacía del color d'ella, que casi no parescía el agua, según la infinidad de cuerpos muertos que en muchas millas la cubrían (Astrana Marín, vol. II, pp. 334-335).

Miguel de Cervantes, a medio camino entre la propaganda y la relación de sucesos, vivido en primera persona (destacado por ese «vi» de uno de los versos), describirá la batalla de Lepanto, el éxito final de la armada de la Santa Liga en la *Epístola a Mateo Vázquez*, el largo poema que envía al secretario de Felipe II en 1577, a los dos años de comenzar su cautiverio argelino:

> Diez años ha que tiendo y mudo el paso
> en servicio del gran Filipo nuestro,
> ya con descanso ya cansado y lasso;
>
> y en el dichoso día que siniestro
> tanto fue el hado a la enemiga armada
> cuanto a la nuestra favorable y diestro,
>
> de temor y de esfuerço acompañada
> presente estuvo mi persona al hecho
> mas de esperança que de hierro armada.
>
> Vi el formado escuadrón roto y deshecho
> y de bárbara gente y de cristiana
> rojo en mil partes de Neptuno el lecho.
>
> La muerte airada con su furia insana
> aquí y allí con priesa discurriendo,
> mostrándose a quien tarda, a quien temprana,
>
> el son confuso, el espantable estruendo,
> los gestos de los tristes miserables
> que entre el fuego y el agua iban muriendo,
>
> los profundos sospiros lamentables
> que los heridos pechos despedían
> maldiziendo sus hados detestables.
>
> Helóseles la sangre que tenían
> cuando en el son de la trompeta nuestra
> su daño y nuestra gloria conoscían.
>
> Con alta voz de vencedora muestra
> rompiendo el aire claro el son mostraba
> ser vencedora la cristiana diestra. (vv.106-132)

4.-Miguel de Cervantes, soldado (1569-1575)

En el capítulo XXXIX de la primera parte del *Quijote* comienza el relato de la «vida y sucesos» del capitán cautivo, que acaba de llegar a la venta acompañado de la bella Zoraida. Su relato no deja a nadie indiferente. Ni dentro ni fuera del libro. Relato de una carrera militar que, tanto en su participación en Lepanto, como en su posterior cautiverio argelino o los detalles que ofrece de las diferentes campañas en el Mediterráneo que se sucedieron antes de 1575, ha sido leído como trasunto literario de las experiencias vividas por Cervantes. O algo más, pues, en realidad, en el relato del capitán cautivo se proyectan los sueños de Cervantes, lo que Cervantes nunca pudo ser en su vida como soldado. El capitán cautivo se presenta como el mejor trasunto literario del «Miguel de Cervantes personaje» que el autor complutense va construyendo a base de golpe de pluma por estos años.

El capitán cautivo sale de su casa leonesa en busca de fortuna, y esta la encuentra en la vida como soldado, a donde irá ascendiendo gracias a su esfuerzo en diferentes batallas en Flandes: de soldado aventajado a alférez (en la ya citada compañía de Diego de Urbina), y, aunque tenía ya promesas de ser ascendido a capitán en la primera ocasión que se ofreciese, decide dejarlo todo para participar en la batalla de Lepanto. Estas son sus palabras, sueños de una vida que no le tocó vivir a Cervantes ni a su hermano Rodrigo, pero que bien pudiera ser el relato de algunos de los cientos de soldados con los que compartió destino en los tercios en suelo italiano por estos años:

> Embarqueme en Alicante, llegué con próspero viaje a Génova, fui desde allí a Milán, donde me acomodé de armas y de algunas galas de soldado, de donde quise ir a asentar mi plaza al Piamonte; y estando ya de camino para Alejandría de la Palla, tuve nuevas que el gran duque de Alba pasaba a Flandes. Mudé propósito, fuime con él, servile en las jornadas que hizo, halleme en la muerte de los condes de Eguemón y de Hornos, alcancé a ser alférez de un famoso capitán de Guadalajara, llamado Diego de Urbina; y a cabo de algún tiempo que llegué a Flandes, se tuvo nuevas de la liga que la Santidad del Papa Pío Quinto, de felice recordación, había hecho con Venecia y con España, contra el enemigo común, que es el Turco; el cual, en aquel mesmo tiempo, había ganado con su armada la famosa isla de Chipre, que estaba debajo del dominio de[l] veneciano: y pérdida lamentable y desdichada. Súpose cierto que venía por general d'esta liga el serenísimo don Juan de Austria, hermano natural de nuestro buen rey don Felipe. Divulgose el grandísimo aparato de guerra que se hacía. Todo lo cual me incitó y conmovió el ánimo y el deseo de verme en la jornada que se esperaba; y aunque tenía barruntos, y casi promesas ciertas, de que en la primera ocasión que se ofreciese sería promovido a capitán, lo quise dejar todo y venirme, como me

vine, a Italia. Y quiso mi buena suerte que el señor don Juan de Austria acababa de llegar a Génova, que pasaba a Nápoles a juntarse con la armada de Venecia, como después lo hizo en Mesina. (*Quijote*, I, cap. XXXIX).

Y como capitán de infantería participará en la contienda, de la que más que una descripción de lo allí vivido, incide, siguiendo el guión marcado por la propaganda, en que con la misma se acaba con el mito de que los turcos no tenían rival en el Mediterráneo:

> Digo, en fin, que yo me hallé en aquella felicísima jornada, ya hecho capitán de infantería, a cuyo honroso cargo me subió mi buena suerte, más que mis merecimientos. Y aquel día, que fue para la cristiandad tan dichoso, porque en él se desengañó el mundo y todas las naciones del error en que estaban, creyendo que los turcos eran invencibles por la mar. (ídem.)

Cervantes participó en la batalla de Lepanto en la que fue herido, y lo hizo como soldado bisoño, en un puesto más dentro de la galera *la Marquesa*. No se olvide que tan solo hacía unos meses que se había enrolado en los tercios italianos y que su formación había sido escasa en este tiempo, moviéndose la tropa para estar en Mesina a la llegada de don Juan de Austria. Miguel de Cervantes recuerda, muchos años después, su participación en la batalla de Lepanto en el prólogo de la segunda parte del *Quijote* (1615), respuesta de la burla que hace Avellaneda en el suyo (1614) sobre su única mano sana, a la que tendremos oportunidad de volver más adelante. En 1614, en unos versos del *Viaje del Parnaso*, habla con cierta modestia de su paso por tal batalla:

> Arrojose mi vista a la campaña
> rasa del mar, que trujo a mi memoria
> del heroico don Juan la heroica hazaña;
> donde con alta de soldados gloria,
> y con propio valor y airado pecho
> tuve, aunque humilde, parte en la vitoria. (vv. 139-144)

Pero será en la citada *Epístola a Mateo Vázquez* donde mejor dibuja la imagen heroica de soldado herido, pero feliz, al ver que, a pesar de su derrota personal, la cristiandad haya vivido una de sus victorias más recordadas. Heridas que por haberse producido en tan importante batalla merecen el mayor de los premios posibles:

4.-Miguel de Cervantes, soldado (1569-1575)

>   A esta dulce sazón yo triste estaba
>   con la una mano de la espada asida
>   y sangre de la otra derramaba.
>
>   El pecho mío de profunda herida
>   sentía llagado y la siniestra mano
>   estaba por mil partes ya rompida.
>
>   Pero el contento fue tan soberano
>   que a mi alma llegó viendo vencido
>   el crudo pueblo infiel por el cristiano.
>
>   Que no echaba de ver si estaba herido
>   aunque era tan mortal mi sentimiento
>   que a veces me quitó todo el sentido. (vv. 133-144)

Si tenemos en cuenta que Miguel de Cervantes, con sus veinticuatro años, participó en la batalla de Lepanto en la galera *la Marquesa*, dirigida por Andrea Doria, a las órdenes del capitán Francisco de San Pedro, siendo uno más de los miles de soldados que fueron convocados para tal batalla, ¿cómo es posible que se conozca con todo detalle su comportamiento heroico durante la batalla? ¿Cómo es posible que podamos precisar hasta el momento en que fue herido de tres arcabuzazos, el lugar que ocupó en la citada galera y las personas con quienes estuvo acompañado?

La fuente que permite acercarse al Miguel de Cervantes soldado en la batalla de Lepanto es la conocida como *Información de Madrid*, que se conserva en el Archivo General de Indias (Sevilla) gracias a que forma parte de la documentación de la petición de merced que presenta nuestro autor en 1590 para optar a uno de los cuatro puestos vacantes en América, como ya hemos tenido ocasión de indicar. El texto, fechado en Madrid en el mes de marzo de 1578, lleva el siguiente título, más que significativo: *Información hecha en Madrid ante un alcalde de corte y a solicitud de Rodrigo de Cervantes, padre de Miguel de Cervantes, sobre probar ser este su hijo ser noble, los servicios que contrajo en Italia, estar cautivo en Argel y que por ser pobre el padre no le podrá rescatar* (fols. 4-13). Nos detendremos, por ahora, en las respuestas de los testigos a las preguntas III y IV, que tienen que ver con los servicios prestados por Miguel de Cervantes en Italia al servicio de su Majestad (nº III) y su comportamiento durante la batalla de Lepanto (nº IV), que son en sí un relato interesado de los Cervantes que impone una memoria particular de lo allí sucedido:

III. Si saben (etc.) que el dicho Miguel de Cervantes es de edad de treinta años poco más o menos y de diez años a esta parte ha servido como muy buen soldado a su Magestad el Rey don Felipe Nuestro Señor en las guerras que ha tenido en Italia y la Goleta, y en Túnez, y en la batalla naval que el señor don Juan de Austria tuvo con la armada del turco, donde salió herido de dos arcabuzazos en el pecho, y otro en la mano izquierda, que quedó estropeado d'ella. Digan lo que saben.

IV. Si saben (etc.), que en la dicha batalla naval se reconoció el armada del turco estaba el dicho Miguel de Cervantes con calentura, y unos amigos suyos le dijeron que, pues estaba tan malo, que se metiese debajo de la cubierta de la galera, pues no estaba sano para pelear; y el dicho Miguel de Cervantes respondió que no hacía lo que debía metiéndose so cubierta, sino que mejor era morir como buen soldado, en servicio de Dios y del rey. Y así peleó como valiente soldado en el lugar del esquife como su capitán le mandó. Y después de la batalla, sabido por el señor don Juan de Austria cuán bien le había servido, le acrescentó cuatro ducados más de su paga (Sliwa, pp. 49-50).

Como sucede en este tipo de documentos, en la pregunta está ya incluida la respuesta; tan solo se pide a los testigos que las completan con detalles, si lo consideran oportuno. El primero en contestar el interrogatorio, un 20 de marzo de 1578, siete años después de los hechos, fue Mateo de Santiestebán, «el alférez de la compañía del capitán Alonso de Carlos», que bien puede responder con autoridad pues estuvo con él en la batalla al pertenecer a la misma compañía y compartir ambos suerte y batalla en la *Marquesa*. A la cuarta pregunta ratifica y repite todo lo anteriormente expuesto, con una coletilla que le otorga nueva autoridad a su testimonio: «y este testigo lo sabe por lo haber visto por vista de ojos e por haber sido soldado con el dicho Miguel de Cervantes en una capitanía» (Sliwa, p. 51). Este mismo día, contesta el alférez Gabriel de Castañeda, quien, además de responder casi, palabra por palabra, lo indicado por Mateo de Santiesteban, ofrece algún detalle más de cómo fue el comportamiento de Cervantes aquel lejano 7 de octubre de 1571:

> y que el capitán le pusiese en la parte y lugar que fuese más peligrosa y que allí estaría y moriría peleando, como dicho tenía, y ansí el dicho capitán le entregó el lugar del esquife con doce soldados, adonde vio este testigo que peleó muy valientemente como buen soldado contra los dichos turcos, hasta que se acabó la batalla [...] y sabido por el dicho señor Don Juan cuán bien lo había hecho le acrescentó cuatro o seis escudos de ventaja de más de su paga. Y esto sabe este testigo por haberse hallado presente en la dicha armada y haberlo visto (Sliwa, p. 52).

Los dos últimos testigos, Antonio Godínez de Monsalve («natural e vezino de esta villa e sargento de Don Juan de la Cárcel, capitán de infantería por su Ma-

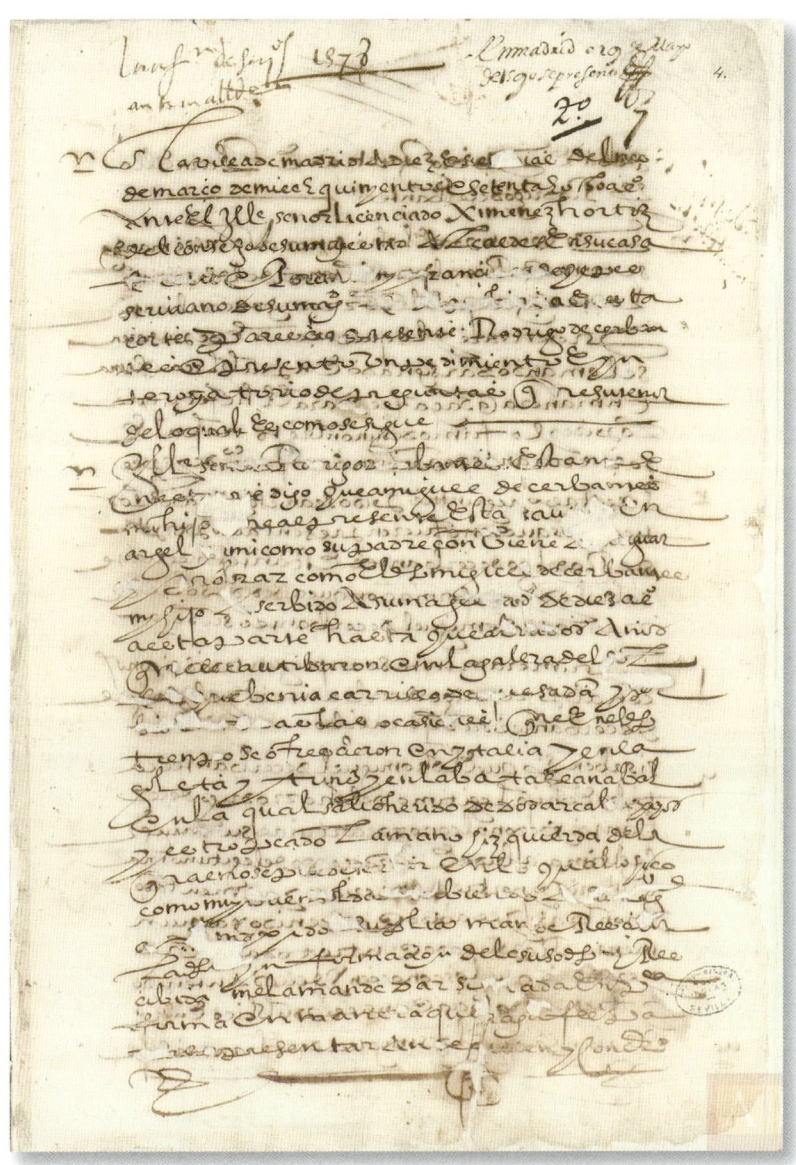

Información de Madrid, Expediente sobre los méritos y servicios de Miguel de Cervantes Saavedra, Archivo General de Indias, PATRONATO,253,R.1.

gestad»), y Beltrán de Salto y de Castilla («residente en esta corte», que había compartido con Cervantes dos años el cautiverio en Argel), se limitan a indicar que lo indicado en la cuarta pregunta debe ser verdad pues lo han oído «decir a capitanes y soldados principales que se hallaron en la batalla naval que la pregunta dize» (Sliwa, p. 55).

¿Cómo se defendía una galera en una batalla como la de Lepanto?

En el combate entre galeras hay que distinguir dos momentos. El primero es el que transcurre entre el avistamiento de la galera enemiga y su aproximación hasta quedarse al alcance de las armas de fuego portátiles; y el segundo es el del abordaje de la nave enemiga y la defensa de la propia, en que cada soldado —según su rango y armas—, ocupará una posición determinada. En este segundo momento, la mitad del batallón de la galera —es decir, tanto los soldados de mar como de tierra— se quedaba en la nave y apoyaba con fuego la acción de la otra mitad, que, dividida en dos partes (fuerza de choque y de reserva) era la que se encargaba de tomar la arrumbada de la galera enemiga, es decir los corredores donde se colocaban los soldados para hacer fuego. Conseguida esta posición por la fuerza de choque, se apoyaba ahora la entrada de la reserva, que se dedicaba a neutralizar los puntos dominantes de la nave que, en el centro de la galera, eran el fogón y el esquife.

La otra mitad del batallón, que se ha quedado en la nave para defenderla, se distribuirá en tres posiciones: vanguardia, que defendía el tercio delantero, cubriendo la arrumbada, la crujía y los corredores laterales; la «batalla», que se disponía en el centro, precisamente en los puntos más altos como son el fogón y el esquife; y en tercer lugar, la retaguardia, que defendía el tercio de popa. El «soco-

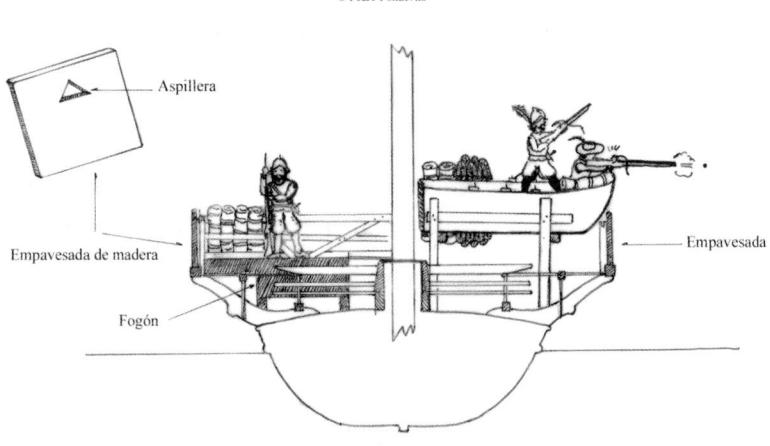

Formación del Baluarte en la línea fogón-árbol-esquife
Galera Española Lepanto

Vista desde la popa de la galera

Pedro Fondevila Silva: «Tipología de la galeras españolas del siglo XVI» en *Revista de Historia Naval*, 2010, pp. 25-51.

rro» estaba constituido por un grupo variable de soldados que se mantenía bajo cubierta para atacar o defenderse cuando fuera necesario.

El 5 de noviembre de 1583, el soldado Juan Bautista Villanueva presenta ante el Gobernador de Valencia una *Información* acerca de sus servicios en la batalla de Lepanto y en otras jornadas. Lo curioso de esta información, según se indica en la pregunta nº V, y lo que ahora nos interesa de la carrera militar de Villanueva es que estuvo presente en la batalla de Lepanto en la galera *la Marquesa*. En su caso, ocupa uno de los puestos de arcabucero en defensa de la proa:

> V. Otrosí dize vt prius que este dicho proponente se halló presente con la dicha armada y en el dicho rompimiento yendo por soldado en la dicha companya y en la galera llamada *Marquesa* de Joan Andrés Doria y en la escuadra de Augustin Barbárico veneciano general de dicha escuadra, donde peleó siempre como buen soldado con un alcabuç estando junto a la proa de dicha galera haziendo su oficio como a buen soldado y peleando como era razón, mientras duró toda la pelea, hasta que fueron vencidos los turcos y ansí es verdad.

Gracias a las siguientes preguntas también conoceremos que en la *Marquesa* murieron más de cuarenta hombres «y hubo en ella muy grande batería y murió el dicho Agustín Barbárico, general de dicha escuadra y otros muchísimos soldados», mientras que el propio Villanueva «fue herido en la espalda de una flecha», herida que se curó en el hospital de Mesina. Las razones de tanta mortandad hay que buscarla en la posición tan peligrosa que ocupó esta galera durante la batalla naval, que fue la parte izquierda «donde hubo la mejor y mas fuerte batalla y pelea con los turcos y armada y donde mas gente murió». Los testigos, como ya hemos tenido ocasión de ver en las informaciones que solicitaron tanto Miguel de Cervantes (1580) como su padre Rodrigo (1569 y 1578), contestan a las preguntas añadiendo algún detalle a lo expuesto por el pretendiente de la misma. Todos los testigos, en este caso, serán compañeros de compañía de Juan Bautista Villanueva, y, por tanto, compañeros de Cervantes en la misma galera durante la batalla de Lepanto: Melchior Vaciero, de treinta y uno; Martial Cubells, de veintinueve años y Miguel Joan Guerola, de treinta y un años. El último testigo, Bernardo Luis Barromero, de treinta y cinco años, solo puede contestar a las últimas preguntas, pues solo conoce a Villanueva desde la batalla de Navarino. Según el relato de Juan Bautista de Villanueva la parte más peligrosa de *la Marquesa* no era el esquife, como defendieron los testigos de Miguel de Cervantes, sino el cuerno izquierdo, donde murió su general Agustín Barbárico. El lugar, curiosamente, que ocupaba el demandante de la información y los testigos por él presentados. Nada se deja al azar de las interpretaciones cuando se trata de levantar una «información» sobre un determinado acontecimiento o actitud.

Miguel de Cervantes, soldado bisoño, con poca experiencia y con fiebre, estaría, en principio destinado a engrosar el conjunto de soldados que constituían el «socorro». Al no querer mantenerse en esta posición tan poco ventajosa, su capitán lo envía a otra de defensa más acorde con su estado febril. El grupo de soldados que formaban parte de la «batalla» en la parte central estaba constituido por un grupo variable de arcabuceros, que se acompañaban de otros que se encargaban del esmeril, un cañón de menor calibre, y, el resto, del lanzamiento de piñas incendiarias. En este puesto se colocaban los arcabuceros más experimentados, los que eran capaces de hacer el máximo número de disparos, que oscilaba entre treinta y cuarenta según su pericia. Para protegerlos, se les unía un grupo variable de soldados bisoños que tiraban piñas incendiarias a las galeras enemigas, siendo objetivo fácil para los arcabuceros enemigos. Este es el puesto que ocupó Miguel de Cervantes en la batalla de Lepanto, el de soldado bisoño que protegía a los arcabuceros en el esquife. Como tantos otros en la batalla, como tantos otros compañeros que se encuentran en la misma posición, termina por recibir tres heridas de arcabuz.

En la literatura que fue llenando de versos y de relatos heroicos el recuerdo de la batalla de Lepanto, se mezclan datos de algunos de sus protagonistas con la visión propagandística con que supieron los escritores ir construyendo un mito, una victoria sin igual. De este modo, en el mismo tono de exaltación patriótica como será el año 1941, Luis de Armiñán, recuperará en su libro *Hoja de servicios del soldado Miguel de Cervantes* el testimonio de Martín Muñoz, soldado español, también enfermo como Cervantes, cuyas hazañas merecen una nota novelística antes que una certificación histórica: «en la San Juan de Sicilia, salta de la cama, sube a cubierta y con tal furor acometió a los turcos que se llevó por delante a los que le cerraban el paso, hasta llegar al árbol de la enemiga galera, y malherido de nueve flechaos y sin una pierna que le llevó un pedrero, tuvo aliento para, moribundo, decir a sus compañeros: 'Señores, cada uno haga otro tanto', y entregó su ánima. ¡Modo sublime, en su laconismo, de acusar el deber cumplido!» (p. 146).

De este modo, al margen de los testimonios propagandísticos e interesados de los amigos de Cervantes, hemos de deducir que el capitán Francisco de San Pedro le ordenara pasar del «socorro», bajo la cubierta de la galera, al esquife, donde estaría defendiendo la «batalla» con otros once compañeros. Uno más entre

ALCALÁ DE HENARES
CIUDAD NATAL Y HOGAR DE CERVANTES

Desde el siglo XVIII está admitido que el lugar de nacimiento de Miguel de Cervantes fue Alcalá de Henares, dado que allí fue bautizado, según su acta bautismal, y que de allí declaró ser natural en la llamada *Información de Argel* (1580). El día exacto de su nacimiento es menos seguro, aunque lo normal es que naciera el 29 de septiembre, fecha en que se celebra la fiesta del arcángel San Miguel, dada la tradición de recibir el nombre del santoral del día del nacimiento. Miguel de Cervantes fue bautizado el 9 de octubre de 1547 en la parroquia de Santa María la Mayor:

> *Domingo, nueve días del mes de octubre, año del Señor de mill e quinientos e quarenta e siete años, fue baptizado Miguel, hijo de Rodrigo Cervantes e su mujer doña Leonor. Baptizóle el reverendo señor Bartolomé Serrano, cura de Nuestra Señora. Testigos, Baltasar Vázquez, Sacristán, e yo, que le baptiqué e firme de mi nombre. Bachiller Serrano.*

LEYENDA
1. Casa de Cervantes
2. Iglesia Santa María la Mayor
3. Hospital Nuestra Señora de la Misericordia
4. Universidad de Alcalá

CASA DE CERVANTES

CALLE IMAGEN

LEPANTO
«EN EL LUGAR DEL ESQUIFE»

CERVANTES DURANTE LA BATALLA

GENEALOGÍA PATERNA DE MIGUEL DE CERVANTES

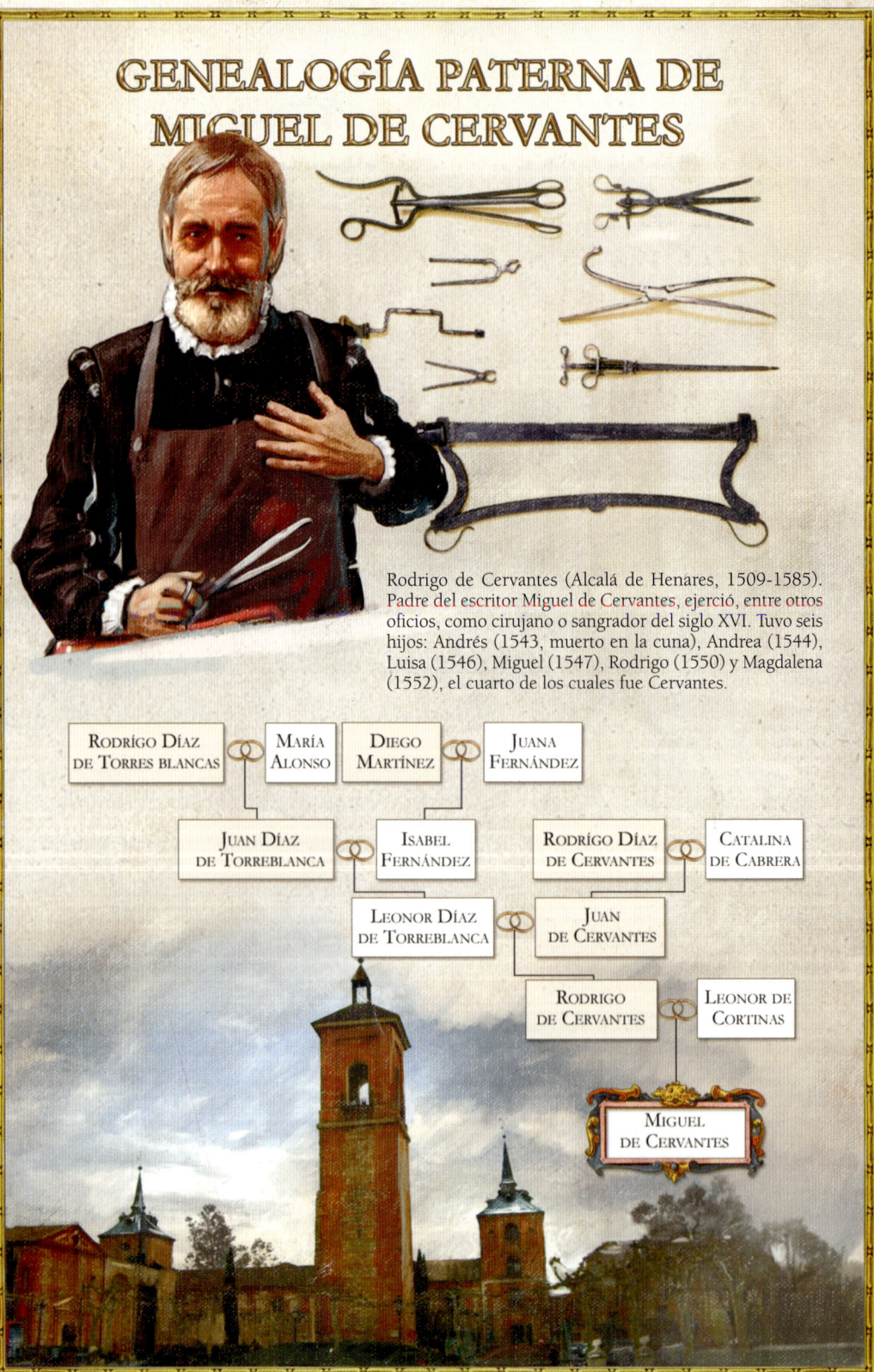

Rodrigo de Cervantes (Alcalá de Henares, 1509-1585). Padre del escritor Miguel de Cervantes, ejerció, entre otros oficios, como cirujano o sangrador del siglo XVI. Tuvo seis hijos: Andrés (1543, muerto en la cuna), Andrea (1544), Luisa (1546), Miguel (1547), Rodrigo (1550) y Magdalena (1552), el cuarto de los cuales fue Cervantes.

- Rodrígo Díaz de Torres blancas ⚭ María Alonso
- Diego Martínez ⚭ Juana Fernández
- Juan Díaz de Torreblanca ⚭ Isabel Fernández
- Rodrígo Díaz de Cervantes ⚭ Catalina de Cabrera
- Leonor Díaz de Torreblanca ⚭ Juan de Cervantes
- Rodrigo de Cervantes ⚭ Leonor de Cortinas
- Miguel de Cervantes

LOS RESTOS MORTALES DE CERVANTES

TRINITARIAS DESCALZAS
El Convento de las Trinitarias Descalzas fue fundado en 1612 por Francisca Romero Gaitán. Hasta 1630, fecha en que estuvo al amparo de su fundadora, se realizaron 17 enterramientos en su primitiva iglesia: once adultos (seis hombres y cinco mujeres) y seis niños.

Miguel de Cervantes fue enterrado el 23 de abril de 1616, y diez años después, en 1626, lo será su mujer, Catalina de Salazar.

En el siglo XVIII se descubrió el libro de defunciones de la Iglesia de San Bartolomé, y en él, el dato del enterramiento de Miguel de Cervantes y de su mujer. En 1870, el Marqués de Molins, Director de la RAE, dejó zanjada la cuestión y se colocó una placa en el exterior del convento, que lo salvó de su destrucción para la edificación de un mercado municipal. Nuevos trabajos en los años 2014 y 2015 han permitido exhumar los restos de los primeros enterramientos y descubrir su posición concreta en la nueva cripta, a donde fueron trasladados en 1698.

LA GALERA MARQUESA

Cervantes sirvió en la galera *Marquesa* como soldado de la décima compañía del tercio Miguel de Moncada bajo el mando de Diego de Urbina «en el lugar del esquife», donde las galeras se encastillaban para atacar mejor la amura enemiga.

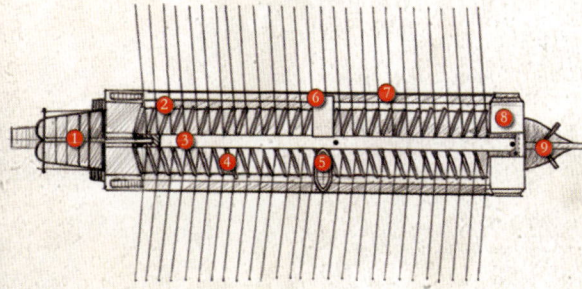

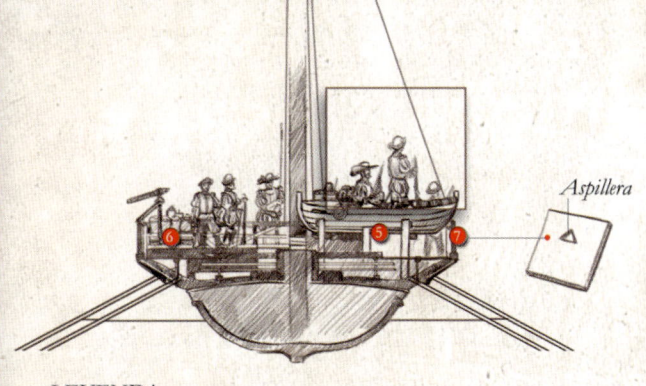

LEYENDA

1. Carroza
2. Postiza
3. Crujía
4. Bancos
5. Esquife
6. Fogón
7. Empavesada
8. Arrumbada
9. Tamboreta

Reelaboración sobre P. Fondevila, RHN, 2010.

ellos. Uno más de los heridos. Uno de los pocos que se libró de la muerte. Sin mayor épica. Sin tanta literatura. Sin tanto personaje ni mito.

No se olvide la finalidad por la que se compone la *Información de Madrid*: la de permitir a la familia Cervantes solicitar diversas ayudas al Consejo de Cruzada para la liberación de su hijo dado que, como se dice al inicio del documento, él y su familia no cuentan con los medios suficientes como para sufragar la cuantía de su rescate.

La batalla de Lepanto pudo haber sido el principio del fin de los problemas de la Monarquía Hispánica y de los intereses económicos venecianos en el Mediterráneo, con la posibilidad añadida de acabar con el negocio (y el drama) de los corsarios, pero la falta de acuerdos de los integrantes de la Santa Liga (los venecianos no querían participar en conquistas que beneficiaran a la corona española, como las plazas de Túnez o Argel), la muerte del Papa Pío V y la elección de un nuevo pontífice (Gregorio XIII), los movimientos de tropas francesas contra el Flandes español, las órdenes de que las naves al mando de Don Juan de Austria permanecieran en Sicilia, así como la rapidez con que los turcos volvieron a hacerse con una flota naval, hicieron que en solo pocos años, a pesar de que se seguían escribiendo poemas heroicos y pintando frescos en el Vaticano o llenando de grabados las imprentas con adjetivos hiperbólicos de las consecuencias de la victoria de la batalla de Lepanto, el Mediterráneo seguía siendo testigo de las mismas escaramuzas, de los mismos enfrentamientos de años anteriores. Después de tanto fuego, tanto humo, tanta sangre, tanta muerte, poco o nada había cambiado en el Mediterráneo, y Cervantes será un testigo privilegiado de este «no hubo nada». Primero como soldado. Luego como cautivo. O quizás sí que podemos pensar que algo cambió a partir de entonces. Después de la batalla de Lepanto, tanto el rey Felipe II como el sultán Selim II, entendieron que no era posible seguir adelante con la guerra marítima como único medio para dominar el Mediterráneo, por su excesivo coste y su comprobada limitada eficacia, de ahí los acuerdos de paz firmados por las dos grandes potencias. De este modo, la ausencia de guerras y la presencia cada vez menor de galeras militares recorriendo majestuosas el Mediterráneo propiciarán que comience la época dorada del corso en aguas mediterráneas. En las últimas décadas del siglo XVI y la primera mitad del siglo XVII el corso, tanto berberisco como cristiano, vive su época de esplendor, con una Argel cada vez más rica y poderosa como centro de las escaramuzas turquescas. Allí se encaminarán, sin saberlo, los pasos de Miguel de Cervantes, que piensa que será en la milicia donde pondrá los cimientos de su vida en construcción.

Baluarte en la línea del fogón, palo y esquife.

El manco de Lepanto

Los tres arcabuzazos que sufrió Cervantes en la batalla de Lepanto le dejaron unas secuelas físicas, que serán evidentes en el uso «estropeado» del brazo izquierdo.

El mismo Cervantes habla de sí mismo y de su herida en dos ocasiones en sus obras. La primera, en la descripción física en el prólogo a las *Novelas ejemplares* (1613), como hemos tenido ocasión de ver en el primer capítulo. Y la segunda, en el prólogo del *Quijote* de 1615, como contestación a las críticas vertidas por Alonso de Avellaneda en su propio prólogo el año anterior:

> Lo que no he podido dejar de sentir es que me note de viejo y de manco, como si hubiera sido en mi mano haber detenido el tiempo, que no pasase por mí, o si mi manquedad hubiera nacido en alguna taberna, sino en la más alta ocasión que vieron los siglos pasados, los presentes, ni esperan ver los venideros. Si mis heridas no resplandecen en los ojos de quien las mira, son estimadas, a lo menos, en la estimación de los que saben dónde se cobraron; que el soldado más bien parece muerto en la batalla que libre en la fuga; y es esto en mí de manera, que si ahora me propusieran y facilitaran un imposible, quisiera antes haberme hallado en aquella facción prodigiosa que sano ahora de mis heridas sin haberme hallado en ella. Las que el soldado muestra en el rostro y en los pechos, estrellas son que guían a los demás al cielo de la honra, y al de desear la justa alabanza; y hase de advertir que no se escribe con las canas, sino con el entendimiento, el cual suele mejorarse con los años (*Quijote*, II, prólogo).

Pero el genio cervantino no se va a quedar con estas alusiones, sino que le va a dar una vuelta de tuerca en el último de los prólogos escritos, el del *Persiles*, que verá la luz en 1617, un año después de muerto su autor. En una de sus habituales historias en los preliminares de sus obras, Cervantes cuenta cómo saliendo del «famoso lugar de Esquivias, por mil causas famoso, una por sus ilustres linajes y otra por sus ilustrísimos vinos», acompañado de otros dos amigos, se les sumó en el camino un «estudiante pardal, porque todo venía vestido de pardo, antiparas, zapato redondo y espada con contera, valona bruñida y con trenzas iguales». La conversación que mantienen no tiene desperdicio, y en ella Cervantes acuña un nuevo término, que no es otro que el de «manco sano»:

> Llegando a nosotros dijo:
> —¿Vuesas mercedes van a alcanzar algún oficio o prebenda a la corte, pues allá está su Ilustrísima de Toledo y su Majestad, ni más ni menos, según la priesa con que

caminan?; que en verdad que a mi burra se le ha cantado el víctor de caminante más de una vez.

A lo cual respondió uno de mis compañeros:

—El rocín del señor Miguel de Cervantes tiene la culpa d'esto, porque es algo qué pasilargo.

Apenas hubo oído el estudiante el nombre de Cervantes, cuando, apeándose de su cabalgadura, cayéndosele aquí el cojín y allí el portamanteo, que con toda esta autoridad caminaba, arremetió a mí, y, acudiendo asirme de la mano izquierda, dijo:

—¡Sí, sí; este es el manco sano, el famoso todo, el escritor alegre, y, finalmente, el regocijo de las musas!

Yo, que en tan poco espacio vi el grande encomio de mis alabanzas, pareciome ser descortesía no corresponder a ellas. Y así, abrazándole por el cuello, donde le eché a perder de todo punto la valona, le dije:

—Ese es un error donde han caído muchos aficionados ignorantes. Yo, señor, soy Cervantes, pero no el regocijo de las musas, ni ninguno de las demás baratijas que ha dicho vuesa merced; vuelva a cobrar su burra y suba, y caminemos en buena conversación lo poco que nos falta del camino. (*Persiles*, prólogo).

Gracias a la literatura, gracias a los escritos que ha ido publicando Cervantes, su «mano herida» en la vida real se vuelve «sana» en el mito que él mismo va construyendo con esta y otras tanta alusiones a su persona.

Nadie en el siglo XVII tenía dudas de lo que quiere decir cuando a alguien se le llama «manco». Sebastián de Covarrubias en el *Tesoro de la lengua castellana* (1611) lo define de la siguiente manera:

«MANCO: Aquel que tiene algún braço o mano débil, que no usa d'ella, del nombre latino Mancus. Manco, algunas vezes significa lo que está falto. Y el italiano llamó mano manca a la izquierda» (p. 535).

En 1734, cuando la Real Academia Española publica el *Diccionario de Autoridades*, en la definición se presta ya un papel más importante a la falta del miembro que a la debilidad de su uso:

MANCO, CA. adj. La persona o animal a quien falta algún brazo o mano, o esta lisiado e impedido de ellas, sin poder manejarlas ni usarlas. [...] Ninguno había sido soldado, sino era un viejo de más de sesenta años, natural del Almazarrón, manco de las dos manos...

Como se ha indicado en un capítulo anterior, las representaciones pictóricas de Cervantes nacen de la propia descripción en palabras que el autor insertó en el prólogo a las *Novelas ejemplares* (1613), por lo que los autores se empeñan en marcar de alguna manera el poco uso que podía hacer nuestro autor de su mano izquierda, ya sea colocándola en una posición que denota algún defecto, o escondiéndola, lo que se convertirá en un tópico iconográfico a lo largo del los siglos XIX y XX.

Izq. Jacob Folkema, a partir de William Kent (Amsterdam, 1755)

Dcha. Edmond Yon y Perrichon, a partir de Georges Roux (París, 1866)

Manchón a partir del cuadro de Vicente Barneto: *Cervantes en la prisión imaginando el Quijote* (Madrid, 1875).

4.- MIGUEL DE CERVANTES, SOLDADO (1569-1575)

Víctor Manzano y Mejorada, *Últimos momentos de Cervantes*, 1858.

En algunos casos extremos, el dibujante quiere dejar patente la acepción más actual de «manco», donde muestra de manera ostensible su muñón, como hiciera Harlet en el retrato de Cervantes que encabeza la traducción inglesa de las *Novelas ejemplares* que se publica en Londres en 1742 con el título *Instruction and Entertruining Novels*, que es una variante de la ideada por Folkema e impresa en La Haya en 1739.

Dibujo de Seriñá (Barcelona, 1897)

Jacob Folkema, a partir de Wiliam Kent, Amsterdam, 1739.

Harlet, a partir de Jacob Folkema, Londres, 1742.

De esta manera, al referirse a Cervantes como «manco de Lepanto», no ha de entenderse que le faltaba la mano izquierda por el arcabuzazo recibido en Lepanto, sino que tenía un uso limitado del brazo izquierdo.

La visita de don Juan de Austria a Miguel de Cervantes estando enfermo: la creación de un mito biográfico

La imagen en la que don Juan de Austria, ni más ni menos que el vencedor de la batalla de Lepanto, se acerque al hospital de Messina donde se encuentra herido Cervantes, para así felicitarlo personalmente por su comportamiento heroico durante la batalla de Lepanto está ya fijada en el imaginario cervantino y es una demostración del momento heroico que vivió Cervantes en sus primeros tiempos como soldado. Pero nada que ver con la información que hemos conservado, con las prácticas habituales del comportamiento de los mandos con los soldados de tropa, a los que pertenecía Cervantes.

4.-Miguel de Cervantes, soldado (1569-1575)

El camino que va desde los datos que aportan los documentos conservados a las imágenes que se repiten en los salones de Bellas Artes durante el siglo XIX puede ser un buen ejemplo de cómo se ha ido escribiendo (y dibujando) la biografía de Cervantes intentando antes construir un mito que rescatar a un hombre.

El 23 de enero de 1573 en la justificación de las ayudas pagadas por orden de don Juan de Austria a 335 soldados que «habían quedado heridos, necesitados o maltratados» en la batalla de Lepanto, se encuentra Miguel de Cervantes, junto con su amigo Gabriel López Maldonado. Todos ellos reciben 20 ducados.

Por su parte, cuando fue dado de alta del hospital de Mesina el 24 de abril de 1572, «se ordenó a los oficiales de l'armada que asienten en los libros de su cargo a Miguel de Cervantes tres escudos de ventaja al mes en el tercio de don Lope de Figueroa, en la compañía que le señalaren», que no será otra que la de Manuel Ponce de León. Seguramente este aumento de soldada tiene que ver con haber sido considerado «soldado aventajado» después de Lepanto.

En la citada *Información de Madrid* de 1578, la que pidió su padre Rodrigo para contar con un documento con el que solicitar ayudas para su rescate en Argel, los testigos se van a hacer eco de esta subida en la soldada (con variación de su cuantía), pero relacionándola como un premio particular que recibió Cervantes de don Juan de Austria por su participación heroica en la batalla de Lepanto (que previamente se ha indicado en sus respuestas).

No hay falsedad en los testimonios; lo que sí que apreciamos es ambigüedad. Juan de Austria aumenta la soldada de Miguel de Cervantes, como se ha visto en la documentación y también en las respuestas de los testigos; pero lo que se calla es que se le aumenta a él y a otros cientos de soldados que también han terminado heridos en la batalla.

Este documento, como ya se ha indicado, fue descubierto en 1803 y fue Martín Fernández de Navarrete en 1819 el primero en utilizarlo como parte importante de su documentación a la hora de contar los años de Cervantes en Italia y en Argel. Navarrete se hace eco del aumento de la soldada dada a Cervantes, pero añade un detalle: la visita física de don Juan de Austria a los soldados heridos, entre los que se encontraba Cervantes. No dice nada más, pero la redacción ambigua del párrafo deja abierta la puerta a la imaginación:

> El mal estado de salud en que se hallaba Cervantes debió influir necesariamente en la gravedad de sus heridas; pero en medio de este cuidado tuvo entonces la hono-

rífica satisfacción de que visitando el día siguiente D. Juan de Austria a los soldados, encareciendo su valor, socorriendo a los heridos por su mano, y premiando a los que se habían distinguido, le acrecentase como a tan benemérito tres escudos sobre su paga ordinaria (p. 20).

Y así llegamos a mediados del siglo XIX, el momento en que el mito de Cervantes se vuelve tema recurrente en la pintura academicista dentro y fuera de España, y lo que es solo posibilidad en la ficción biográfica de papel, ahora se vuelve realidad en los pinceles de los pintores. La escena de la visita de don Juan de Austria, que quiere felicitar personalmente a Miguel de Cervantes por su valentía en la batalla de Lepanto que se encuentra herido en el hospital de Mesina, se convierte en uno de los temas recurrentes en la obra del pintor academicista sevillano Eduardo Cano de la Peña, que la pintó por primera vez en 1860 (Museo de Bellas Artes de Cádiz), y de la que se conservan, al menos, otras dos copias posteriores (Colección particular de Sevilla y Ayuntamiento de las Palmas de Gran Canaria, depósito del Museo del Prado).

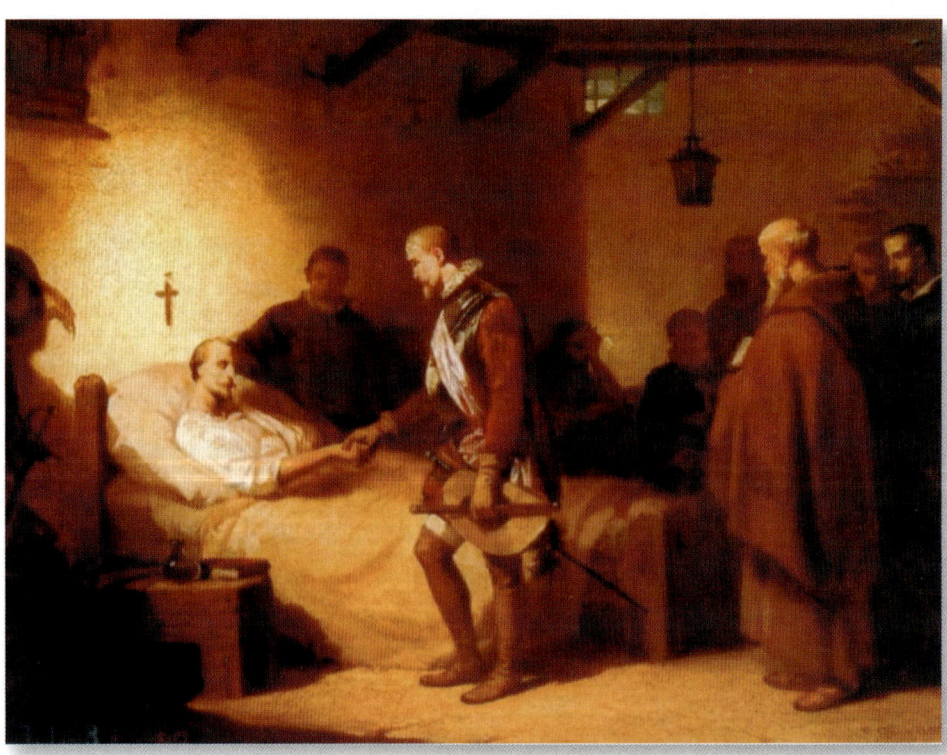

Eduardo Cano de la Peña, Visita de don Juan de Austria a Miguel de Cervantes (1860).

4.-Miguel de Cervantes, soldado (1569-1575)

En la imagen, un Cervantes mayor de los 24 años que tenía que tener en ese momento, recibe en su cama la visita de don Juan de Austria, al que le estrecha la mano. Varios personajes contemplan la escena, entre ellos, un fraile en la parte derecha, que es figura habitual en otros cuadros históricos del pintor: *Cristóbal Colón en el convento de la Rábida* y *Entierro de don Álvaro de Luna*. De este modo sutil, se unen tres momentos históricos de la historia de España, y se convierte a Cervantes en uno de sus protagonistas, cuando, en realidad, su posición fue la de ser uno de los 28.000 soldados que participaron en la batalla dentro de las tropas de la Santa Liga, uno de los tantos que fueron heridos de un arcabuzazo, herida que, por habitual, casi no podía ni ser utilizada para identificar a un soldado en su época; en fin, uno de los casi 400 soldados —anónimos para Juan de Austria— que recibieron una ayuda extra por las heridas o los daños sufridos en 1571.

Luis de Armiñán, en su citada *Hoja de servicios del soldado Miguel de Cervantes Saavedra* (1941), siguiendo el tono heroico propio de estos años del inicio de la dictadura franquista, le pondrá letra a este cuadro, a esta mitificación cervantina.

> Cuando don Juan de Austria, cumpliendo con su deber de general, visitó a los heridos de Lepanto, repartiéndoles consuelos y limosnas, es un hecho perfectamente probado el que se detuvo ante la cama de Miguel, y seguramente, al referirle el capitán Diego de Urbina —que iría entre los caballeros de su acompañamiento— la conducta valerosa de aquel soldado maltrecho, el glorioso don Juan dedicose unos momentos a confortar al hidalgo y dirigirle esa palabra de consuelo que nunca escatiman los corazones generosos ante el infortunio inmerecido.
>
> Incorporándose Miguel trabajosamente en el lecho, apoyándose en la derecha mano y brazo, con el rostro enflaquecido y pálido, y es de suponer que su capitán Diego de Urbina, con ademán de mando, diría:
>
> —Estaos quedo, señor don Miguel, porque S. A. os releva de toda reverencia dolorosa e innecesaria.
>
> Y mientras, con sus manos mulliríale los cabezales del camastro, y dirigiéndose a don Juan añadiría:
>
> —Vuestra Alteza sepa que este hidalgo ha cumplido como muy buen soldado en la jornada naval. [...]
>
> Partiría el de Austria, seguido del tropel de sus acompañantes, sin poder sospechar por ningún modo que en aquel camastro del hospital de sangre dejaba a un hombre que había de dar tal gloria a su patria, que su nombre, entonces oscuro y humilde, eclipsaría al de todos los soles de los claros linajes españoles (pp. 152-153).

Así se ha escrito durante demasiados años la biografía de Cervantes. Este es el imaginario del héroe cervantino en la batalla de Lepanto que aún hoy pervive con una fuerza inusitada en el imaginario colectivo. Una biografía escrita antes desde «los soles» del mito Cervantes que de la vida construida día a día de un soldado llamado Miguel, «oscuro y humilde».

Miguel de Cervantes, «soldado aventajado» en el Mediterráneo (1572-1575)

Desde el 15 de enero de 1572 hasta el 15 de noviembre de 1574 se han localizado en el Archivo General de Simancas diversos asientos de las pagas de Miguel de Cervantes como soldado en la compañía de Manuel Ponce de León, dentro del tercio de Lope de Figueroa, una unidad estable de guarnición de las galeras. Bajo su bandera participará en algunas de las batallas y escaramuzas marítimas más recordadas por aquellos años, como el combate de Navarino o la toma y pérdida de Túnez o de la Goleta. La carrera militar de Cervantes, que solo dio sus primeros pasos en Lepanto, se desarrollará en los siguientes años en los tercios italianos como infante de marina.

Hasta el 24 de abril de 1572, permanece en el hospital de Mesina, y en dos ocasiones (15 de enero y 9 de marzo) cobrará 20 ducados «de ayuda de costa para acabar de curar de las heridas que rescibió en la batalla». A partir de este momento, lo veremos cobrando varias soldadas —algunas con retraso como era habitual, en la época—, que van de los diez escudos en 1572, a los treinta que termina cobrando en 1574.

La soldada, que se solía pagar en escudos de oro, tenía que ver con el puesto que cada uno ocupaba en el tercio y las armas que portara. El soldado más raso de todos, el de la pica seca, cobraba tan solo tres escudos. Si llevaba rodela, se le añadía uno más. El arcabucero cobraba tres escudos más para las municiones, y otro más si demostraba que disparaba mucho. Al mosquetero se le añadían tres escudos a su soldada básica por el peso de sus armas; y a los de la banda (pífanos y tambores), se les añadía otros tres escudos. En cuanto a los cargos dentro de la compañía, sus sueldos oscilaban entre los treinta escudos que cobraba el cabo, a los treinta y cinco del sargento o los treinta y siete del alférez. El sueldo básico del capitán de una compañía era de cuarenta escudos.

4.- Miguel de Cervantes, soldado (1569-1575)

Teniendo en cuenta estos datos, podemos pensar que Cervantes, de soldado bisoño como comenzó su carrera militar en 1570 (y sus tres escudos escasos) llegó a ser cuatro años después cabo, sargento, e incluso, alférez, de acuerdo con los usos de la época. Martín de Eguiluz en su *Milicia, discurso y regla militar* (Amberes, 1595), indica algunas de las características que debía cumplir un cabo: «al cual el capitán de infantería debe criarle consideradamente, que sea el soldado más benemérito y plático de su compañía, y suficiente para aquel cargo y otros mayores y de más importancia; y que sea apto para el encomendar cualquier cosa de confiança y que sepa escribir» (fol. 6r).

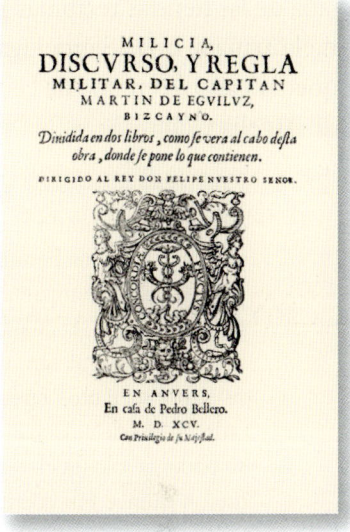

Portada de la obra de Martín de Eguiluz (Amberes, 1595)

Si tomamos como ciertos los versos de la *Epístola a Mateo Vázquez* (1577), Miguel de Cervantes salió del hospital de Mesina no curado del todo, pues aún la herida del pecho, la mayor, le sangra en su participación en la toma de Túnez, aunque no hemos de olvidar que estos versos más reflejan al Miguel de Cervantes personaje que al hombre Miguel:

> Y al reino tan antiguo y celebrado
> a do la hermosa Dido fue rendida
> al querer del troyano desterrado.
>
> También vertiendo sangre aun la herida
> mayor con otras dos quise hallarme
> por ver ir la morisma de vencida. (vv. 151-156)

Cuando pensamos en Miguel de Cervantes como soldado es casi inevitable asociarlo exclusivamente a la batalla de Lepanto, la única que recuerda en primera persona en algunos prólogos y cartas dedicatorias, la única victoriosa en la que participó (pues el paseo triunfal por Túnez poco tiene de contienda); pero, en realidad, será en los tres años siguientes a Lepanto cuando Cervantes participe de la vida soldadesca, mostrándose, como tantos otros soldados, orgulloso de sus heridas.

En páginas anteriores, al hablar del final de la batalla de Lepanto, dejamos al capitán cautivo, personaje del *Quijote*, en una situación bien diferente a la de Cervantes, aunque compartiendo un dolor semejante: si Cervantes se quejaba de las heridas recibidas por varios arcabuzazos en el momento de la victoria de la armada de la Santa Liga, el capitán cautivo se quejará de su mala suerte al quedar cautivo en una de las pocas galeras turquescas que se salvan, la del virrey de Argelia Uchlí-Alí,

> Y fue d'esta suerte: que, habiendo el Uchalí, rey de Argel, atrevido y venturoso cosario, embestido y rendido la capitana de Malta, que solos tres caballeros quedaron vivos en ella, y estos malheridos, acudió la capitana de Juan Andrea a socorrella, en la cual yo iba con mi compañía; y haciendo lo que debía en ocasión semejante, salté en la galera contraria, la cual, desviándose de la que la había embestido, estorbó que mis soldados me siguiesen, y así, me hallé solo entre mis enemigos, a quien no pude resistir, por ser tantos; en fin, me rindieron lleno de heridas. Y, como ya habréis, señores, oído decir que el Uchalí se salvó con toda su escuadra, vine yo a quedar cautivo en su poder, y solo fui el triste entre tantos alegres y el cautivo entre tantos libres; porque fueron quince mil cristianos los que aquel día alcanzaron la deseada libertad, que todos venían al remo en la turquesca armada (*Quijote*, I, cap. XXXIX).

A partir de este momento, Cervantes y el capitán cautivo van a vivir —y narrar— la realidad bélica del Mediterráneo desde dos perspectivas diferentes. Cervantes, en la compañía de Ponce de León, participará en la campaña fallida de don Juan de Austria de acabar con las tropas de Uchalí en el golfo de Navarino en 1572; el capitán cautivo, enrolado en las galeras enemigas, será testigo de los errores cometidos por los cristianos en este combate, que explican su derrota:

> Halleme el segundo año, que fue el de setenta y dos, en Navarino, bogando en la capitana de los tres fanales. Vi y noté la ocasión que allí se perdió de no coger en el puerto toda el armada turquesca, porque todos los leventes y jenízaros que en ella venían tuvieron por cierto que les habían de embestir dentro del mesmo puerto, y tenían a punto su ropa y pasamaques, que son sus zapatos, para huirse luego por tierra, sin esperar ser combatidos: tanto era el miedo que habían cobrado a nuestra armada. Pero el cielo lo ordenó de otra manera, no por culpa ni descuido del general que a los nuestros regía, sino por los pecados de la cristiandad, y porque quiere y permite Dios que tengamos siempre verdugos que nos castiguen. En efeto, el Uchalí se recogió a Modón, que es una isla que está junto a Navarino, y, echando la gente en tierra, fortificó la boca del puerto, y estúvose quedo hasta que el señor don Juan se volvió (*Quijote*, I, cap. XXXIX).

El año de 1573, el año en que los venecianos —ya fuera de la Santa Liga—, firman un acuerdo con el Gran Sultán, será también el de la conquista de Túnez y de la Goleta, donde también estuvo presente Cervantes y que el capitán cautivo narra «sin esperanza de libertad alguna» con estos detalles:

Volvimos a Constantinopla, y el año siguiente, que fue el de setenta y tres, se supo en ella cómo el señor don Juan había ganado a Túnez, y quitado aquel reino a los turcos y puesto en posesión d'él a Muley Hamet, cortando las esperanzas que de volver a reinar en él tenía Muley Hamida, el moro más cruel y más valiente que tuvo el mundo. Sintió mucho esta pérdida el Gran Turco, y, usando de la sagacidad que todos los de su casa tienen, hizo paz con venecianos, que mucho más que él la deseaban (*Quijote*, I, cap. XXXIX).

Miguel de Cervantes con el tercio de Lope de Figueroa pasará el invierno de 1573 en Cerdeña, y en mayo del año siguiente se encuentra en Génova, de la que ha dejado en el *Licenciado Vidriera* (1613) una curiosa descripción, pues parece que levantó cátedra en todos los bodegones de la ciudad:

Fortaleza de Bizerta (Túnez). AGS, Mapas, Planos y Dibujos, XI-33.

llegaron a la hermosa y bellísima ciudad de Génova; [...] Allí conocieron la suavidad del Treviano, el valor del Montefrascón, la fuerza del Asperino, la generosidad de los dos griegos Candia y Soma, la grandeza del de las Cinco Viñas, la dulzura y apacibilidad de la señora Guarnacha, la rusticidad de la Chéntola, sin que entre todos estos señores osase parecer la bajeza del Romanesco. Y, habiendo hecho el huésped la reseña de tantos y tan diferentes vinos, se ofreció de hacer parecer allí, sin usar de tropelía, ni como pintados en mapa, sino real y verdaderamente, a Madrigal, Coca, Alaejos, y a la imperial más que Real Ciudad, recámara del dios de la risa; ofreció a Esquivias, a Alanís, a Cazalla, Guadalcanal y la Membrilla, sin que se le olvidase de Ribadavia y de Descargamaría. Finalmente, más vinos nombró el huésped, y más les dio, que pudo tener en sus bodegas el mismo Baco. Admiráronle también al buen Tomás los rubios cabellos de las ginovesas, y la gentileza y gallarda disposición de los hombres; la admirable belleza de la ciudad, que en aquellas peñas parece que tiene las casas engastadas como diamantes en oro.

El año siguiente, el de 1574, será el de la pérdida de la Goleta y de Túnez, no tanto por la falta de valentía de los soldados —sus compañeros de tercio— como por los errores de sus mandos, la mala estrategia utilizada en su defensa, como destaca el capitán cautivo en el *Quijote*. Siempre en el tercio de Lope de Figueroa, Cervantes estará en guarnición en Cerdeña, y navegará a Génova, a la Spezia... Juan de Austria se desespera en tierras italianas y a lo largo de 1575 crecen los rumores de que irá a Flandes con sus tercios a sofocar las continuas rebeliones que allí lo tienen desesperado al rey Felipe II.

Es el momento de volver a Madrid, ¿o el viaje que ahora emprenderá Cervantes en 1575 tiene otra finalidad más vinculada a su vida de soldado que se está construyendo sobre los sólidos cimientos de la batalla de Lepanto?

Promontorio, el hijo napolitano que Cervantes nunca tuvo

La existencia de un hijo de Miguel de Cervantes, engendrado y nacido durante su estancia como soldado en Nápoles entre 1572 y 1575, es un buen ejemplo de cómo noticias y detalles de sus obras que se han considerado autobiográficas se han convertido en fuente documental para completar aspectos y momentos de su vida de los que poco, o nada, sabemos. Mitos biográficos que nacieron en el siglo XIX, que se difundieron a través de artículos y textos de muy diversas naturaleza y que, muchos de ellos, fueron recogidos por Astrana Marín en su biografía cervantina, dándoles carta de autoridad. Así hemos podido constatarlo con el hecho de la presunta educación cervantina en el sevillano colegio de los jesuitas (a partir de las teorías de Francisco Rodríguez Marín) y así lo veremos ahora con la aparición de Promontorio en uno de los textos más curiosos escritos por Cervantes: *El viaje del Parnaso*.

Los primeros ejemplares del *Viaje del Parnaso* pudieron comprarse y leerse a partir del 17 de noviembre de 1614. En sus versos se relata un viaje al

Parnaso, convocado por Apolo, para defender la buena poesía, trasunto de ese otro viaje que el conde de Lemos había comenzado unos años antes para ocupar el puesto de virrey de la ciudad. Con él se acompañó de una corte de escritores, capitaneados por los Argensola, que dejaron en tierra algunos otros que aspiraban a formar parte de sus filas: Góngora y el propio Cervantes. Pero ya tendremos ocasión de adentrarnos en estos episodios que bien reflejan la realidad literaria de la época en un próximo volumen de esta biografía. Ahora interesa Nápoles. La Nápoles que vio «nacer» a su hijo Promontorio.

En el último de los capítulos, el verdadero «viaje del Parnaso», después de que la «Poesía verdadera» hubiera felicitado a los poetas ganadores, hace su entrada Morfeo, «el dios del sueño» (v. 220), acompañado de la Pereza, el Silencio, el Descuido y el Olvido, que, iba bañando a los poetas con «el agua fría/ causándonos un sueño de tal suerte, / que dormimos un día y otro día» (vv. 235-237). Y así, el narrador Miguel de Cervantes, al despertar de este sueño, antes que ver «monte ni monta, dios ni diosa», se admiró al encontrarse «en medio de una ciudad hermosa», que no es otra que Nápoles, a la que dedica unos hermosos versos de alabanza, que bien vale la pena recordar:

> No me engaño;
> esta ciudad es Nápoles la ilustre,
> que yo pisé sus rúas más de un año;
>   de Italia gloria, y aun del mundo lustre,
> pues de cuantas ciudades él encierra,
> ninguna puede haber que así le ilustre:
>   apacible en la paz, dura en la guerra,
> madre de la abundancia y la nobleza,
> de elíseos campos y agradable sierra. (vv. 253-261)

En varias ocasiones visitó y vivió Cervantes en Nápoles, ciudad a la que llegó en octubre de 1572, después de abandonar el hospital de Messina; allí vivió un año hasta que su compañía fue destinada a acompañar al general en la expedición contra Túnez. Más adelante, según los documentos de pago de soldada conocidos, permaneció en la ciudad desde febrero a marzo de 1574. Desde Nápoles, a la que había vuelto en agosto de este año, partió la compañía de Figueroa en socorro de la Goleta, volviendo en octubre. En esta ciudad, salvo un viaje a Palermo en noviembre, permaneció hasta septiembre de 1575, cuando partió con su hermano Rodrigo con rumbo a España en la galera *el Sol*. Bien conocía Cervantes Nápoles y bien la recordaría si hubiera tenido ocasión de haber viajado

35 años después con el conde de Lemos. Y así, después del tiempo transcurrido, hubiera podido ser verdad lo que es solo literatura que nace después de un sueño: la admiración por verla tan cambiada:

> Si váguidos no tengo de cabeza
> paréceme que está mudada, en parte,
> de sitio, aunque en aumento de belleza.
> ¿Qué teatro es aquél, donde reparte
> con él cuanto contiene de hermosura
> la gala, la grandeza, industria y arte?
> Sin duda, el sueño en mis pálpebras dura,
> porque este es edificio imaginado,
> que excede a toda humana compostura. (vv. 262-270)

Este es el escenario, este es el momento en que hace su aparición Promontorio, citado como hijo por el narrador Cervantes:

> Llegose en esto a mí disimulado
> un mi amigo, llamado Promontorio,
> mancebo en días, pero gran soldado.
> Creció la admiración viendo notorio
> y palpable que en Nápoles estaba,
> espanto a los pasados accesorio.
> Mi amigo tiernamente me abrazaba,
> y, con tenerme entre sus brazos, dijo
> que del estar yo allí mucho dudaba;
> llamome padre, y yo llamele hijo;
> quedó con esto la verdad en punto,
> que aquí puede llamarse punto fijo. (vv. 271-282)

Este dato «biográfico» no es tenido en cuenta por ninguno de los primeros biógrafos de Cervantes, tan necesitados de datos: ni Mayans, Vicente de los Ríos, Pellicer o Navarrete lo reseñan. El primero que se hace eco de este pasaje, y con dudas sobre el parentesco real, es el siempre original Nicolás Díaz de Benjumea en su *La verdad sobre el Quijote. Novísima historia crítica de la vida de Cervantes* (Madrid, 1878):

> si bien no hay aquí razón para que deje de considerarse que habla aquí de parentesco espiritual. Sospechas tengo de que este mancebo llamado Promontorio o el otro mancebo cuelli-erguido que se le queja de no ponerle en la lista de los poetas sea el corcovado Juan Ruiz de Alarcón (p. 208).

Y poco más. Un nombre: «Promontorio», que ya Benedetto Croce en 1899 había destacado que «era bastante difundido en la Italia meridional», el apelativo de «padre» e «hijo» (y anteriormente, «amigo», no se olvide), y unos escasos datos biográficos, tal del gusto del novelista Cervantes, que con solo unas pinceladas es capaz de indicar lo que a otros les cuesta más de un párrafo: «mancebo de días, pero gran soldado». Y una afirmación final, que ha sido un enigma para los estudiosos, hasta que llegó Luis Astrana Marín:

> Los versos brillan claros y no dejan lugar a dudas. Basta con lo que dicen, y fueran aún más explícitos, de no hallarse casado Cervantes, a cuya esposa, doña Catalina de Palacios, ya hubo de ocultar durante muchos años la existencia de doña Isabel, la hija bastarda, fruto de otros amores ilícitos con Ana Franca de Rojas (II, p. 427)

Y ya que ha quedado «con esto la verdad en punto», se hace inevitable la siguiente pregunta: «Mas, ¿quién fue la napolitana, o residente en Nápoles, y cómo se desarrollaron aquellos amores y qué fin tuvieron?». Y este enigma biográfico (como lo llamara Croce en 1899) se va a llenar de una investigación policial a partir de diferentes citas literarias cervantinas, que comienzan con otros dos referencias biográficas de Cervantes, ahora en el capítulo IV del *Viaje del Parnaso*: compuso el famoso romance de los celos, y amó a Silena. Y dado que en la *Galatea*, como veremos en otro volumen, no deja de ser una novela en clave, y que Cervantes se esconde tras el nombre de Lauso, el enamorado de Silena, ahora podemos imaginar que el desarrollo del enamoramiento entre estos dos personajes es imagen en clave del verdadero amor del Miguel de Cervantes soldado y de la joven que vive en Nápoles entre 1572 y 1575, la madre de Promontorio. Con todos estos datos, y después de diez páginas de análisis, Astrana Marín llega a la siguiente conclusión, que es una buena manera de ver los hilos sobre los que se han tejido algunas de las páginas más reproducidas de su biografía:

> Hagamos ahora hincapié en estas circunstancias: que *Lauso* y Cervantes son una misma persona; que una misma es la *Silena* del romance «más estimado» por él, y la de la *Galatea*, y la del *Viaje del Parnaso*; que en la égloga, al hablarse de ella, se insinúa su condición foránea, y que Promontorio es de Nápoles.
> En mi opinión, recapitulando lo precedente, *Silena* es perfectamente forastera. *Silena* encubre la madre de Promontorio, la amada de Miguel en Nápoles (sea, en todo caso, cual fuere su nacionalidad), cuyo verdadero nombre nos es desconocido. Y no puede rastrearse por el de Promontorio, a pesar de las investigaciones hechas, porque el nombre de Promontorio era a la sazón vulgar en Italia (p. 436).

Miguel Herrero García, en los «comentarios humanísticos» de su edición póstuma del *Viaje del Parnaso* (Madrid, 1983), abre el foco para comprender la «claridad» de estos versos, ya que «padre» e «hijo» son apelativos del habla familiar «como hermanos y tío, que hallamos a cada paso en la literatura clásica» (p. 889), y aporta dos pasajes de Góngora, que, ahora sí, no dejan lugar a dudas:

> Ellas me llamaban *padre*
> y *taíta* sus criaturas.

> preciome muy de amigo de los míos, y ansí quisiera responder a V.M. por Andrés de Mendoza, porque, además de haberme siempre confesado por padre (que ese nombre tienen los maestros en las divinas y humanas letras), le ha conocido con agudo ingenio.

Una cita, un verso, una costumbre lingüística de la época que no se ha tenido en cuenta y un pasaje ambiguo que se inserta después de un sueño son los débiles anclajes sobre los que se ha consolidado en algunas biografías este mito, uno más que rodean a la juventud de Cervantes. Un pasaje que se extrae de su contexto, pues el encuentro entre Cervantes y Promontorio es la antesala del verdadero motivo del viaje de Cervantes a Nápoles: relatar en verso el torneo que tuvo lugar en la ciudad el 13 de mayo de 1612 con motivo del anuncio del doble casamiento de los príncipes de España (don Felipe y doña Ana) con el Rey y la Infanta de Francia (Luis e Isabel) (vv. 292-375). Texto que podría haberse llenado de detalles personales y no extraídos de la *Relación de las fiestas* de Juan de Oquina, publicada en Madrid por Cosme Delgado en 1612.

Miguel de Cervantes, pretendiente de una patente de capitán: las cartas de Don Juan de Austria y del Duque de Sessa (1575)

¿Con qué intención vuelve Miguel de Cervantes a Madrid, acompañado por su hermano Rodrigo? ¿Acaso las heridas sufridas en Lepanto, que no le han impedido seguir como soldado en la compañía de Ponce de León durante casi tres años, e incluso subir de escalafón llegando a ser cabo o incluso alférez, debía de ser la causa que explique su abandono de los tercios españoles, y la búsqueda de merced en Madrid?

Las secuelas de las heridas sufridas en la batalla de Lepanto no le han impedido a Miguel de Cervantes seguir adelante con su carrera militar, ni tampoco debía ser un obstáculo para seguir avanzando en los puestos de los tercios: alférez o capitán. En todo caso, serían pocos los soldados de los tercios españoles que no llevaran a gala sus heridas, una hoja de servicios grabada en su propia piel. Y entre ellas, las cuchilladas y los arcabuzazos serán de las más habituales. Tan solo hay que ver la cantidad de «arcabuzazos» que se citan en las descripciones de los cautivos en el *Libro de redenciones* de 1580, el mismo en que Cervantes será liberado de Argel: de Juan Aguirre, de 25 años, se dice que «es de mediana estatura de buen rostro estropeado del brazo derecho de un arcabuzazo que le dieron cuando le cautivaron»; Diego Díaz, de sesenta años, tiene un «arcabuzazo en los pechos que le dieron cuando cautivo»; Melchor de Gálvez, de treinta años, «es alto de cuerpo y de buen rostro, bien barbado, con una cuchillada en la garganta en el lado izquierdo, y un arcabuzazo en el brazo izquierdo»; Sebastián Martínez, de treinta y un años, es «de buen cuerpo, bermejo, con un arcabuzazo en la pierna izquierda y una herida en la cabeza»... y así podríamos seguir páginas y páginas. No es posible pensar que las heridas en Lepanto —como tantas otras de las que no dejó Cervantes traza en sus obras— le imposibilitaran su carrera militar. Todo lo contrario.

Por otro lado, no hemos de olvidar que nadie puede abandonar la milicia sin contar con una licencia de ausencia de las autoridades competentes. En el postrero mes de mayo de 1570, el Duque de Alba firma en Bruselas una licencia de ausencia al capitán Don Bernardino de Ayala que «sirve a su Majestad en este ejército cerca de nuestra persona» porque le han surgido «algunos negocios en Alemania»:

> le hemos dado licencia como por tenor de la presente se la damos y concedemos para que pueda ir a entender en ellos por término de seis meses que se cuenten desde el día de la data d'ella en adelante; y ordenamos y mandamos a todos los que esta carta vieren a quien nuestra autoridad y dominio se extiende que libremente le dejen ir y pasar sin le poner impedimento ni contradicción alguna en su viaje (cito por Quatrefages, p. 394).

Además se da orden a «los contadores del sueldo d'este ejército» que por este periodo de seis meses no se le pague su soldada.

A primeros del mes de septiembre del 1575, Miguel de Cervantes, junto con su hermano Rodrigo, se embarca en Nápoles en la galera *Sol* con destino a España, y de ahí, a Madrid. Como muchos de los soldados de la galera, Miguel lleva en un canuto, en un tubo de hojalata sellado con cera para hacerlo impermeable del todo, dos documentos esenciales en sus pretensiones, que pasan por conseguir una patente de capitán. Por un lado, la licencia de ausencia con la petición firmada por la autoridad competente en los tercios italianos, don Juan de Austria, y con una carta de recomendación, donde se concretaría su hoja de servicios, que lleva la firma del Duque de Sessa. Los documentos originales se han perdido, pero gracias al memorial que presentó Cervantes al Consejo de Indias solicitando uno de los cuatro puestos vacantes en América en 1590, podemos hacernos una idea de su contenido.

El 28 de julio de 1578, el Duque de Sessa «por haberme pedido por parte y en nombre de Miguel de Cervantes», firma una nueva «carta de recomendación para Su Magestad y Ministros», que tendría que ser muy similar con la que se embarcara nuestro autor en 1575, donde se destacará su participación en «la batalla y rota de la Armada del Turco», donde «peleando como buen soldado, perdió una mano», así como la experiencia adquirida en los años siguientes «en las demás jornadas que hubo en Levante».

El alférez Gabriel de Castañeda en su respuesta a la pregunta quinta de la *Información de Madrid*, por la que Rodrigo de Cervantes solicita en 1578 detalles para conseguir una ayuda para liberar a su hijo Miguel, narra cómo fueron hechos cautivos los hermanos Cervantes, y concreta algo más el contenido de la licencia de ausencia firmada por Don Juan de Austria y las razones que lo movieron a volver a España en estos momentos:

> el cual tiene en mucho su rescate por haberle hallado al dicho Miguel de Cervantes, cartas de su alteza del señor Don Juan, para su Majestad, en que le suplicaba le diese una compañía de las que se hiciesen en España para Italia, pues era hombre de méritos y servicios (ed. cit., pp. 52-53).

El ascenso a capitán, el grado principal de la compañía, estaba claramente establecido en la normativa que generó el gobierno de los tercios, sobre todo en el caso de reclutamiento de nuevas tropas, es decir, la creación de nuevas compañías, que obligaba a los candidatos a viajar a Madrid. En el caso de sustituir a un capitán en el seno de un tercio ya establecido, se solía elegir entre los mejores alféreces de la compañía, pero también podía presentarse cualquier soldado aventajado, siempre que hubiera estado diez años al servicio de su Majestad y «que haya vivido con mucha templanza en sus costumbres», según indica Bernardino de Escalante en sus *Diálogos del arte militar* (Sevilla, 1583). En el primer caso, cada uno de los pretendientes tenía que pedir licencia de ausencia a su mando y acudir a la corte donde presentaría al Consejo de Guerra sus hojas de servicios, que debían de ser lo más concretas posibles para así evaluar, de manera objetiva, sus méritos. El Consejo de Guerra después de estudiar la instancia del soldado y de revisar con cuidado su hoja de servicios, y tras una entrevista, si lo consideraba oportuno, recomendaba al rey el nombramiento de capitán. Este nombramiento se concretaba en la famosa «patente de capitán», un documento en que se lo nombraba capitán, se le asignaba un sueldo especificando quién debería pagárselo y le daba una «conducta», es decir, una orden escrita que le permitía levantar una compañía en algún lugar de sus reinos. En la pagaduría real se le entregaba una bolsa de monedas de oro (doblas, ducados, escudos) para así poder adelantar las pagas a los futuros soldados; dinero que también le tenía que servir para vestirlos, armarlos y darles la conocida como «prima de enganche».

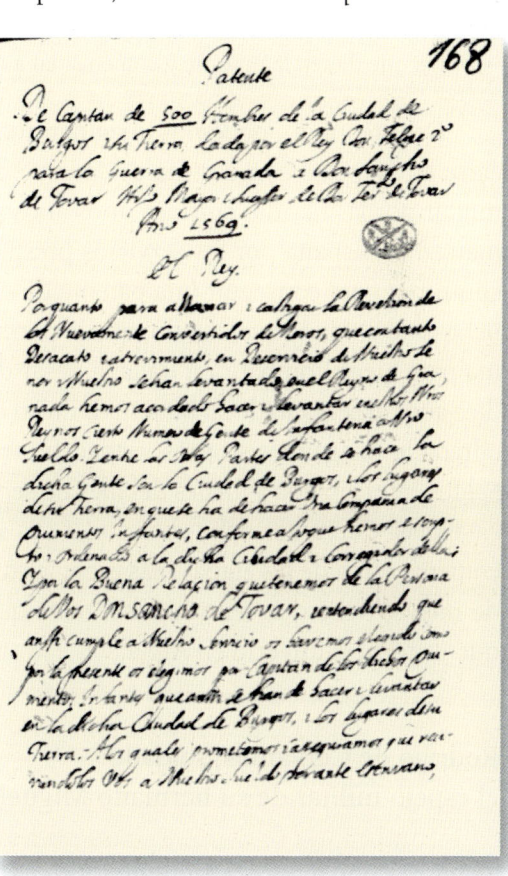

Patente de capitán a favor de don Sancho de Tovar (1569).

Muchos de los archivos y bibliotecas conservan patentes de capitán, como la que firma Felipe II el 16 de noviembre de 1569 a favor de don Sancho de Tovar, para que pudiera reclutar a 500 hombres de la ciudad de Burgos para participar en la guerra de la Alpujarra, que se conserva en la Biblioteca de la Real Academia de la Historia, que nos permite hacernos una idea del documento que tanto ansiaba Cervantes cuando partió de Nápoles en 1575:

> […] hemos acordado hacer levantar en estos nuestros reinos cierto número de gente de infantería a nuestro sueldo. Y entre las otras partes donde se hace la dicha gente son la ciudad de Burgos y los lugares de su tierra, en que se ha de hacer una compañía

de quinientos infantes, conforme lo que hemos escrito y ordenado a la dicha ciudad e corregidor d'ella. Y por la buena relación que tenemos de la persona de vos, don Sancho de Tovar, y entendiendo que ansí cumple a nuestro servicio, os habemos elegido como por la presente os elegimos por capitán de los dichos quinientos infantes que aún se han de levantar en la dicha ciudad de Burgos y los lugares de su tierra. A los cuales prometemos y aseguramos que recibiéndolos vos a nuestro sueldo per ante escribano le mandaremos pagar al modo de Italia. [...] La cual ha de ser la mitad de arcabuceros, e los demás, la mitad ballesteros e el resto piqueros. Y han de gozar el sueldo desde el día que dieren la muestre y comenzaren a caminar....

De este modo, podemos imaginar que Miguel de Cervantes decidió embarcarse en Nápoles con destino a Madrid en 1575 no para abandonar su carrera militar por las heridas sufridas unos años antes en la batalla de Lepanto y pedir merced en España por los servicios prestados como soldado, sino para todo lo contrario: para conseguir una patente de capitán, ese documento con el que soñaba todo soldado aventajado, que le permitiera reclutar en España una compañía para luego combatir en Italia, a pesar de que todavía no había cumplido sus diez años al servicio de su Majestad. En su canuto, bien apretado al pecho, estaba cifrada la imagen de su prosperidad futura. Y todo cambió cuando la galera *el Sol* fue interceptada a finales del mes de septiembre de 1575 delante de las costas catalanas. Cervantes debe abandonar sus sueños de ser nombrado capitán para comenzar una de las etapas más esenciales de su biografía, de esta biografía que, de nuevo, tiene que reinventarse, tiene que construirse durante los cinco años que duró su cautiverio en Argel.

Rodrigo de Cervantes, soldado: el espejo militar de su hermano Miguel

Nada será igual en la proyectada biografía del soldado Miguel de Cervantes cuando salga de Argel en 1580, con 33 años de edad, y retome, cinco años después, el proyectado viaje a la corte de la Monarquía Hispánica siguiendo los pasos de Felipe II, que en estos años lo llevará de Madrid a Lisboa. Atrás quedaron sus sueños de ser nombrado capitán. ¿Eran los mismos sueños que tenía su hermano Rodrigo, que, como Miguel, lo encontramos en los tercios de infantería desde 1570, cuando contaba con tan solo veinte años, y que se embarcará con su hermano destino a España en 1575? ¿Llevaba también él en su canuto una licencia de ausencia firmada por Don Juan de Austria y una carta de recomendación, su particular hoja de servicios firmada también por el Duque de Sessa? ¿La conservó como su hermano al ser hecho cautivo unas semanas después, o consiguió deshacerse de ellas, y así permitió que la cuantía de su rescate fuera de trescientos ducados?

Si de Miguel de Cervantes conservamos escasa documentación, toda ella vinculada a sus diferentes oficios o a sus deseos de medrar en una corte cada vez más sorda a sus peticiones y más bulliciosa a la hora de alabar sus escritos, ¿qué diremos de su hermano Rodrigo? Pero lo poco que sabemos de él, de su carrera militar que retoma a su vuelta del cautiverio en 1577 y que lo lleva a morir en el campo de batalla de un arcabuzazo el 2 de junio de 1600, en la batalla de Nieuport o de las Dunas, sirviendo en la compañía de Sebastián de Otaula, del tercio del Maestre de Campo don Luis del Villar, bien puede ser imagen de la vida que, quizás, le hubiera tocado vivir a Miguel de Cervantes si no se hubiera encontrado en la construcción de su vida con la experiencia de Argel.

Desde que fue liberado en agosto de 1577 por fray Jorge de Ongay y fray Jerónimo Antich, Rodrigo de Cervantes vuelve a retomar su carrera militar, ale-

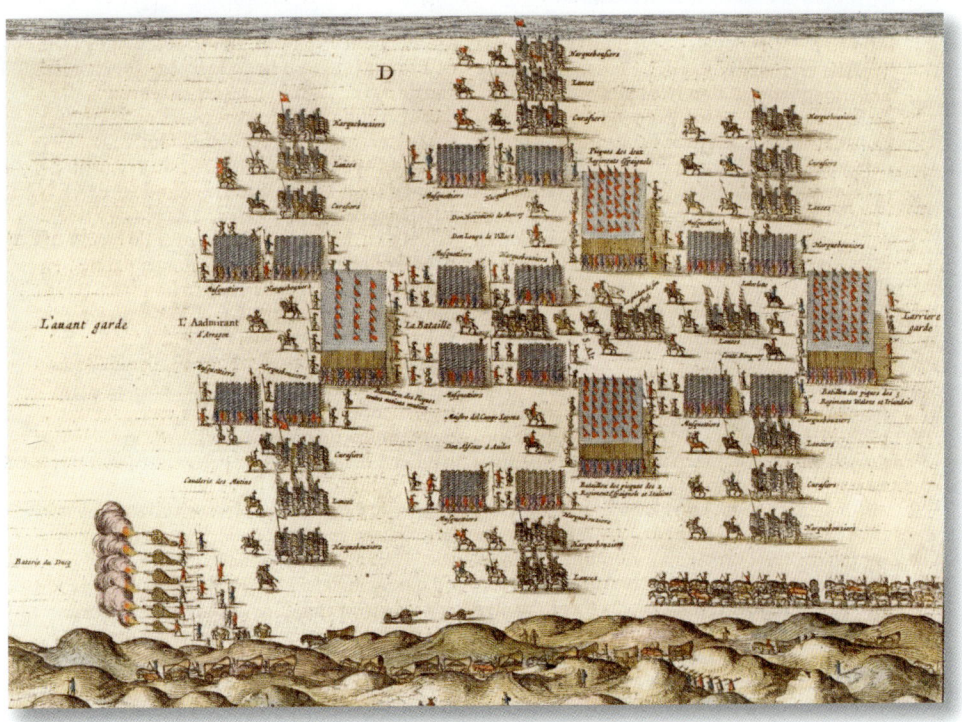

Formación de los tercios españoles que serían derrotados en la batalla de las Dunas, donde perdería su vida el alférez Rodrigo de Cervantes (Everhard van Reyd, 1647-1649, Rijksmuseum).

jándose de las pretensiones y de la vida en construcción de su hermano. Seguramente, gracias a su experiencia, fue ascendiendo en la carrera militar, hasta que es nombrado alférez en 1582. Y como alférez muere dieciocho años después. En el memorial que le envía Cervantes al rey Felipe II en 1590 solicitando la merced de unos puestos en América, concreta a grandes líneas su propia carrera militar, que ya conocemos (Lepanto, Navarino, Túnez y la Goleta…), pero también la de su hermano, que ahora es la que interesa: «y después de libertados fueron a servir a V.M. en el Reino de Portugal y a las Terceras con el Marqués de Santa Cruz, y agora al presente están sirviendo y sirven a V.M. el uno de ellos en Flandes, de alférez».

Expedición a las Islas Terceras (1583). Real Monasterio de El Escorial. Obra de Granello, Tavarón, Castello y Cambiasso.

El combate naval de Terceira tuvo lugar el 26 de julio de 1582 en las islas Azores, y supuso una de las grandes victorias de la armada española, dirigida por D. Álvaro de Bazán, Marqués de Santa Cruz, frente a las tropas francesas, dirigidas por el almirante Felipe Strozzi. En ella participó Rodrigo de Cervantes, según narra el licenciado Mosquera de Figueroa en su *Comentario en breve com-*

pendio de disciplina militar en que se escribe la jornada de las islas de los Azores, que, aunque publicado en Madrid en 1596, debió de ser escrito unos años antes, pues el autor indica en el prólogo que fue redactado unos días antes de que muriera el Marqués, muerte que se produjo en Lisboa el 9 de febrero de 1588. En la historia se relata cómo participó Rodrigo de Cervantes, que fue «aventajado» por el Marqués de Santa Cruz después de esta batalla:

> Llegaron brevemente las barcas a tierra, donde saltaron los españoles con grandes esfuerzos entre aquellas lajas a los lados de las fuentes: algunos ponían el pie seguro en una piedra para escaparse de la resaca, que era grande: otros que no podían esperar esta coyuntura se abalanzaban y se sumergían, de suerte que el agua les cubría hasta la cinta, y con la resaca quedaban luego exentos para salir. Echose el agua animosamente con su bandera, por haberse encallado la barca, Francisco de la Rua, Alférez de don Francisco Bobadilla, y tras el capitán Luis de Guevara y Rodrigo de Cervantes, a quien después aventajó el marqués; y así muchos salieron de las barcas mojados, corriendo agua salada de entre las ropas y las armas (fol. 65r).

Curiosamente, este libro permitió el encuentro en papel de los dos hermanos: Rodrigo de Cervantes, al relatar sus hazañas militares; Miguel de Cervantes en su carrera de escritor, ya que será uno de los autores con los que contará Mosquera de Figueroa para uno de sus poemas laudatorios preliminares, en los que Cervantes aprovechará para alabar tanto las hazañas militares del Marqués de Santa Cruz como la victoria en papel que ofrece el autor en su libro:

> No ha menester el que tus hechos canta,
> ¡oh gran Marqués!, el artificio humano,
> que a la más sutil pluma y docta mano
> ellos le ofrecen al que al orbe espanta.
>
> Y este que sobre el cielo se levanta,
> llevado de tu nombre soberano,
> a par del griego y escritor toscano,
> sus sienes ciñe con la verde planta.
>
> Y fue muy justa prevención del cielo,
> que a un tiempo ejercitases tú la espada
> y él su prudente y verdadera pluma,
>
> porque, rompiendo de la invidia el velo,
> tu fama, en sus escritos dilatada,
> ni olvido, o tiempo, o muerte, la consuma.

La vida de Rodrigo de Cervantes, del anónimo soldado Rodrigo de Cervantes de no haber sido el hermano de uno de los escritores más universales, es el telón de fondo de la vida que le esperaba a Miguel de Cervantes de no haber recibido los arcabuzazos en la batalla de Lepanto, el cautiverio en tierras de Argel. El plomo del arcabuz de la historia se convirtió en el diamante de sus escritos, y con la muerte de su vida militar dio vida a la de escritor, que le ha dado fama eterna. «Plomo» y «diamantes» que han sido robados a Lope de Vega, quien en su silva octava del *Laurel de Apolo* (1630), recuerda a Cervantes y la batalla de Lepanto con estos versos:

> En la batalla donde el rayo austrino,
> hijo inmortal del águila famosa,
> ganó las hojas del laurel divino
> al rey del Asia en la campaña undosa,
> la fortuna invidïosa
> hirió la mano de Miguel Cervantes;
> pero su ingenio, en versos de diamantes,
> los del plomo volvió con tanta gloria,
> que por dulces, sonoros y elegantes,
> dieron eternidad a su memoria,
> porque se diga que una mano herida
> pudo dar a su dueño eterna vida.

5. Miguel de Cervantes, cautivo (1575-1580)

Argel a la llegada de Miguel de Cervantes

Todos los que se aventuraban por el Mediterráneo durante el siglo XVI eran conscientes de la amenaza del corso, de esas incursiones de las naves argelinas con la intención de secuestrar personas y barcos. Todos sabían lo que iba a suceder al ver sus galeotas, esas galeras un poco más pequeñas que las cristianas, cuando aparecían por el horizonte. El miedo y la esperanza se mezclaban en unos corazones asustados. La defensa era inevitable, el resultado casi escrito de antemano, pero había una seguridad: todos salvarían la vida con un poco de tiempo, de paciencia... y dinero, claro está. «La libertad es uno de los más preciosos dones que a los hombres dieron los cielos» (*Quijote*, II, 58). Y tras esta seguridad, eran conscientes de otra: nada ni nadie sería igual después del cautiverio.

Pero, ¿qué idea podría tener Cervantes de Argel antes de ver sus costas, su puerto en octubre de 1575? ¿Se había ya creado un mito alrededor de la ciudad de Argel, alimentado por las relaciones de cautivos, los textos religiosos, las informaciones, los pliegos de cordel o las pretendidas historias que tenían más de propaganda que de descripción serena de una realidad, como la que comenzó a escribir Antonio de Sosa durante su cautiverio y que más de treinta años después publicará Haedo con el título de *Topografía e historia general de la ciudad de Argel*?

El Archivo General de Simancas conserva un dibujo fechado en 1563 que representa la ciudad de Argel (MPD VII-131). Un dibujo realizado a partir de una experiencia personal, que no quiere tanto dibujar un plano exacto de la realidad como mostrar los puntos flacos de una ciudad que tenía fama de ser inexpugnable (como fama de invencible tenía la armada otomana antes de la batalla de Lepanto). Si de una disposición de un peñón se tratara, se destacan los edificios y construcciones más importantes, incorporando a su lado algunos comentarios: el castillo, que lo preside todo desde la cúspide: «El castillo de la siudad no es fuerte»; la muralla que rodea toda la ciudad, concretando el nombre de sus puertas; en el interior, las casas alineadas en escalones, donde se resalta el zoco, la Casa del Rey, la Mezquita, el arsenal («el tercenal»)... Y fuera de su perímetro, en la sierra, se ha dibujado «la torre que esta ensima de la montañuela, que ganaron los espanyoles» (empresa fallida que intentó Carlos V en 1541) y «la mezquita de la sierra»; y en la parte del puerto, donde se aprecian cuatro galeras y un grupo de soldados, «el cavalero que ysieron los francesa» y «la seca que está a la entrada del puerto».

Plano de la ciudad de Argel (1563), conservado en el AGS.

Hacia 1575 se publica en Colonia el segundo tomo de una de las obras cartográficas más importantes del siglo XVI: la *Civitates Orbis Terrarum*, realizada por Georg Braun y Frans Hogenberg. El conjunto está formado por seis tomos, donde se han reunido 363 estampas de planos y vistas de las más importantes ciudades del mundo. La estampa nº 59, del citado segundo tomo, que lleva por título *De praecipiis totius universi urbibus*, está dedicada a *Algerii saracenorum urbis fortissimae*.

Con sus más de 47 indicaciones en la parte inferior (escritas en italiano) que precisan los edificios, construcciones y calles más reconocidas de la ciudad,

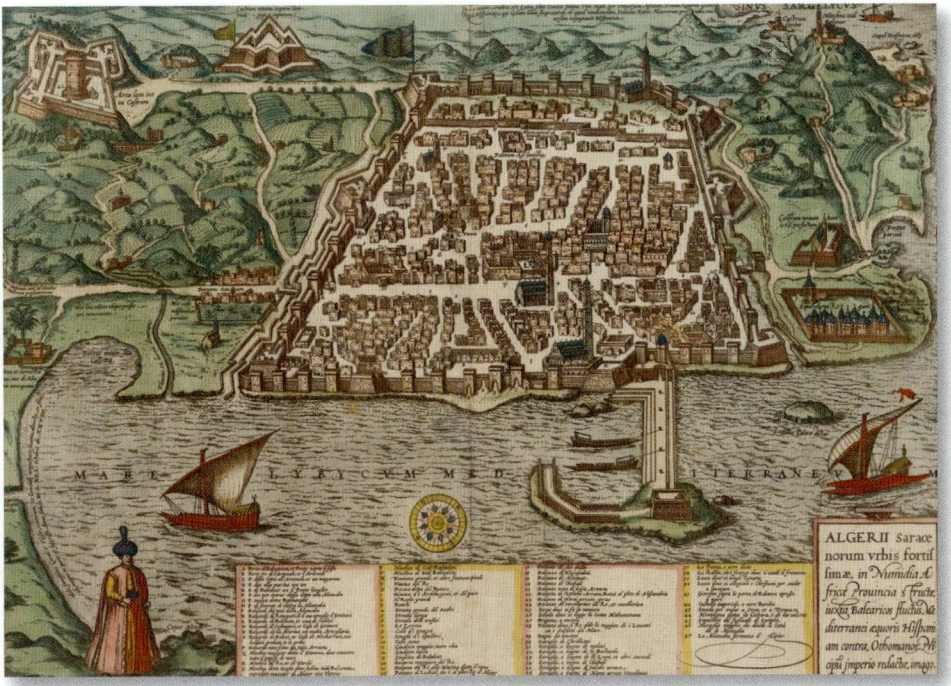

Vista de Argel, en *Civitates Orbis Terrarum* (h. 1575).

uno puede hacerse idea de su importancia, de su organización, de que estamos ante una de las ciudades más imponentes del momento. Ciudad pensada para defenderse de los posibles ataques, con su muralla exterior y la interior que protege la alcazaba, situada en la parte más alta. Ciudad pensada para el comercio, donde destaca su puerto, fuente principal de su riqueza en el éxito anual del corso. Pero también ciudad que muestra su riqueza en el tamaño y número de sus mezquitas: la Mezquita Mayor «detta i Giumma, dove concorre tutto il populo de mori», la Mezquita del Rey y de los Turcos, la conocida como «Zeuÿa, dove habita zidi Babaruez, morabito maggior di Algier, cioe Vescovo», la Mezquita de Zidi Rabaán y la de Zidi Bobbadien. También sobresalen del conjunto de edificios los palacios, una muestra más de la riqueza de la ciudad: el Palacio Mayor del Rey, el Palacio del Rey «alla Marina detto il Novo», el «Palazzo di Luchiali...», así hasta un total de diez distintos, con sus nombres y ubicación. Y en tercer lugar, se destacan los siete baños, o espacios para los cautivos, de la ciudad, a los que volveremos más adelante. Y el mercado, la aduana, las plazas, las fuentes...

Pero nada se aprecia en estos planos del bullicio de sus calles estrechas, de la mezcla de lenguas y de ruidos en el ritmo cotidiano de la ciudad. Una ciudad que mantiene su bullicio, su caos en 1725 cuando Laugier de Tasi escribe su *Historia del reino de Argel*, traducida al español en 1733:

> Sus calles son tan estrechas, que apenas dos personas pueden cómodamente ir juntas; siendo en el medio más hondo el suelo que en los lados, que forman una especie de banqueta por donde se pasa a pie; están muy sucias, y se camina por ellas con mucha incomodidad, hallándose el embarazo de muchos camellos, mulos y otros bagages cargados, de los cuales debe cualquiera apartarse; y aun es más molesto el encuentro con los soldados turcos, porque los cristianos libres deben cederles el paso, y esperar que hayan pasado, para evitar toda cuestión con ellos, a causa de su brutal fiereza, que excede a toda expresión (p. 191, Astrana Marín, II, p. 481).

Argel, con su población mayor que la de Roma o Palermo, con alrededor de 120.000 habitantes, de los que más de un cincuenta por ciento son renegados, cristianos convertidos al Islam, con una población de esclavos cristianos que debería rondar entre 25.000 y 30.000, se presenta como una mezcla singular de culturas, de razas y de lenguas. Cervantes nunca conocerá una ciudad más cosmopolita, más abierta, más generosa que Argel. Antonio de Sosa, en las notas que dieron lugar a la *Topografía e historia general de Argel*, no deja de admirarse de la mezcla de naciones que ha conocido en Argel durante el tiempo que estuvo cautivo, lo que le lleva a afirmar de manera categórica: «No hay nación de cristianos en el mundo de la cual no haya renegado y renegados en Argel».

¿Cómo se comunicaba esta población de tan diverso origen, de lenguas y costumbres tan diferentes, procedentes tanto de las «remotas provincias de Europa», hasta los «abisinios del Preste Juan e indios de las Indias de Portugal, del Brasil y de Nueva España»? Cervantes, en boca del capitán cautivo, la describe de este modo:

> Y así, determiné de ir al jardín y ver si podría hablarla; y, con ocasión de coger algunas yerbas, un día, antes de mi partida, fui allá, y la primera persona con quién encontré fue con su padre, el cual me dijo, en lengua que en toda la Berbería, y aun en Costantinopla, se habla entre cautivos y moros, que ni es morisca, ni castellana, ni de otra nación alguna, sino una mezcla de todas las lenguas con la cual todos nos entendemos; digo, pues, que en esta manera de lenguaje me preguntó que qué buscaba en aquel su jardín, y de quién era (*Quijote*, I, cap. LXI).

Esta «manera de lenguaje», esta *lingua franca,* es una mezcla de italiano y español, con algo de portugués, que se complica por los problemas de los turcos a la hora de pronunciar ciertos sonidos y la imposibilidad de conjugar los verbos.

> ¡Rapaz cristiano,
> no rescatar, non fugir;
> don Juan no venir;
> acá morir,
> perro, acá morir!

Con esta «jerigonza», según definición de la *Topografía*, los tres morillos gritan a un sacristán en la jornada segunda de los *Baños de Argel* de Cervantes.

¿Qué sabía Cervantes antes de llegar a Argel de esta ciudad en medio del Mediterráneo? ¿Cuáles fueron los tópicos, los lugares comunes de papel que tuvo que transitar antes de abrir los ojos a la realidad de una ciudad rica, variada, diferente de todas las que había conocido —y admirado— en Italia? No sabemos lo que Cervantes sabía de Argel cuando llegó a su puerto en 1575; pero lo que sí que es posible afirmar es que, al poco tiempo, su conocimiento de la ciudad, de sus normas, costumbres y posibilidades, fue profundo y certero. «Arca de Noé abreviada: / aquí están de todas suertes, / oficios y habilidades, / disfrazadas calidades» (*Baños de Argel*, III, vv. 2065-2068).

El corso:
el Mediterráneo convertido en «heredad y cortijo»

El Mediterráneo será el espacio donde se dirima buena parte de la hegemonía política a lo largo del siglo XVI. Las galeras que, con el tiempo, van a ir mejorando en tamaño y eficacia, serán las protagonistas de las batallas navales, como la ya citada de Lepanto (1571), y las galeotas árabes, mucho más ligeras y rápidas, serán las reinas de los ataques corsarios. El siglo XVI verá cómo el enfrentamiento entre los dos grandes imperios que luchan por la hegemonía en el *mare nostrum*, el de la Monarquía Hispánica y el otomano de la Gran Puerta, se solventará antes en el enmarañado tejer y destejer de los acuerdos (públicos y secretos) entre ellos y los firmados con Venecia, Roma o París, que en el número de muertos, plazas perdidas y galeras hundidas o apresadas en las distintas batallas que protagonizaron.

Y en medio de estos enfrentamientos imperiales, el corso berberisco, que va paulatinamente reivindicando su autonomía, lo singular de su razón de ser, basada en razones económicas, vivirá en las últimas décadas del siglo XVI y la primera mitad del XVII su época de esplendor. La respuesta de la Monarquía Hispánica a la situación después de Lepanto será la de centrar sus esfuerzos bélicos en Flandes e Italia y contrarrestar la amenaza corsaria en el Mediterráneo no tanto en la conquista de Argel, Túnez u Orán como aumentando el número de escuadras y de puestos de vigilancia, que, a lo largo de la costa, permitieran controlar los desembarcos y repeler los ataques de naves corsarias.

El corso es una de las bases económicas del Mediterráneo, completamente reglada y amparada bajo la legislación argelina. Según expresión recogida por Tirso de Molina en su *Historia General de la Orden de Nuestra Señora de la Merced*, para los corsarios argelinos los mares «son heredades y cortijos de nuestras posesiones; en ellos, sin congojas del azadón y del arado, logramos el inagotable fruto de sus golfos..., siendo lo más generoso de ello el comercio de los cautivos que vendemos» (p. 66). Un sistema económico que también repercute en la economía europea de los cristianos y no solo de manera negativa. La fuente de ingresos de los corsarios —y de una ciudad tan rica como Argel— procede de la venta de las mercancías robadas y, sobre todo, del cobro del rescate de los cautivos. Pero se trata de ciudades desabastecidas, que necesitan de los comerciantes cristianos —con más o menos escrúpulos— para poder comprar desde los productos más esenciales y de primera necesidad a los que estaban prohibidos. Y así no extraña encontrar en los mercados del Magreb objetos fabricados en Holanda; pólvora y armas que proceden de Inglaterra; vidrios venecianos; velas, herrajes y piezas de artillería francesas; lana, paños y pez de España... así como granos, tintes, ceras, azúcar, cueros y ganado de todas partes.

La propia madre de Miguel de Cervantes, doña Leonor de Cortinas, intentó un negocio con Argel para poder conseguir el dinero con el que pagar el rescate de su hijo Miguel. El 30 de noviembre de 1578 el Consejo de la Guerra da cuenta al rey de una solicitud que les ha enviado Leonor de Cortinas para «que le haga merced de darle licencia para pasar del reino de Valencia a Argel ocho mil ducados de mercadurías o la cantidad que Vuestra Magestad fuere servido». ¿Cuáles son los datos que aporta Leonor? Junto a la copia de la certificación del Duque de Sessa del 27 de julio de 1578 y la conocida como *Información de Madrid*, de la que ya hemos tenido ocasión de hablar, indica que, habiendo rescatado a su hijo Rodrigo por 300 ducados, «no han querido dar al dicho Miguel de Cervantes sino por muy excesivo prescio teniendo que es hombre de caudal por haberse tomado las fes y certificaciones que traía de su servicio» (Sliwa, p. 57). Vista la solicitud, como se indica en el documento, el Consejo de Guerra «teniendo consideración a lo que estos han servido se le podría hazer merced de darle licencia para llevar a Argel hasta dos mil ducados de dichas mercaderías para el rescate del dicho Miguel de Cervantes». En el margen izquierdo, como es preceptivo, la respuesta del rey, en letra de su secretario Mateo Vázquez: «Está bien».

El negocio, de acuerdo a las continuas prórrogas de las que tenemos noticia, nunca se llevó a cabo; nadie pagó por la cédula un precio adecuado para hacer frente al rescate de Miguel de Cervantes. «Esta merced d'esta cédula no está aún despachada ni vendida, porque no dan por ella sino sesenta ducados» se lee en un documento fechado en Madrid el 17 de enero de 1580 (Sliwa, p. 67).

El periodo de actividad corsaria en la época de Cervantes comenzaba al inicio de la primavera hasta el otoño. En los meses de invierno pocas eran las galeras que navegaban por el Mediterráneo. Cualquier persona que durante estos meses se embarcaba en una galera sabía que el peligro acechaba en cualquier momento. Y no se disipaba hasta ver aparecer el horizonte de una costa cristiana. Cada una de las expediciones corsarias no supera los cincuenta días. Si tenemos en cuenta el testimonio de los más de cien cautivos que fueron liberados en 1580 por el trinitario Juan Gil, los corsarios en estas empresas cautivaban a cualquier cristiano que se encontraran en la mar, como aquellas naves que portaban abastecimientos, gracias a los que se conseguía un doble botín: escaso en calidad de los cautivos; rico en la cantidad de mercancías que podrían venderse en los mercados argelinos.

Otros cautivos eran capturados en tierra firme. Pero sin duda, las piezas más buscadas eran las galeras cristianas, que aseguraban un botín considerable. En abril de 1576 tomaron en la isla de San Pedro, junto a Cerdeña, la galera *San Pablo*, en la que, al margen de la ropa, se hicieron con más de 160.000 ducados y 290 cautivos. Un verdadero botín. Entre los cautivos, destacan don Antonio de Sosa, amigo de Cervantes y autor de la *Topografía e historia general de Argel*, el caballero Antonio González de Torres, Andrés y Manuel de Cousa Coutinho, Antonio de Toledo y el capitán Jerónimo Ramírez, con su hermana María, ambos vecinos de la villa de Alcalá de Henares; esta última liberada con Cervantes en 1580.

El 25 de mayo de 1577 Andrea Gasparo le escribe desde Valencia al secretario Mateo Vázquez informándole de la alegría con que se vivió en Argel la

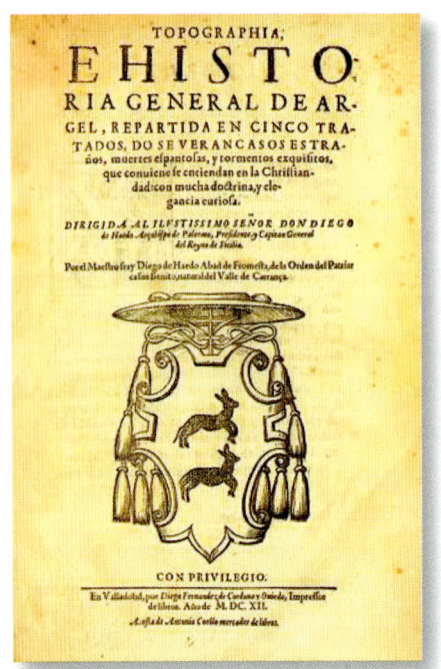

Antonio de Sosa escribió la *Topografía e historia general de Argel* durante su cautiverio. El libro será publicado en 1612 por Haedo, que le dio la forma definitiva que hoy conocemos.

llegada de la galera *San Pablo*, por sus riquezas y por el gran servicio que le podría dar al corso:

> Después de la nueva que ha venido de la pérdida de la galera *San Pablo* de Malta he sabido por cartas de Marsillas que aquellos basáis de Argel están muy alegres porque dicen que había en ella ciento y cincuenta mil ducados de su Majestad; y que piensan armar mayor número de bajeles y armar la mesma galera *San Pablo* y que su designo es de ir este agosto al estrecho de Gibraltar y dar después sobre las armadas de Indias. Ha me parecido avisarlo a V. M., y que sería necesario que si este año su Majestad no hace impresa que enviase algunas escuadras de galeras de f... [roto] a las islas a limpiarlas de corsarios, que este sería verdadero remedio para atajar los males que harán, y un año que lo hizo don García de Toledo no alzaron cabeza los de Argel en seis años (Archivo Valencia de don Juan, envío 49, caja 65, doc. 132).

Al verso responde Felipe II: «Tiene razón en lo que dice».

El corso, frente al pirata, está bajo el dominio de la ley. Una ley que organiza de manera clara cómo se reparte el botín de cada escuadra: al pachá, al gobernador de Argel, le toca uno de cada ocho cautivos —elegidos entre los principales—; y después del reparto de la parte correspondiente al capitán, el resto —tanto cautivos como sus pertenencias— se venden en el mercado de esclavos. Diego Galán en su relación de cautiverio de 1589 da cuenta de cómo se sentían los cautivos al ser tratados como animales:

> Al primer día me asió un mozo pregonero de la mano, y dando pregones y vueltas en el zoco, me trujo más de un cuarto de hora, y algunos me llegaban a mirar y preguntaban si tenía algunos achaques, y me hacían pasear para ver si era cojo o tenía alguna manquedad, tentándome los brazos y mirando la dentadura. Yo consideraba que lo propio se hace en España cuando venden un jumento, y daba gracias a Dios por los trabajos que su Divina Majestad me enviaba, pues todos iban enderezados para mi mayor bien si me quisiera aprovechar de ellos (*Relación del cautiverio y libertad de Diego Galán*, 2001, p. 52).

Los jóvenes y las mujeres hermosas serán los más solicitados en los mercados de esclavos.

Argel es un hervidero económico, mucho más complejo de lo que los libros canónicos del cautiverio muestran; las oportunidades para un ser inquieto y necesitado de dinero podían aparecer a la vuelta de cualquier esquina. Junto a los turcos, los berberiscos y los renegados, es posible identificar a muchos cristianos que hacen allí sus negocios, ya sean cautivos, ya sean liberados que se han quedado en la ciudad o comerciantes venidos de todas las partes de Europa. La mezcla de personas con posibilidades económicas diversas, pero todas ellas acuciadas por el deseo de conseguir lo antes posible su libertad, de recuperar la vida que le han arrebatado en el momento del secuestro, convierte a Argel en una tierra de oportunidades. Tan solo hay que querer arriesgarse. Tan solo hay que poder hacerlo.

Argel, ¿una tierra de oportunidades para un cristiano?

La ciudad de Argel a lo largo del siglo XVI irá cambiando su modelo de gobierno, de acuerdo a la importancia progresiva que irá adquiriendo el corso. Argel comienza teniendo una estructura política similar a la de cualquier ciudad de frontera del imperio otomano: un gobernador, elegido por Estambul por un período de tres años, que es ayudado por una asamblea militar formada por los jenízaros, el cuerpo de élite de los soldados otomanos, que vivían alejados de la población en sus propios cuarteles, como se aprecia en los diferentes mapas que hemos conservado de la ciudad. A esta estructura básica, se le añadirá con el tiempo la presencia de la «taifa de los rais», es decir, de todos aquellos que tienen una relación directa con el corso, con la fuente económica esencial de Argel: arráeces, o capitanes de las embarcaciones, los dueños de las mismas, los marineros pilotos... todos ellos reclamarán también un puesto en el gobierno de la ciudad. Por su parte, los jenízaros también exigirán tener parte en los beneficios que reporta el corso. Del enfrentamiento entre ellos y del miedo y odio que sienten los moros a los turcos se hace eco Cervantes en el capítulo 41 de la primera parte del *Quijote*: «Porque es común y casi natural el miedo que los moros tienen a los turcos especialmente a los soldados, los cuales son tan insolentes y tienen tanto imperio sobre los moros que a ellos están sujetos, que los tratan peor que si fueran esclavos suyos».

Muchos de los altos cargos de esta particular estructura política y económica estarán en manos de renegados, que, en el momento de serlo, tienen los mismos derechos que los otomanos y que los moros. Una particular situación de movilidad social y económica llena de oportunidades para un alma inquieta, para un espíritu desesperado, como los miles de cautivos que llegan a Argel durante la campaña del corso.

No era fácil vivir en cautiverio, sabiendo que eran pocas las oportunidades que se presentaban al ser liberado en una sociedad tan inmovilista como la que da sentido a la Monarquía Hispánica, y muchas las que se ofrecían de prosperar en la sociedad argelina —incluso llegar a ser gobernador de la misma— tan solo con apostatar, con convertirse en uno más de los renegados que vivían (y muy bien) en el Magreb. Una apostasía que puede ser solo de apariencia, como confiesa un morisco argelino a principios del siglo XVII, cuyo testimonio es traducido al inglés por el cónsul británico Joseph Morgan:

> Our Arms, it is true, are ever open to receive all who are disposed to embrace our Religion; but we are not allowed by our Sacred Alcoran to tyrannise over Consciences [...] they become one of us, without Reserve; taking to Wife our Daughters, and being employed in Posts of Trust, Honour and Profit; we contenting our selves with only obliging them to wear our Habit, and to seem True Believers in outward Appearance, without ever offering to examine their Consciences, provided they do not openly revile, or profane, our Religion: If they do that, we indeed punish them as they deserve; since their Conversion was voluntary, and not by Compulsion; but we have Reason to believe the greatest Part of them are as unbelieving as those who begot them (cito por Ohanna, p. 106).

> [Nuestros brazos, es cierto, están siempre abiertos para recibir a todos los que están dispuestos a abrazar nuestra religión; pero nuestro Sagrado Corán no nos permite tiranizar conciencias [...] se convierten en uno de nosotros, y sin reserva; tomando a nuestras hijas como esposas, y son empleados en puestos de confianza, honor y provecho; nos conformarnos solo con obligarlos a usar nuestro hábito, y parecer verdaderos creyentes en la apariencia externa, sin exponerlos a examinar sus conciencias, siempre que no insulten abiertamente, o profanen, nuestra religión. Si lo hacen, en efecto, los castigamos como se merecen; ya que su conversión fue voluntaria, y no por compulsión; pero tenemos razones para creer que la mayor parte de ellos son tan incrédulos como aquellos que los engendraron].

La oportunidad de una vida diferente frente a la imposición religiosa. Una vida de placeres mundanos, de posibilidades de movilidad social y de comportamientos sexuales particulares más allá de los preceptos que las religiones del libro imponían (e imponen) a sus fieles. Antonio de Sosa habla en estos términos de su amo, el alcaide Mahammed, que cambiaba de religión según lo hacían también sus circunstancias personales, y así pasó por el Judaísmo, el Islam, el Cristianismo para terminar abrazando el Islam de nuevo en Argel:

> He oído decir públicamente y platicar a muchos moros y turcos por todo ese Argel que este alcaide Mahamet, el judío su patrón a ningún Dios reconoce, ni teme, ni adora; ni es moro o turco, ni judío, ni cristiano (*Diálogo de la captividad*, II, p. 4).

Evitar que los cautivos cristianos renieguen será uno de los trabajos a los que se dedicarán los frailes mercedarios y trinitarios. Una de las primeras tareas será intensificar las campañas anuales de redención, como un modo de mostrar a los cautivos más pobres, más necesitados que no se encontraban desamparados, que se estaban haciendo todos los esfuerzos posibles para liberarlos. En el periodo de 1575 a 1630, las órdenes de la Merced y la Trinidad llevaron a cabo 17 redenciones, donde consiguieron rescatar a 2.729 cautivos ordinarios. De los rescates de los cautivos extraordinarios, cuyas negociaciones se hacen directamente entre el cautivo y su amo, no hay posibilidad de ofrecer ninguna cifra.

Por su parte, los cautivos cristianos tienen también la obligación de fortalecer en la fe a sus compatriotas más débiles, especialmente los más jóvenes, los más necesitados. Fray Jerónimo Gracián de la Madre de Dios, que estuvo cautivo en Túnez entre 1593 y 1595, se hace eco de esta realidad en su *Tratado de la redención de cautivos* (1609):

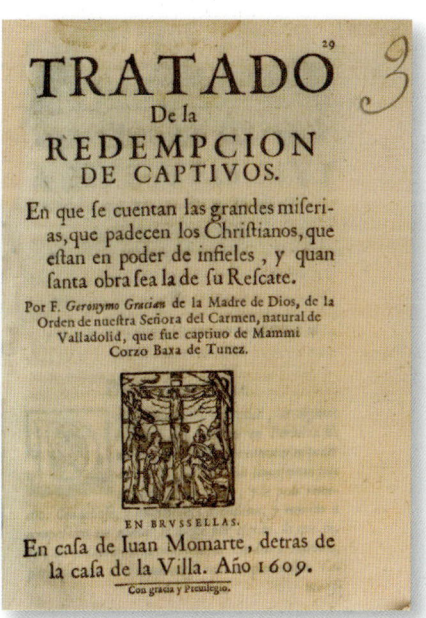

Fray Jerónimo Gracián, *Tratado de la redempción de cautivos* (1609).

> [L]a más ordinaria tentación y que más almas derriba y ha derribado de la fe es perder las esperanzas del rescate y hacérseles imposible alcanzar libertad. Porque ni tienen respuesta de cartas que envían ni confianza en la limosna de la redención de cautivos, y por otra parte vense enlazados en tales ocasiones que les parece imposible salvarse en aquella tierra. Con estas dos imposibilidades, dicen: «Así

como así me tengo de condenar, quiero gozar buena vida y tener libertad para poder huir a tierra de cristianos, pues no hay otro remedio para mi salvación». El miserable que esto escribe certifica delante de Dios que conoce muchos que se sustentan y han sustentado en la fe por haberles dado palabra de tratar de su rescate viniendo en libertad (pp. 47-48).

De este modo, si se quería manifestar de alguien que había mantenido una conducta cristiana durante el cautiverio, solo hacía falta recordar sus esfuerzos para evitar que algunos compañeros perdieran la fe o, por comodidad, renegasen de ella. Alonso Aragonés así lo manifiesta cuando tiene que hablar de su amigo Cervantes, de quien también dice que tuvo tratos con «moros y renegados»: «ha defendido siempre la santa fe católica y ha confortado y animado a muchos porque no se hiciesen moros y renegados» (respuesta nº XVIII, p. 107).

Por su parte, los cautivos más jóvenes serán los que los frailes intentarán redimir lo antes posible. En primer lugar, porque son los más propensos a apostatar, a dejarse llevar por los placeres mundanos que ofrece la sociedad argelina; y en segundo lugar porque es habitual que algunos berberiscos, entre ellos el propio Hazán Bajá, los compren no tanto para conseguir un rescate por su libertad sino para convertirlos en sus amantes. Así se expresa fray Jerónimo Gracián en el *Celo de la propagación de la Fe*:

> De los muchachos y mozos desbarbados por maravilla se escapa alguno; porque aunque sea un grumete, o el más bajo y pobre, le compran los turcos con excesivo precio, para sus maldades... Luego en comprándole le visten ricamente, y le regalan con comidas y halagos, persuadiéndole se vuelva turco (fol. 6v; cito por Astrana Marín, II, p. 473).

Cervantes, en la segunda parte del *Quijote*, se hace eco también de la pasión que los cautivos jóvenes despiertan:

> Turbeme, considerando el peligro que don Gregorio corría, porque entre aquellos bárbaros turcos en más se tiene y estima un mochacho o mancebo hermoso que una mujer, por bellísima que sea (*Quijote*, II, cap. LXIII).

Miguel de Cervantes llega a Argel con 28 años. Atrás ha dejado una infancia y una adolescencia en Alcalá de Henares, Valladolid, Córdoba, Sevilla y Madrid de la que sabemos bien poco; una vida que estaba por construirse casi sin cimientos: casi sin familia, casi sin estudios, casi sin oficio. Italia y los tercios de la Monarquía Hispánica le han ofrecido una posibilidad de futuro en una sociedad donde todo parece estar escrito sin posibilidad de un cambio, de una transformación. «Yo soy quien soy» será uno de los versos más repetidos en las comedias que llenarán los corrales de toda España, apuntalando la idea de una sociedad inmovilista como es la española. Deseos y esperanzas de una capitanía lo llevan a Cervantes a embarcar en Nápoles con destino a la corte. Sueños que ahora se vuelven una quimera a la llegada de una Argel vista todavía con los ojos de papel de los testimonios leídos o escuchados de tantos cautivos, con quien comparte lágrimas y silencio:

> ¡Triste y miserable estado!
> ¡Triste esclavitud amarga,
> donde es la pena tan larga
> cuan corto el bien y abreviado!
> ¡Oh purgatorio en la vida,
> infierno puesto en el mundo,
> mal que no tiene segundo,
> estrecho do no hay salida!
> ¡Cifra de cuanto dolor
> se reparte en los dolores,
> daño que entre los mayores
> se ha de tener por mayor!
> ¡Necesidad increíble,
> muerte creíble y palpable,
> trato mísero intratable,
> mal visible e invisible!

Con estos versos comienza Cervantes *El trato de Argel*, una de las primeras comedias que escribió a la vuelta del cautiverio en 1580, una de las pocas que hemos conservado de su primera etapa de dramaturgo. ¿Esta es la imagen, el sentimiento que tuvo a la llegada a Argel en septiembre de 1575? Tengamos en cuenta que no se trata de una de una obra autobiográfica sino que esta vez entraba de lleno en las páginas de la literatura de cautivos, tan concorde y apreciada por los espectadores de los corrales de comedias.¿O más bien hemos de pensar que lo dominó la sorpresa, la curiosidad, el deseo de ver y comprobar en sus propias carnes todo lo que había escuchado y leído de Argel en esos años, cuando el corso era tema habitual de cualquier conversación, de ese Argel cosmopolita, donde todo estaba por construirse, donde una persona como él, llena de inquietudes, de sueños y sin muchas posibilidades de inventarse en las estables tierras de Castilla, pudiera encontrar entre sus murallas un espacio para ser otro, ser ese otro Miguel de Cervantes que siempre había soñado y que estaba empeñado en construirse?

Los baños de Argel

Antes que una cárcel al uso (que también existía en la ciudad), los baños han de ser entendidos como espacios cerrados donde viven parte de los cautivos cristianos. La tipología, según indican las fuentes, es muy variada: desde barrios separados a edificios semejantes a cárceles o simples corrales cercados por empalizadas o espacios excavados en la tierra con pocas estancias y escasa ventilación. Antonio de Sosa en su *Topografía e historia general de Argel*, los define como «casas o corrales donde tienen encerrados a los esclavos» y concreta su número y características a partir de su experiencia personal:

> Uno se dice el baño grande, que es hecho como en cuadro, aunque no perfectamente, porque es más largo que ancho; de largo tiene setenta pies y de ancho cuarenta. Está repartido en altos y bajos, y con muchas camarillas, y en medio una cisterna de linda agua; y a un lado, debajo, está la iglesia u oratorio de los cristianos, donde todo el año se dicen misas... Está este baño grande en la calle del Soco grande, o calle derecha que atraviese de la puerta de Babazón a la de Babalvete... El otro baño se dice el baño de la Bastarde, el cual no es tan grande, pero también está en muchos aposentos repartido, y particularmente sirve este baño para estar los cristianos del común, a que se llaman del magazen.

Como venimos viendo —y es necesario resaltar— la economía corsaria estaba basada en la esclavitud, de la que procedía tanto la fuente principal de mano de obra como su mercancía principal, y en el comercio de los objetos robados. En una palabra, el corso. Los cautivos se dividían en dos clases: por un lado, los pobres, la gran mayoría, que tenía, sobre todo, un valor de uso, pues se empleaban como remeros de las galeras y se utilizaban en las labores urbanas y campesinas de la ciudad de Argel. Son los que Cervantes llama «de almacén, que es como decir cautivos del concejo» (*Quijote*, I, cap. LXI). Y por otro, los ricos y principales, que eran un valor de cambio y, normalmente, se les eximía de cualquier trabajo. Estos irán a los baños del Rey o a los de algún particular.

En el mapa de Argel de 1575, se concretan hasta siete baños diferentes, situados en varias zonas de la ciudad, y en su representación se ven algunos más grandes y otros más pequeños. Se aprecia en este detalle del mapa dos de ellos: el nº 30. Seraglio dei Cristiani y el nº 31. Seraglio o bagno de malati.

Los baños podían ser de propiedad pública o privada. En los públicos, están los «cautivos de almacén o de concejo», a los que se les une los cautivos de particulares que no quieren que estén en

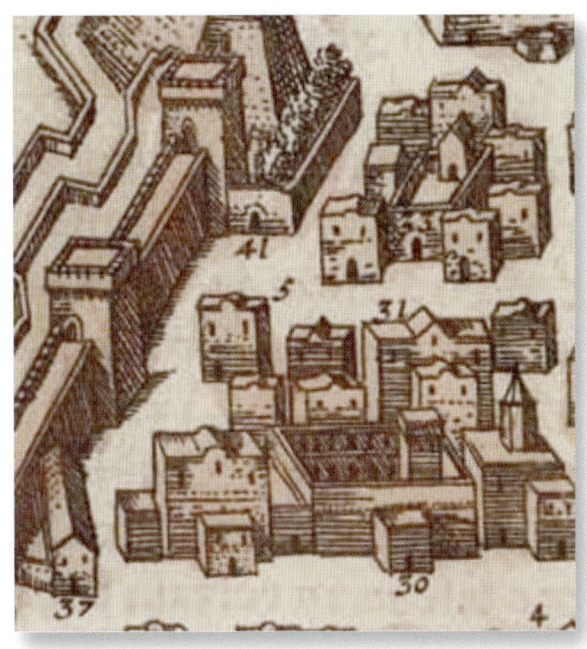

Detalle de la localización de algunos baños en Argel (1575).

sus casas por la noche. Los baños privados solo se los podían permitir algunos arráeces. En cuanto a su organización interior, los cautivos se suelen agrupar por naciones o regiones de origen dentro de los baños. De este modo, en estos espacios se hacen posibles relaciones que resultarían inimaginables en un lugar más jerarquizado socialmente como sucede en la mayoría de las ciudades cristianas.

Gracias a esta situación, como se repetirá en numerosos testimonios de testigos en la *Información de Argel* de 1580, Miguel de Cervantes compartirá tiempo y espacio con los cautivos más principales de origen español, según lo indicado en la pregunta XIX:

> si saben o han oído decir que en todo el tiempo que el dicho Miguel de Cervantes ha estado en este Argel cativo, siempre y de contino ha tratado, comunicado y conversado con los más principales hombres cristianos, ansí sacerdotes, letrados, caballeros, y otros criados de su Majestad con mucha familiaridad; los cuales se holgaban de tenerle por amigo y tratar y conversar con él (p. 103).

En muchas de las relaciones de cautivo —y así lo hará también Cervantes en la historia del capitán Rui Pérez de Viedma— se incide sobre los castigos y crueldades que reciben los cautivos cuando se retrasan en el pago de su rescate o para evitar los intentos de fuga, uno de los grandes problemas para el negocio de secuestro que el corso mantenía de manera floreciente por estos años:

> Pusiéronme una cadena, más por señal de rescate que por guardarme con ella, y así pasaba la vida en aquel baño, con otros muchos caballeros y gente principal señalados y tenidos por de rescate. Y aunque el hambre y la desnudez pudiera fatigarnos a veces, y aun siempre, ninguna cosa nos fatigaba tanto como oír y ver a cada paso las jamás vistas ni oídas crueldades que mi amo usaba con los cristianos. Cada día ahorcaba a uno, empalaba a este, desorejaba a aquel, y esto por tan poca ocasión y tan sin ella, que los turcos conocían que lo hacía no más por hacerlo, y por ser natural condición suya ser homicida de todo el género humano (*Quijote*, I, cap. XLI).

Antonio de Sosa es único para describir estos baños como espacios de torturas, lo más cercano a las representaciones del infierno, la mejor manera de conmover al lector, de conseguir su mayor implicación posible para liberar a los cautivos:

> todo Argel y todas sus plazas, las casas, las calles, los campos, la marina y sus bajeles no eran menos que unas herrerías propias y naturales del demonio, a do perpetua y continuamente otra cosa no se oía sino golpes, tormentos y dolores, tan abundantes y copiosos, de todas las invenciones de inhumanos y crueles instrumentos para matar cristianos, y aun más de lo que eran llenas las herrerías de Vulcano, de aquellos que fabricaron los ingenios infernales (*Topografía*, II, p. 125. Cito por Astrana Marín, II, p. 511).

Las relaciones de cautivos, las informaciones, diálogos y libelos, o los libros de historia, como la *Topografía* de Antonio de Sosa, el mejor representante de su género, son las fuentes habituales para acercarse —en su momento y también hoy— a la vida cotidiana de la Argel del corso. Pero todos ellos no están escritos para describir una realidad sino con una finalidad proselitista, con la idea de ir creando un estado de opinión para impulsar la toma de la ciudad. El relato de los sufrimientos padecidos por los cristianos —algunos de ellos, verdaderos mártires según los escritos—, las torturas cotidianas, la arbitrariedad a la hora de impartir justicia y los castigos recibidos llenarán páginas y páginas de estos textos, y de lágrimas a sus lectores. Pero esta visión no solo es parcial y maniquea, sino que podemos pensar que está muy alejada de la realidad al mostrar solo un punto de vista. A fin de cuentas, los cautivos en Argel no son el enemigo, sino la fuente de su economía. Un buen rescate es un pasaporte para vivir con cierta holgura y libertad en Argel. A pesar de que en la *Información de Argel*, algunos testigos digan que a Cervantes lo tenía su primer amo Dalí Mamí con muchos hierros y grilletes, lo cierto es que su comportamiento dentro de los baños y en la ciudad parece indicar todo lo contrario.

«500 escudos de España en oro»: el rescate de un «hombre grave»

Uno de los primeros trabajos de los corsarios al hacerse con un botín de cautivos cristianos en alta mar es el de clasificarlos, para así establecer el valor de su rescate (el único valor real que tendrán a partir de aquel momento) o su destino como galeote o como esclavo en las obras públicas que demandaba una ciudad en continua expansión como Argel. Los nobles y personas de linaje tan solo tendrán que esperar el importe de su rescate por parte de sus familiares, mientras que el resto habrá de conformarse con los rescates ordinarios que las órdenes de la Merced y de la Trinidad realizaban cada cierto tiempo, a medida que eran capaces de recaudar los fondos necesarios. De este modo, en esta primera fase del negocio del secuestro que es el corso, cada cual jugará su papel: el corsario tenderá a ensalzar la calidad y categoría del cautivo para así aumentar el precio de su rescate, mientras que el cautivo pondrá todo su empeño en rebajarla, para así poder salir cuanto antes de esta situación.

Fray Jerónimo Gracián, confesor de Santa Teresa, cautivo en 1593, comenta esta costumbre en su *Tratado de la redención de cautivos* (Roma, 1597):

> Recién llegado yo a Biserta en poder de un arráez, que me diera luego por razonable precio, fueron unos cristianos a decir al bajá de Túnez que me conoscían, y que era arzobispo que iba a Roma a ser cardenal, con la cual relación me llevó el bajá por fuerza a su poder y puso en precio de treinta mil escudos de talla, y así fue milagro poder volver a esta tierra (Astrana Marín, II, p. 475).

El testimonio de Alonso Aragonés en la *Información de Argel* (10 de octubre de 1580), deja traslucir lo habitual de esta estratagema en todas las fases del cautiverio; gracias al silencio de Cervantes muchos caballeros principales pueden gozar de un rescate inferior al que podrían aspirar sus patrones de conocer su verdadero origen y hacienda:

> Y este testigo tiene por cosa cierta que si el dicho Miguel de Cervantes dijera lo que sabía, que muchos caballeros que estaban en el negocio, tenidos de sus patrones y

amos por gente pobre, fueran descubiertos y vinieran a manos de Hazán Bajá, rey del dicho Argel, de quien no se rescataran si no por precios excesivos; y fuera d'esto, los dichos mercaderes perdieran sus haciendas y quedaran cautivos (p. 107).

«Si dijera lo que sabía»… este testimonio incide, además, en un detalle no siempre recordado: los prisioneros principales vendrían «a manos de Hazán Bajá» (o del gobernador de Argel en cada momento), y por ellos cobraría un precio mucho más alto que los que se quedaban bajo la redención ordinaria, que están distribuidos en otros tantos baños por la ciudad. Solo hay que ver la distinta cuantía solicitada por los trece cautivos que fray Juan Gil y Antonio de la Bella liberan del rey de Argel en su rescate ordinario de 1580, y la cuantía que Hazán Bajá pedirá cuando, con el dinero sobrante, Juan Gil se disponga a liberar a algunos de los cautivos tenidos por principales. Y así, por los «prisioneros ordinarios», se pedirá el rescate estándar, es decir, 100 escudos «conforme al uso y costumbre de los demás reyes han tenido con las limosnas que a esta tierra han venido para este efecto» (fol. 106r), mientras que por los «hombres graves» se pedirá un rescate de hasta 500 escudos en oro. Cuando fray Juan Gil a finales del mes de agosto de este año intenta reducir el precio de los siete caballeros cautivos de Hazán Bajá, el rey de Argel le contesta en estos términos:

y el dicho rey Hazán Bajá le dijo a el dicho padre fray Juan Gil muchas veces que sus cristianos que eran hombres graves y que no tenía cristiano que no fuese caballero, que a ninguno d'ellos daría menos que en quinientos escudos de España en oro (Sliwa, 1999, p. 118).

Septiembre de 1575: comienza el cautiverio de Miguel de Cervantes

Cervantes partió de Nápoles a primeros de septiembre de 1575 dentro de la galera *Sol,* un punto de partida ya conocido. Forma parte de una flotilla de cuatro naves a las órdenes de Sancho de Leiva que envía Juan de Austria con una misión: conseguir los 400.000 ducados con los que pagar la soldada a los tercios italianos antes de que llegara el invierno y así estar preparados para las próximas campañas mediterráneas a la llegada de la primavera. Una tempestad dispersa el escuadrón. Tres llegan a su destino en Barcelona. Tan solo una de ellas, la galera *el Sol* fue capturada por un renegado albanés, Arnaute Mamí, con su lugarteniente Dalí Mamí, al frente de tres embarcaciones en las costas de Cadaqués o de Palamós. Como es habitual, en todos los testimonios conservados se indica que los cristianos lucharon y se defendieron con todas sus fuerzas siendo heridos y muertos varios de ellos antes de rendirse. El destino estaba claro: los baños de Argel y el cautiverio. Con estos versos lo describe Miguel de Cervantes en la *Epístola a Mateo Vázquez*:

> En la galera *Sol*, que escurecía
> mi ventura su luz, a pesar mío,
> fue la pérdida de otros y la mía.
> Valor mostramos al principio, y brío;
> pero después, con la experiencia amarga,
> conocimos ser todo desvarío (vv. 166-171).

Era el 26 de septiembre de 1575. Una fecha que por mucho tiempo Cervantes no pudo olvidar. Comienza una nueva etapa en su vida. Una etapa inesperada. Una etapa sin planes a priori. Una etapa llena de incertidumbres y que, con el tiempo, será la más crucial, la que más honda huella dejó en su vida, la que lo acompañará en sus escritos, desde los que pudo haber compuesto en los baños argelinos, hasta el *Persiles*, su última obra, publicada en 1617, un año después de su muerte. Si Cervantes se abrió a la literatura en Italia, en Argel lo hará a la vida. Sin lugar a dudas, Cervantes, su vida y su obra, está influida, de una o de otra manera, por su estancia en Argel.

Miguel de Cervantes, como se sabe, fue incluido en el grupo de «hombres graves», por lo que se pedirá por él lo estipulado en estos casos: «quinientos escudos de España en oro». Por su hermano se pagará en 1577 un rescate de trescientos escudos. Como se ha indicado, Cervantes llevaba en el momento de ser apresado un permiso de licencia firmado por don Juan de Austria y una hoja de servicios que llevaba la firma del Duque de Sessa, documentos que la familia siempre testifica que es la causa de la cuantía del rescate, muy por encima de sus posibilidades económicas.

¿No hubiera sido más lógico que Cervantes se hubiera deshecho de estas cartas y así compartir un rescate más acorde con las posibilidades de su familia? ¿O quizás no le fue posible, como sí lo hiciera su hermano, por el que se pedirá un poco más de la mitad? Curiosamente, siendo menor el rescate de su hermano, Rodrigo fue asignado al grupo de los cautivos que le pertenecían al gobernador de Argel, Rabadán Bajá, quien normalmente se quedaba con los cautivos principales.

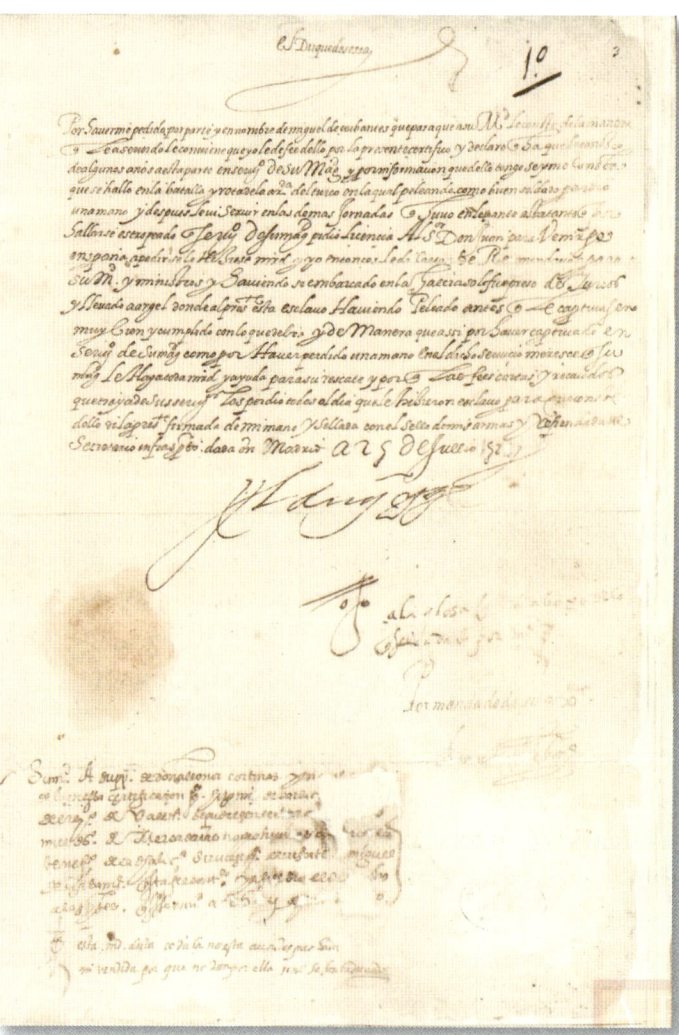

Hoja de servicios de Miguel de Cervantes firmada por el Duque de Sessa.
Es una copia de la que llevaría Cervantes cuando fue hecho cautivo en 1575.

El momento del abordaje, que a lo largo de los siglos XVI y XVII será un tema recurrente en versos y prosas de varios autores (desde las relaciones de cautivos, a la picaresca sin olvidar la comedia), es descrito por Cervantes en varias de sus obras. Como ha demostrado Avalle-Arce (1968), estas alusiones suponen un magnífico ejemplo de itinerario que va de la vida a la escritura y de la escritura a la memoria en la obra cervantina (y de la memoria escrita al mito, me atrevo a añadir). Cervantes se presentará en la corte en 1580 como uno de los escasos autores que es capaz de tratar el tema argelino en primera persona, sin tener que hacer uso de los recuerdos o de las experiencias de otros cautivos.

En el libro V de la *Galatea*, libro pastoril donde uno no esperaría encontrar ninguna alusión al tema, Cervantes introduce al personaje Timbrio, un caballero jerezano, que cuenta a su amigo Selerio sus desventuras después de que partió para Nápoles. Entre ellas, «la mayor desventura que imaginarse pudiera», que no es otra que ser apresado por unos corsarios argelinos:

> Sucedió, pues, que a la sazón que el viento comenzaba a refrescar, los solícitos marineros izaron más todas las velas, y con general alegría de todos, seguro y próspero viaje se aseguraban. Uno de ellos, que a una parte de la proa iba sentado, descubrió, con la claridad de los bajos rayos de la luna, que cuatro bajeles de remo, a larga y tirada boga, con gran celeridad y priesa, hacia la nave se encaminaban, y al momento conoció ser de contrarios, y con grandes voces comenzó a gritar: «¡Arma, arma, que bajeles turquescos se descubren!». Esta voz y súbito alarido puso tanto sobresalto en todos los de la nave, que sin saber darse maña en el cercano peligro unos a otros se miraban; mas el capitán d'ella, que en semejantes ocasiones algunas veces se había visto, viniéndose a la proa, procuró reconocer qué tamaño de bajeles y cuántos eran, y descubrió dos más que el marinero, y conoció que eran galeotas forzadas, de que no poco temor debió de recibir; pero disimulando lo mejor que pudo, mandó luego alistar la artillería y cargar las velas todo lo más que se pudiese la vuelta de los contrarios bajeles, por ver si podría entrarse entre ellos y jugar de todas bandas la artillería. Acudieron luego todos a las armas, y repartidos por sus postas como mejor se pudo, la venida de los enemigos esperaban (pp. 297-298).

Como se destaca en tantas relaciones de cautivos, la defensa de la nave por parte de los cristianos llenará varias páginas de descripciones, aunque el final no puede ser otro que la rendición y la incertidumbre por el futuro, el quiebre total en la vida de todos los que en galera estaban:

> Mas, por no iros cansando contándoos particularmente las cosas sucedidas en este combate, solo diré que después de habernos combatido dieciséis horas, y después de haber muerto nuestro capitán y toda la más gente del navío, a cabo de nueve asaltos que nos dieron, al último d'ellos entraron furiosamente en el navío. Tampoco, aunque quiera, no podré encarecer el dolor que a mi alma llegó cuando vi que las amadas prendas mías [Blanca y Nísida], que ahora tengo delante, habían de ser entonces entregadas y venidas a poder de aquellos crueles carniceros [...]. (pp. 299-300).

La historia del abordaje en el relato de Timbrio se llena de detalles novelescos con la presencia de Blanca y de Nísida, pero, al fin, «cebados de la codicia y del dinero que de mí podrían haber», lo curaron de sus heridas y los llevaron a todos a la nave capitana de Arnaute Mamí, «el general de los bajeles». Pero la fortuna, una vez más, dando causa para «ser verdad lo que en la inestabilidad suya se pregona», cambia en unas horas el destino de todos, pues una gran tormenta acomete a las naves corsarias, quedando a la noche sola y casi destruida la capitana, a merced de un destino que bien pudiera haber soñado Cervantes, pues es el contrario al que a él le tocó vivir el 26 de septiembre ante las costas catalanas:

> No queráis más saber, señores, sino que los mesmos turcos rogaban a los cristianos que iban al remo cautivos que invocasen y llamasen a sus santos y a su Cristo para que de tal desventura los librase; y no fueron tan en vano las plegarias de los míseros cristianos que allí iban, que, movido el alto cielo d'ellas, dejase sosegar el viento: antes le creció con tanto ímpetu y furia, que al amanecer del día, que solo pudo conocerse por las horas del reloj de arena, por quien se rigen, se halló el mal gobernado bajel en la costa de Cataluña, tan cerca de tierra y tan sin poder apartarse d'ella, que fue forzoso alzar un poco más la vela para que con más furia embistiese en una ancha playa que delante se nos ofrecía: que el amor de la vida les hizo parecer dulce a los turcos la esclavitud que esperaban.
> Apenas hubo la galera embestido en tierra, cuando luego acudió a la playa mucha gente armada, cuyo traje y lengua dio a entender ser catalanes, y ser de Cataluña aquella costa, y aun aquel mesmo lugar donde, a riesgo de la tuya, amigo Silerio, la vida mía escapaste (pp. 302-303).

En *El trato de Argel*, una de las primeras comedias estrenadas por Cervantes a su vuelta del cautiverio encontramos un relato muy similar, donde, de nuevo, la fortuna es protagonista mostrando cómo en tan solo un segundo todo puede cambiar en la vida: del miedo a la muerte de una tormenta, a la alegría al avistar las costas, que termina por convertirse en una tragedia en el momento de ser atacados y vencidos por las galeotas corsarias:

> pero después, a cabo de tres días,
> del recio mar y viento contrast[a]d[a],
> descubrió tierra, y fue el descubrimiento
> de su mayor dolor y desventura,
> porque a la misma isla de San Pedro
> vino a parar, adonde recogido[s]
> estaban los bajeles enemigos,
> los cuales, de la presa cudiciosos,
> salen, y de furor bélico armados,
> la galera acometen destrozada
> y de solos deseos defendida.
> Una pelota pasa en el momento
> al capitán el pecho, y a su lado

> del lusitano fuerte, muerto cae
> un caballero ilustre valenciano.
> El robo, las riquezas, los cativos
> que los turcos hallaron en el seno
> de la triste galera me ha contado
> un cristiano que allí perdió la dulce
> y amada libertad, para quitarla
> a quien quiere rendirse a su rendido. (vv. 523-543)

No se olvide que por estos años nacerá un nuevo tipo de pícaro, aquel que se hace pasar por cautivo redimido, que va recorriendo los pueblos pidiendo limosna. En el *Persiles* (1617) Cervantes nos regala un magnífico retrato de dos de estos falsos cautivos, «dos mancebos que, en traje de recién rescatados de cautivos, estaban declarando las figuras de un pintado lienzo que tenían tendido en el suelo; parecía que se habían descargado de dos pesadas cadenas que tenían junto a sí, insignias y relatoras de su pesada desventura» (*Persiles*, III, cap. X). Después de relatar sus sufrimientos como galeotes en una nave argelina: «Aquel cautivo primero del primer banco, cuyo rostro le disfigura la sangre que se le ha pegado de los golpes del brazo muerto, soy yo, que servía de espalder en esta galeota, y el otro que está junto a mí, es este mi compañero, no tan sangriento porque fue menos apaleado», solicitan su limosna. Uno de los alcaldes que lo está escuchando «había estado cautivo en Argel mucho tiempo», y sus preguntas a los dos cautivos los desenmascara y ellos terminan por confesar su delito, dando tanta pena como falsos cautivos como la dieran si hubieran sido verdaderos:

> —¡Cuerpo del mundo! —respondió el cautivo—. ¿Es posible que ha de querer el señor alcalde que seamos ricos de memoria, siendo tan pobres de dineros, y que por una niñería que no importa tres arditas, quiera quitar la honra a dos tan insignes estudiantes como nosotros, y juntamente quitar a su Majestad dos valientes soldados, que íbamos a esas Italias y a esos Flandes a romper, a destrozar, a herir y a matar los enemigos de la santa fe católica que topáramos? Porque, si va a decir verdad, que en fin es hija de Dios, quiero que sepa el señor alcalde que nosotros no somos cautivos, sino estudiantes de Salamanca, y, en la mitad y en lo mejor de nuestros estudios, nos vino gana de ver mundo y de saber a qué sabía la vida de la guerra, como sabíamos el gusto de la vida de la paz. Para facilitar y poner en obra este deseo, acertaron a pasar por allí unos cautivos, que también lo debían de ser falsos, como nosotros agora; les compramos este lienzo, y nos informamos de algunas cosas de las de Argel, que nos pareció ser bastantes y necesarias para acreditar nuestro embeleco; vendimos nuestros libros y nuestras alhajas a menos precio, y, cargados con esta mercadería, hemos llegado hasta aquí. (*idem.*)

La *Información de Argel* (1580) y la (perdida) información de Juan Blanco de Paz: ¿dos Miguel de Cervantes en Argel?

¿De dónde proceden las noticias tan detalladas que tenemos de la estancia de Cervantes en Argel? ¿Cómo es posible precisar cuándo y con quién intentó los cuatro intentos de fuga, a los que nos referiremos más adelante, y el comportamiento heroico que Cervantes demostró ante las autoridades argelinas cuando todos terminaron en estrepitosos fracasos?

Como se ha visto al hablar de los detalles del comportamiento de Cervantes en *la Marquesa* durante la batalla de Lepanto, la fuente para conocer estos detalles biográficos será otro de los documentos que incorpora Miguel de Cervantes a su petición para cubrir uno de los cuatro puestos vacantes que han quedado en América que entrega al Consejo de Indias en 1590, y que se conoce con el título de la *Información de Argel*. No se olvide que esta importante documentación fue descubierta a principios del siglo XIX en el Archivo General de Indias y publicada por primera vez por Fernández Navarrete en su biografía cervantina (Madrid, 1819). Desde entonces, se ha considerado como el documento biográfico cervantino más completo, el que más datos nos aporta de su vida; pero al mismo tiempo, es el documento más problemático, redactado, en parte, por el propio Miguel de Cervantes. En sus páginas se proyecta un Miguel de Cervantes ideal —la hoja de servicios que se entrega al Consejo de las Indias— antes que el deseo de ser memoria de un Miguel de Cervantes real, de carne y hueso. El personaje triunfa sobre el hombre.

La *Información de Argel* tal y como hoy la conocemos es una copia de la «información y probança» que había solicitado Miguel de Cervantes el 10 de octubre de 1580 ante el fraile trinitario Juan Gil, que cumpliría dos funciones: una hoja de servicios de su «cautiverio, vida y costumbres», así como un documento exculpatorio «de otras cosas tocantes a su persona». ¿Con qué finalidad? El documento no deja lugar a dudas: «para presentarla, si fuere menester, en Consejo de su Magestad, y requerir le haga merced» (p. 95).

Como sucede con este tipo de documentos, la información no supone un interrogatorio abierto, libre donde los testigos, aportados por quien está en el origen de la misma, responden lo que quieren sobre un determinado tema. Todo lo contrario. La información, en realidad, no es más que la constatación de que son verdaderos los datos indicados en el cuestionario. El informador, por tanto, solo tiene una función: refrendar lo ya indicado en las preguntas que se le

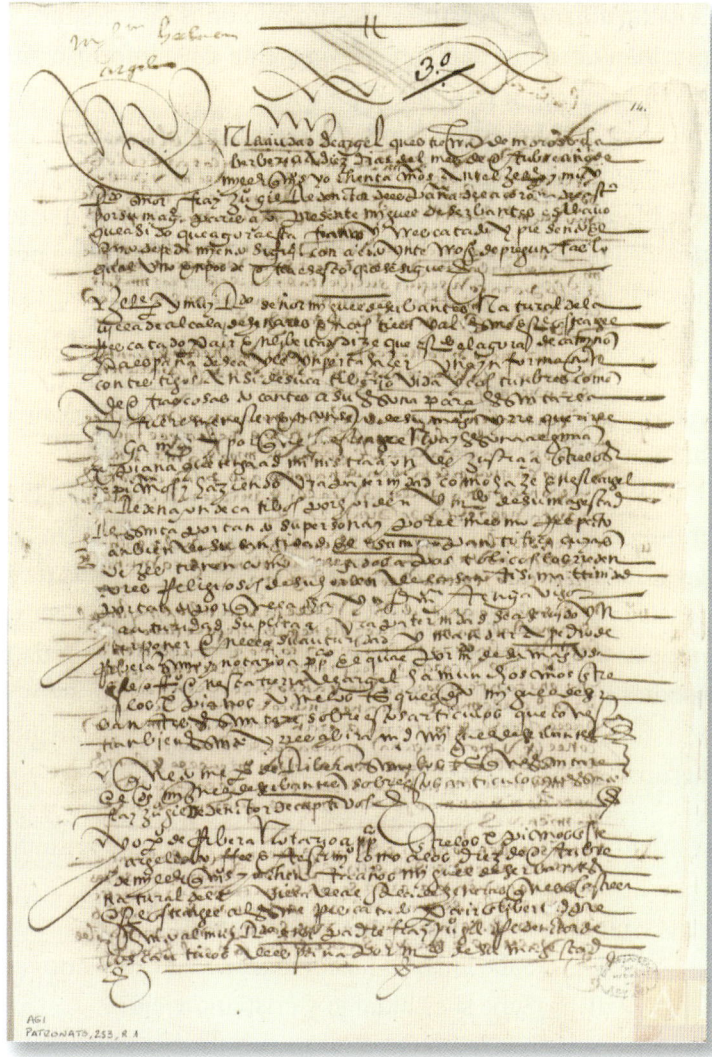

La información de Argel,
AGI, PATRONATO, 253, R1
(fol. 14).

formulan y, como mucho, aportar algún dato nuevo, algún detalle siempre a favor de lo que se ha dicho. No hay discrepancias dentro de una información.

¿Quiénes son los testigos que presenta Miguel de Cervantes, cuyos testimonios ante fray Juan Gil serán recogidos por el escribano Pedro de Ribera del 10 al 15 de octubre de 1580? Son doce los testigos. Todos ellos, a excepción de uno (Diego de Benavides) testifican que conocen a Cervantes ya en su época de cautiverio —la gran mayoría—, ya en su época de soldado, como el alférez Diego Castellano; e incluso el alférez Luis de Pedrosa, de Osuna, declara que conoce a su abuelo Juan de Cervantes, y eso le permite incidir sobre el origen hidalgo de la familia. Entre los doce testigos, además de soldados, destaca la presencia de un fraile (fray Feliciano Enríquez) y el doctor Antonio de Sosa, autor de la *Topografía e historia natural de Argel*. Este último, debido «al de mi continuo y estrecho encerramiento en que mi patrón me tiene en cadenas no he podido dar mi testimonio y deposición sobre cada uno d'ellos», mandará por escrito su testimonio unos días después, lo que será aprobado por Juan Gil e insertado en el expediente de la información por el escribano público. La elección de cada uno de los testigos vendrá justificada por su conocimiento y autoridad en alguno de los ejes temáticos, por los detalles y autoridad que puede aportar a la hora de contestar a determinadas preguntas. No hay nada que Miguel de Cervantes haya dejado al azar. La visión que se desprende de la lectura de la *Información de Argel* —la primera ficción escrita por nuestro autor según algunos investigadores— proyecta una determinada imagen de Miguel de Cervantes, una particular hoja de servicios con la que sueña, por un lado, que le permita abrirse paso en la intrincada red cortesana para triunfar en su petición de «merced»; y por otro, defenderse de las posibles acusaciones de una conducta menos heroica de la que se desprende de la misma información.

Ahora no es el momento de entrar en su contenido, que iremos desmenuzando sobre todo al tratar de sus cuatro intentos de fuga organizados por Miguel de Cervantes, sino detallar algunas características de su estructura y naturaleza, para así poder comprender desde qué perspectiva hemos de leer las noticias aquí aportadas, tanto las preguntas que, con toda probabilidad, fueron escritas por Cervantes, como las respuestas de los testigos.

El cuestionario destaca por su amplitud (25 preguntas), que se pueden agrupar en cuatro apartados:

a) Identidad de Cervantes como cautivo, hidalgo y cristiano viejo:

    I.   ¿Conoce a Miguel de Cervantes?
    II.   ¿Sabe cuándo ha comenzado su cautiverio?
    III. ¿Sabe si es hidalgo y cristiano viejo?

b) Los cuatro intentos de fuga de Cervantes, que suponen su trabajo en Argel:

    IV.   ¿Sabe algo sobre su primer intento de fuga en 1575?
    V.   ¿Sabe cómo en 1577 dio su dinero para que liberaran a su hermano Rodrigo y así organizar el segundo intento de fuga?
    VI.   ¿Sabe cómo organizó Cervantes su segundo intento de fuga?
    VII. ¿Sabe por qué razón no tuvo éxito este segundo intento de fuga?
    VIII. ¿Sabe si «un mal cristiano llamado *Dorador*» fue quien descubrió a Hazán la posición de la cueva donde estaban escondidos los nobles?

IX. ¿Sabe si Cervantes se presentó ante Hazán como el único responsable del segundo intento de fuga?
X. ¿Sabe cómo se comportó Cervantes ante las amenazas de Hazán?
XI. ¿Sabe cómo organizó Cervantes un tercer intento de fuga por Orán estando preso en los baños a los cinco meses del anterior?
XII. ¿Sabe cómo terminó este tercer intento de fuga en 1578?
XIII. ¿Sabe cómo organizó Cervantes en 1579 un cuarto intento de fuga?
XIV. ¿Sabe si Cervantes compartió con otros cautivos su cuarto intento de fuga?
XV. ¿Sabe si el padre Juan Blanco traicionó a las cautivos y cómo terminó este cuarto intento de fuga?
XVI. ¿Sabe si Cervantes renunció a que Onofre Exarque le pagara su rescate para seguir adelante con el cuarto intento de fuga?
XVII. ¿Sabe si Cervantes se presentó ante Hazán para reconocer el cuarto intento de fuga y que solo a él le mortificaran y que en 1580 fue liberado por el padre Juan Gil?

c) Vida «heroica y ejemplar» de Cervantes durante su cautiverio:

XVIII. ¿Sabe si se comportó Cervantes como cristiano en sus años de cautiverio?
XIX. ¿Sabe si en los años de cautiverio se ha relacionado con las personas más principales de los baños?
XX. ¿Sabe si en los años de cautiverio se ha comportado de manera escandalosa o, al contrario, ha dado muestras de ser persona virtuosa?

d) Vida poco heroica y ejemplar del dominico Juan Blanco de Paz durante su cautiverio:

XXI. ¿Sabe si el padre Juan Blanco, por inquina y odio a Cervantes, lo amenazó con tomar información para acabar con todo su crédito?
XXII. ¿Sabe si Juan Blanco había sido nombrado comisario del Santo Oficio en junio de 1580, y que si había enseñado el nombramiento a quienes se lo habían solicitado?
XXIII. ¿Sabe si a partir de junio comenzó Juan Blanco a tomar información sobre las costumbres de Miguel de Cervantes en Argel?
XXIV. ¿Sabe si Juan Blanco estaba sobornando a los que daban su testimonio contra Cervantes?

y XXV. ¿Sabe si ha tenido una vida poco cristiana Juan Blanco en los tres años y medio de cautiverio en Argel?

El primer eje es obligatorio en este tipo de documentos y el segundo, el más extenso (con un total de 16 preguntas) viene a dar «información y probança» de los cuatro intentos de fuga protagonizados por Cervantes en sus cinco años de cautiverio, «para conseguir su libertad y la de otros muchos caballeros [...] por las cuales pretende que su Magestad le haga merced» (p. 96).

Hasta aquí lo que se esperaría en este tipo de documentos, muy habituales en la administración letrada de la Monarquía Hispánica. Las últimas ocho preguntas en realidad se presentan como una «segunda» información. La pregunta XXI nos dará la clave: fray Juan Blanco de Paz, de quien en la XV ya se nos ha informado de que fue uno de los traidores que desbarató el éxito de la cuarta fuga de Cervantes en 1579, por el odio que le tiene a Cervantes y con la intención de desacreditarlo y de hacerle perder toda oportunidad de conseguir una «merced» a su vuelta a la corte, había comenzado a tomar una *Información* contra Cervantes.

Esta idea vuelve a remarcarse en la pregunta XXIII, en la que se incide sobre el tema y ampliándolo a otras posibles víctimas a los que también odia el dominico, como tendremos ocasión de ver más adelante. Lo que seguramente más temía Cervantes —y de ahí la virulencia de su respuesta— era que la información contra él que estaba levantando fray Juan Blanco de Paz las hiciera amparado en su cargo —falso según la *Información de Argel*— de Comisario del Santo Oficio de la Inquisición, con lo que Cervantes se encontraría, verdaderamente, con serios problemas a su vuelta a la corte. No solo sus «probanças» se convertirían en papel mojado, sino que tendría que olvidarse de ninguna «merced» por parte de su Majestad después de los servicios prestados como soldado y en los esfuerzos por escaparse —y ayudar a escapar— durante los cinco años en Argel a diversos caballeros y nobles.

¿Cuál será la estrategia que seguirá Cervantes en su *Información* para evitar esta situación? Por un lado, a los testigos se les va a solicitar que contesten unas cuestiones tan concretas del comportamiento de Cervantes en Argel que bien podemos suponer que están pensadas para servir de contrapunto a las preguntas acusadoras con que Juan Blanco habría redactado su información (preguntas XVIII-XX):

[1] ¿Se comportó como cristiano, confesando y comulgando en las fiestas y días señalados?

[2] ¿defendió la fe católica siempre que trató con moros «posponiendo todo peligro de la vida»?

[3] ¿Animó a que no renegasen a todos los que veía «tibios en la fe»?

[4] ¿Repartió lo poco que tenía entre los pobres «ayudándoles en sus necesidades ansí con buenos consejos como con las obras buenas que podía»?

[5] ¿Saben o han oído «se ha visto en él algún vicio notable o escándalo de su persona», que no serían otros que apostasía, blasfemia o sodomía?

La buena conducta de Cervantes en Argel —eje fundamental de estas últimas preguntas— tiene su confirmación en la XIX, situada estratégicamente en el centro. Si Cervantes no hubiera tenido un comportamiento ejemplar —como cristiano, como soldado, como cautivo— durante su cautiverio en Argel, ¿cómo es posible que fuera aceptado de manera habitual, e incluso holgándose «de tenerle por amigo y tratar y conversar con él», por los principales hombres cristianos «ansí sacerdotes, letrados, caballeros, y otros criados de su Magestad» que allí se encontraban? Y más todavía, en el caso de ser ciertas las graves acusaciones de Juan Blanco (¿apostasía, blasfemia, sodomía?), ¿no hubieran evitado su amistad «el muy reverendo padre fray Jorge Olivar, redentor de la Corona de Aragón, y el muy reverendo padre fray Juan Gil, redentor de la Corona de Castilla» durante el tiempo que permanecieron en Argel?

No extraña que se haya impuesto una visión heroica y ejemplar de Cervantes en suelo argelino a partir de la lectura de las respuestas de los testigos. Veamos unos ejemplos. Hernando de la Vega indica cómo Cervantes era bien recibido por todos, tanto de los más importantes caballeros como de los cautivos más humildes, por «ser muy discreto y de buenas propiedades y costumbres»:

[...] así los muy reverendos padres fray Jorge de Olivar redentor de la corona de Aragón como el señor fray Juan Gil de la Corona de Castilla, como los demás cristianos, así caballeros, capitanes, religiosos, soldados. Y es tal persona que no obstante qu'es querido, amado y estimado de todos los que dicho tiene, pero las demás gentes de comunidad lo quieren y aman y desean, por ser de su cosecha, amigable y noble y llano con todo el mundo, y por tal es habido y tenido así a este testigo como a los demás que dicho tiene (pp. 121-122).

El testimonio de Diego de Benavides, de tan solo 28 años y que llegó a Argel en agosto de 1580, el único de los testigos que no ha tenido un trato de años con Cervantes, se justifica tan solo porque es ejemplo vivo y no solo testimonio oral de la bondad que Cervantes ha demostrado en Argel en los cinco años de cautiverio. Benavides que en agosto consiguió negociar su rescate en Argel, al estar liberado, preguntó por caballeros con los que pudiera tratarse, y estos le hablaron de Cervantes «muy cabal, noble y virtuoso y era de muy buena condición y amigo de otros caballeros», y al conocerlo en persona pudo constatar con los hechos los elogios que le habían dicho de palabra, pues le ofrece casa y comida y lo trata como si fuera un padre:

> hallado luego el dicho Miguel de Cervantes, usando de sus buenos términos, se le ofreció con su posada, ropa y dineros que le tuviese; y así lo llevó consigo y lo tiene en su compañía, donde comen de presente juntos y están en un aposento donde le hace mucha merced; en lo cual este testigo halló padre y madre (p. 137).

Esta visión ejemplar, valiente y cristiana que se ofrece de Cervantes en las preguntas XVIII y XIX, han preparado el terreno para sentir como absurda la nº XX, que daría cuenta de una de las preguntas que formarían parte de la perdida información de Juan Blanco contra Cervantes: «si saben o han oído dezir que en todo el tiempo que el dicho Miguel de Cervantes ha estado aquí cativo no se ha visto en el algún vicio notable o escándalo de su persona». ¿Y qué mejor que pedir a un fraile que ponga coto a estas graves acusaciones? Todos los testigos contestarán de manera vehemente negando estas acusaciones, pero será el fraile carmelita Feliciano Enríquez, que conoce a Cervantes desde que llegó a Argel y que participó en su cuarto intento de fuga, quien dará más detalles sobre el tema, dejándolo zanjado, pues incluso él mismo hizo indagaciones sobre las «cosas viciosas y feas» que contra él se decían durante el poco tiempo en que fue su enemigo, y no encontró nada de nada:

> acerca de las particularidades expresadas en esta dicha pregunta, qu'este testigo estuvo un poco de tiempo muy enemigo con el dicho Miguel de Cervantes; y en esta razón, oyó este testigo a una persona decir algunas cosas viciosas y feas contra dicho Miguel de Cervantes; y luego aquel punto procuró este testigo con grande instancia por todo Argel, inquirir y saber si contra el dicho Miguel de Cervantes, que es el que lo presenta por testigo, había alguna cosa fea y deshonesta que a su persona viniese mácula. Y halló por grande mentira lo que se había hablado por la dicha persona, que, si la quisiese expresar, no se acuerda d'él, por no hacer mucho caso de

su disposición. Por lo cual este dicho testigo se pondrá a que lo quemen vivo si todo lo que se habló contra el dicho Miguel de Cervantes era todo grande mentira, porque cierto y verdaderamente todos los cautivos de Argel le somos aficionados al dicho Miguel de Cervantes que antes nos da envidia de su hidalgo proceder, cristiano, y honesto y virtuoso (p. 147).

Establecida, de este modo, la falsedad de las acusaciones, la estrategia cervantina de fulminar la *Información* que está preparando fray Juan Blanco de Paz pasa por acabar con su fama. Las últimas cinco preguntas se pueden leer como una *Información* paralela contra el fraile dominico, dejando constancia de su comportamiento poco cristiano y ejemplar desde que llegó cautivo a Argel el 7 de agosto de 1577. Si Juan de Blanco preparaba una información para desacreditar a Cervantes, o no se llevó a cabo, o se perdió en los meandros de la corte. Lo que sí que conservamos es la *Información de Argel*, donde sí que puede leerse la batería de preguntas y respuestas que han desacreditado para siempre al dominico. Las preguntas, que seguramente fueron redactadas por Cervantes, están llenas de detalles, lo que muestra un gran conocimiento entre ellos, una relación que quizás comenzó cuando compartieron cautiverio en los baños de Hazán Bajá. Vale la pena leerlas completas, sobre todo pensando que se trata, sin duda, de unos de los primeros textos escritos por Cervantes, un particular relato que nos proyecta una particular imagen de su enemigo Juan Blanco de Paz, acorde con sus intereses:

> XXI Iten: si saben o han oído decir qu'el dicho doctor Juan Blanco de Paz, arriba dicho, siendo como era su enemigo, la cual enemistad se causó por el dicho Juan Blanco haber manifestado al dicho rey Hazán lo de la fragata que arriba se dijo; y porque el dicho Miguel de Cervantes se quejaba, con razón, que le había quitado la libertad a él y a toda la flor de los cristianos cativos de Argel, como era pública voz y fama y cosa muy sabida; el dicho doctor Juan Blanco, viéndose aborrecido de todos, corrido y afrentado, y ciego de la pasión, amenazaba al dicho Miguel de Cervantes, diciendo que había de tomar información contra él para hacerle perder el crédito y toda la pretensión que tenía de que su Majestad le había de facer merced por lo que había fecho e intentado de hacer en este Argel.
>
> XXII Iten: si saben que en conformidad d'esto, y para efectuar este su dañado deseo, en el mes de junio pasado d'este dicho año de mil y quinientos y ochenta se nombró y publicó que era Comisario del Santo Oficio, y por otra parte decía que su Majestad le había enviado una cédula y comisión para que usase del tal poder de comisión de la Santa Inquisición; e siendo requerido de algunas personas principales cativos

en este Argel, y principalmente del señor padre fray Juan Gil, a quien requirió le diesen obediencia como a Comisario General, y a los padres redentores que entonces aquí estaban, que mostrase los dichos poderes si los tenía, él dijo que no los tenía ni los mostró.

XXIII Iten: si saben o han oído decir que para efectuar su mala intención, pensando que con esto quitaría el crédito al dicho Miguel de Cervantes, el dicho Juan Blanco de Paz se puso a tomar algunas informaciones, como Comisario del Santo Oficio, según decía que era el susodicho, y particularmente contra algunos contra quien él tenía odio y enemistad especial, contra el dicho Miguel de Cervantes, inquiriendo de sus vidas y costumbres. Digan, etc.

XXIV Iten: si saben o han oído decir que, porque el dicho Miguel de Cervantes no publicase en España la traición qu'el dicho doctor Juan Blanco de Paz había fecho, procuró tomar, como se ha dicho, contra él información, por ponerle miedo, y para esto andaba sobornando a algunos cristianos, prometiéndoles dinero y otros favores porque depusiesen contra el dicho Miguel de Cervantes y contra otros, cuyos dichos tomó y escribió. Digan, etc.

XXV Iten: si saben o han oído decir qu'el dicho doctor Juan Blanco, en todo el tiempo que ha sido cativo en Argel, que será tres años y más, ha sido hombre revoltoso, enemistado con todos, que nunca dijo misa en todo este tiempo, ni le han visto rezar horas canónicas, ni confesar, ni visitar o consolar enfermos cristianos, como lo acostumbran a hacer otros sacerdotes cristianos; antes siendo reprendido del mal ejemplo que daba de dos religiosos en el Baño del Rey, donde el susodicho habitaba, a el uno d'ellos dio un bofetón, y a el otro de coces, por donde dio grande escándalo y le tuvieron en mala reputación. Digan lo que saben. (pp. 117-118).

Juan Blanco es una mala persona, un mal cristiano (Hernando de Vega lo acusará de converso) y un mal compañero, además de ser un traidor, y solo el odio y el miedo a que se conocieran sus traiciones lo mueve a informar contra Cervantes. No solo lo demuestran los testigos con ejemplos concretos e historias que son públicas y conocidas en Argel, sino que incluso llega a desautorizar la posible «información» que está llevando a cabo contra Cervantes; de existir, de presentar testigos, estos han sido sobornados para mentir.

Como se ha indicado, en la estructura de la *Información de Argel*, en sus 25 preguntas redactadas casi con toda seguridad por Miguel de Cervantes, se descubren dos finalidades distintas: por un lado, las primeras 17 preguntas conformarían la «probança» de los servicios prestados por Cervantes en Argel, que se concretan

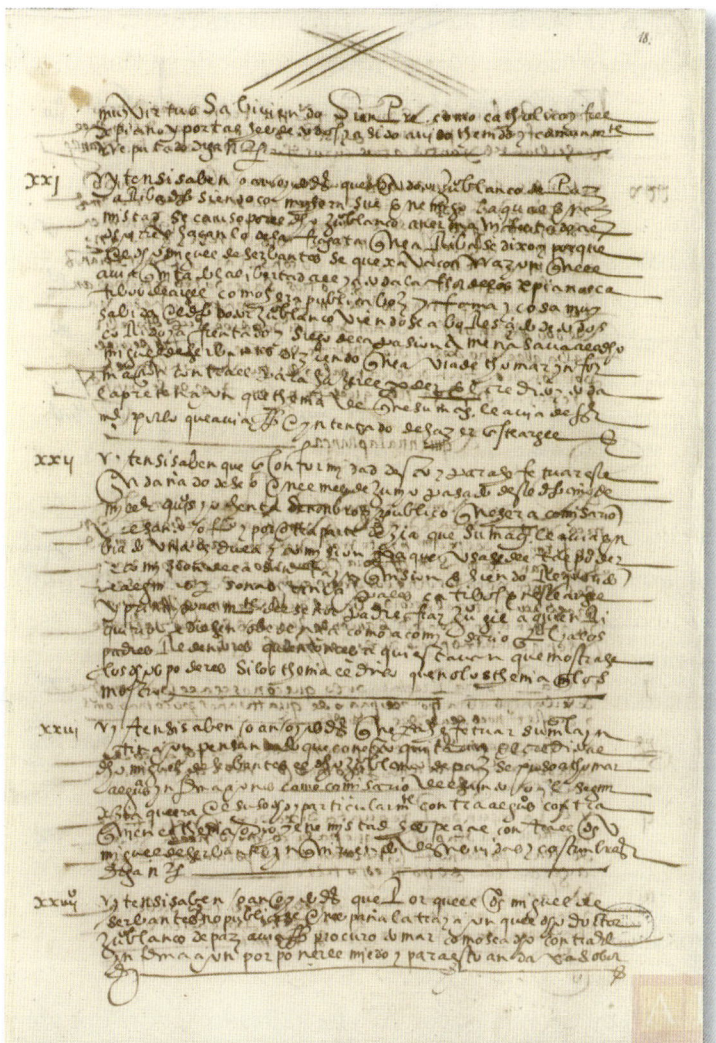

La información de Argel,
AGI, PATRONATO, 253, R1.
Cuestinario sobre fray Juan Blanco de Paz.

en sus cuatro intentos de fuga y en su comportamiento heroico que, al asumir en solitario toda responsabilidad del fracaso, permitió que muchos nobles caballeros no fueran acusados ni torturados; y por otro, el resto de las preguntas se presentan como una «información» que vendría a exculpar a Cervantes de las informaciones que pudiera estar recopilando Juan Blanco de Paz, y que podrían llegar a la corte madrileña, en especial ese «vicio notable o escándalo de su persona», que ya fuera blasfemia, apostasía o sodomía, estaba penado con la muerte. En esta segunda información cervantina, la figura, cristiana y ejemplar, de Cervantes se va a dibujar como contrapunto de la imagen traidora del fraile dominico Juan Blanco. De este modo, Cervantes se presenta como un héroe en el cautiverio argelino, no solo por sus acciones (los intentos de fuga, la entereza para asumir todas las responsabilidades, etc.), sino también por su carácter, por su trato, por sus costumbres cristianas, por su generosidad... Nada ni nadie tiene derecho a criticar o a dudar de su fama o de su buen crédito.

¿Dónde quedó la información o las informaciones de Juan Blanco, quien fue liberado el 19 de enero de 1592, a los 54 años, «oxiçarco, con dos dientes menos en la parte de arriba»? La cuantía de su rescate fue de «mil escudos de oro, de a cuatrocientas maravedís, que vale cuatrocientas mil maravedís d'España», según aparece en el *Libro de la redempción de cautivos de la Orden de la Santísitma Trinidad*, conservado en el Archivo Histórico Nacional de España (Astrana Marín, vol. III, pp. 82-83). El doble de lo que se pagó por Miguel de Cervantes. Nada se sabe de ella, incluso si llegó realmente a ser un documento que certificara un escribano público en tierras argelinas.

Desde esta perspectiva —información para justificar los servicios prestados en Argel y para «salir al paso de la difamación el envidioso Blanco de Paz» (Alberto Sánchez, 1995, p. 37)— han de leerse las noticias que aparecen en la *Información de Argel*: una visión muy particular del propio Cervantes y de su grupo de amigos y allegados durante su cautiverio. Desde esta perspectiva debemos acercarnos a sus intentos de fuga, más allá de la imagen interesada que aparece en algunos textos de la época, como en la de su también amigo el doctor Antonio de Sosa, que puede ser considerado el primer biógrafo (casi hagiógrafo) de Cervantes.

El trabajo de Miguel de Cervantes en Argel: los cuatro intentos de fuga

Miguel de Cervantes, como se ha indicado, tendrá dos amos durante su cautiverio en Argel. El primero, será el arráez, es decir, capitán de galera, Dalí Mamí, que participó en la captura de la galera *Sol* en 1575, tal y como lo escribió el mismo Cervantes en la pregunta IV de la *Información de Argel*:

> Si saben o han oído decir que llegado cautivo en este Argel, su amo, Dalí Man, arráez, renegado griego, le tuvo en lugar de caballero principal, y como a tal le tenía encerrado y cargado de grillos y cadenas (p. 98).

Hierros y guardas que se repiten en la respuesta de Hernando de Vega.
En el reparto de cautivos, también le tocó a Dalí Mamí Juan de Valcázar y Hernando de Vega, que serán testigos de la *Información de Argel*, además de

Juan de Estéfano y Pedro de Espinosa. Cuando en 1577 Hazán Bajá llega a ser el gobernador de Argel, nombra a Dalí Mamí capitán mayor de los corsarios, puesto que ocupaba Arnáute Mamí cuando Cervantes fue hecho cautivo.

El segundo amo de Cervantes fue Hazán Bajá, gobernador de Argel desde el 29 de junio de 1577 con tan solo 30 años. Dejó su cargo en 1580, embarcándose el 19 de septiembre con destino a Constantinopla, con todos sus esclavos, entre ellos, Miguel de Cervantes, que *in extremis* fue liberado por fray Juan Gil, como tendremos ocasión de ver más adelante. De origen veneciano, Hazán Bajá había sido cautivo siendo niño, y comprado en Trípoli por un soldado de galera. De esta posición de cautivo, después de renegar, se convierte en el amante y hombre de confianza de Euldj Alí, gobernador de Argel entre 1568 y 1571, que es citado en la documentación hispana como Uchalí Fartax, el *renegado tiñoso* según la traducción de Cervantes en el *Quijote*. Hazán Bajá, nombrado arráez, participa en la conquista de la Goleta (1574). Un ejemplo más de la movilidad social, de las oportunidades que ofrece el mundo argelino a los renegados.

La crueldad con que los gobernadores de Argel tratan a sus cautivos, sobre todo a los *de almacén*, a los más pobres, llenará páginas y páginas de los textos propagandísticos de la época. Esta imagen de la crueldad del cautiverio interesa tanto a los autores cristianos como a las autoridades argelinas, aunque por razones diferentes. A los primeros para intentar conmover a los lectores para que participen con limosnas en la redención de cautivos; a los segundos, para conseguir que el tiempo del cautiverio sea el mínimo y así sacar provecho a su «inversión» lo antes posible.

Antonio de Sosa será generoso con las descripciones de la crueldad de Rabadán Bajá y de Hazán Bajá cuando tienen que administrar justicia contra cautivos cristianos, ya fuera porque hubieran intentado motines, organizado fugas, asesinado o robado dentro de la ciudad o por represalia por la muerte de corsarios berberiscos en España. El 18 de mayo de 1577, Rabadán Bajá mandó quemar vivo en el muelle a fray Miguel de Aranda en represalia por la muerte en Valencia de un corsario, a pesar de que los padres redentores mercedarios que estaban ya en Argel prometieron por su rescate la cuantía que quisieran pedirles. Lo narra Antonio de Sosa en su *Topografía...* con todo lujo de detalles (III, pp. 137-155), y con esta escena termina Cervantes la primera jornada de *El trato de Argel*.

Esta crueldad, estos castigos (siempre desde el punto de vista de la literatura cristiana del cautiverio) no amedrentaron a Miguel de Cervantes, del que se conocen, al menos, cuatro intentos de fuga en sus cinco años de cautiverio. Tampoco su fracaso —en todos los casos, al ser traicionados por moros, renegados o cristianos— le hizo desistir en preparar nuevos intentos.

Como se ha indicado, conocemos los detalles de su preparación y de su fracaso gracias a la *Información de Argel* (1580), ese particular documento que escribe Cervantes al final de su cautiverio; y, para la segunda de las fugas contamos con los detalles aportados en uno de los relatos que Antonio de Sosa incluye en la *Topografía e historia general de Argel* (1612). Dos fuentes que hemos de leer sin olvidar que fueron escritas desde la perspectiva de Miguel de Cervantes, para justificar sus años de cautiverio argelino y mostrar una determinada imagen a su vuelta a la corte, donde espera ser digno de alguna «merced», es decir, de ocupar algunos de los puestos que hayan quedado vacantes.

El primer intento de fuga lo organizó Cervantes a principios de 1576, pocos meses después de haber sido hecho cautivo en Argel. Una fuga sencilla, por tierra, para llegar a pie a Orán, que termina en fracaso porque a mitad de camino el guía moro que los tenía que llevar a destino les abandona. ¿Las razones de la fuga? No tanto buscar la libertad como desear «hacer bien y dar libertad a algunos cristianos». Juan de Valcázar en su respuesta nos revela algunos de sus nombres: «don Francisco de Meneses, capitán que fue en la Goleta por su Majestad, [...], don Beltrán, y el alférez Ríos, y el sargento Navarrete, y otro caballero que se decía Osorio, y otro hidalgo que se decía Castañeda», entre otros que no se recuerdan.

Miguel de Cervantes, como sucederá en el resto de los intentos de fuga, asume toda la responsabilidad de su organización, por lo que «fue muy mal tratado de su patrón, y de allí en adelante tenido con más cadenas y más guardia y encerramiento».

El alférez Gabriel de Castañeda y don Beltrán del Salto y de Castilla fueron rescatados en marzo de este año, y aparecerán como testigos en la conocida como *Información de Madrid* (1578). Francisco de Meneses, por el que se pagará un rescate de 1000 escudos de oro, se encuentra en Madrid en 1578.

El segundo intento de fuga se hará por mar, y es una de las empresas más ambiciosas a la que se enfrentó Cervantes en Argel . Como se ha indicado, para conocer los detalles de la misma contamos con dos fuentes de información, estrechamente vinculadas, eso sí: por un lado, las preguntas y respuestas de la *Información de Argel* (de la V a la X), y por otro, uno de los relatos incluidos en el *Diálogos de los Mártires* de la *Topografía e historia general de Argel* de Antonio de Sosa. Las informaciones son complementarias, pero no siempre coincidentes.

En el relato que escribe Miguel de Cervantes en las preguntas de la *Información de Argel*, relaciona la liberación de su hermano Rodrigo, quien llega a las costas de Javea en agosto de 1577, con la preparación de esta segunda fuga, para la que necesita una «fragata armada». El plan de fuga ahora pasa por el mar: «de la plaza de Valencia y de Mallorca y de Ibiza» debe conseguir una nave, con la que se llevaría a España «a muchos cristianos principales, caballeros, letrados, sacerdotes que al presente se hallaban cautivos en este Argel», a los que quiere hacer bien ideando esta fuga; quince serán los «hombres principales» que participarán según el cómputo de Antonio de Sosa. Y en su relato no está presente ni Miguel ni Rodrigo, ya que la idea que los cautivos tienen es la de concertar con «Viana, mallorquín» que de «Mallorca viniese un bergantín, o fragata y los embarcase una noche, y llevase a Mallorca o a España». Para ello, debían de esperar en una cueva a las afueras de Argel. Además de Cervantes, solo dos personas conocen los planes de fuga: un jardinero «que hiziera mucho antes la cueva, el cual estaba siempre en vela mirando si alguno venía» (fol. 184v), y un mozo de Melilla que «habiendo renegado siendo mozo, después volvió a ser cristiano, y ahora la segunda vez había cautivado, el cual por sobrenombre se dezía el *Dorador*» (ídem.). Este último era el encargado de llevarles la comida y todo lo que necesitaran. La espera no fue fácil (algunos llegaron a pasar seis meses en la cueva), pero al final todo parecía llegar a buen puerto, pues se acercaba el día en que tendría que llegar la nave y nadie se había percatado de la ausencia de los cautivos, dado que la mayoría de sus amos estaban embarcados en el corso.

La fragata esperada llegó a las costas argelinas, pero no desembarcaron los marineros y nadie pudo ser rescatado. ¿La causa? Miguel de Cervantes en la pregunta VII lo achaca a la cobardía de los marineros: «y habiendo llegado una noche al mismo puesto, por faltar el ánimo a los marineros y no querer saltar en tierra a dar aviso a los que estaban escondidos, no se efectuó la huida». Cristóbal de Villalón en su respuesta a esta pregunta, ofrece otra respuesta, que fue muy divulgada por Argel:

> porque viniendo la dicha fragata a tierra, a lo puesto para el dicho efeto, descubrió una barca de pescadores, la cual tuvieron por otra cosa de más peligro, y se retiró donde no hubo efeto lo susodicho (p. 135).

Por su parte, Antonio de Sosa, como era de esperar, es el que ofrece la versión más literaria en su *Topografía*...

Fue la desventura que al mismo punto y momento que la fragata o bergantín ponía la proa en tierra, acertaron a pasar ciertos moros por allí, que, cuanto hacía oscuro, divisaron la barca, y los cristianos a ellos, y comenzaron luego los moros a dar voces y apellidar a otros, diciendo: ¡Cristianos! ¡Cristianos! ¡Barca! ¡Barca! Como los del bajel vieron y oyeron esto, por no ser descubiertos fueron forzados hacerse luego a la mar y volver por aquella vez sin hacer algún efeto (III, p. 162, cito por Astrana Marín, II, p. 557).

El final no pudo ser más descorazonador. Después de los trabajos, de las penurias vividas en la cueva, de los meses de incertidumbre y de la esperanza tan cercana, el segundo intento de fuga termina como suele ser habitual en estos casos: con la traición de una de las personas implicadas, que consigue cierto beneficio de su delación. En este caso, el culpable fue «un mal cristiano, que se llamaba *el Dorador*, natural de Melilla, y que sabía del negocio», según se lee en la pregunta VIII. Antonio de Sosa relaciona la traición de *El Dorador* con su reincidente apostasía con una única finalidad, que no es otra que la de enriquecerse con el dolor de los cautivos:

> [...] cuando el demonio, enemigo de los hombres, cegando al *Dorador* (que dicimos les llevaba de comer) hizo en él que se volviese otra vez moro, negando la segunda vez la fe de Nuestro Señor Jesucristo; y, por tanto, pareciéndole a él ganaría mucho con el rey y con los turcos, y particularmente con los amos y patrones de los que en la cueva estaban escondidos, el día de San Gerónimo, que son 30 de septiembre, se fue al rey Hazán, renegado veneciano, diciéndole que él deseaba ser moro, y que su alteza lo diese para ello licencia. Dijo más: que para hacerle algún servicio le descubría como en tal parte y en tal cueva estaban quince cristianos escondidos, que esperaban una barca de Mallorca (fol. 184v).

A finales de septiembre, el recién nombrado gobernador Hazán Bajá manda prender a los que habían intentado la huida. La pregunta IX de la *Información de Argel* es rica en detalles de cómo se comportó Cervantes en estos momentos, lo que fue confirmado por todos los testigos en sus respuestas, como no podía ser de otra manera, pues esta es una de las finalidades de este documento:

> Si saben o han oído decir, como llegados los turcos y moros a la cueva y entrando por fuerza en ella, viendo el dicho Miguel de Cervantes que eran descubiertos, dijo a sus compañeros que todos le echasen a él la culpa, prometiéndoles de condenarse él solo, con deseo que tenía de salvarlos a todos. Y ansí, en tanto que los moros los maniataban, el dicho Miguel de Cervantes dijo en voz alta, que los turcos y moros le oyeron: «Ninguno d'estos cristianos que aquí están tiene culpa en este negocio, porque yo solo he

sido el autor d'él y el que los ha inducido a que se huyesen». En lo cual manifiestamente se puso a peligro de muerte, porque el rey Hazán era tan cruel que por solo huirse un cristiano, y porque alguno le encubriese o favoreciese en la huida, mandaba ahorcar un hombre, o por lo menos cortarle las orejas y las narices. Y ansí los dichos turcos, avisando luego con un hombre a caballo de todo lo que pasaba, al rey, y de lo que el dicho Miguel de Cervantes decía que era el autor de aquella emboscada y huida, mandó el rey que a él solo trujesen, como le trujeron, maniatado y a pie, haciéndole por el camino, los moros y turcos, muchas injurias y afrentas (p. 100).

Y así sucedió. Y en la pregunta X se relata el primer encuentro entre Cervantes y el gobernador Hazán Bajá. A pesar de «las amenazas de muerte y tormentos, queriendo saber d'él cómo pasaba aquel negocio», lo único que oyó de los labios de Cervantes fue esta declaración: «que él era el autor de todo aquel negocio y que suplicaba a su alteza, si había de castigar a alguno, fuese a él solo, pues él solo tenía la culpa de todo» (p. 100). Y concluye el texto cervantino: «y por muchas preguntas, que le hizo, nunca quiso nombrar ni culpar a ningún cristiano, en lo cual es cierto que libró a muchos de la muerte, que le habían dado favor y ayuda, y a otros de grandísimos trabajos a quien el rey echaba la culpa; y particularmente fue causa, como al muy reverendo padre fray Jorge de Olivar, que entonces estaba en Argel, redentor de la orden de Nuestra Señora de la Merced, el rey no le hiziese mal, como deseaba, persuadido que él había dado calor y ayudado a este negocio» (p. 100).

Antonio de Sosa, que había omitido el nombre de Cervantes de su relato hasta llegar a su desenlace, ahora va a dar un paso adelante en la configuración de una imagen heroica de su amigo durante su estancia en Argel. Si en cuatro ocasiones puso a riesgo su vida, «empalado o enganchado o quemado vivo, por cosas que intentó para dar libertad a muchos», su deseo en realidad iba más allá, pues si hubiera tenido éxito en su «industria y trazas», «hoy fuera el día que Argel fuera de cristianos, porque no aspiraban a menos sus intentos» (fol. 185r). Cervantes es convertido en un líder, en un soldado que, con solo su esfuerzo, podría hacer cristiana Argel, por lo que era temido por el propio gobernador Hazán, que, para controlarlo, no tuvo inconveniente en comprarlo a Dalí Mamí y encerrarlo en sus baños:

> De las cosas que en aquella cueva sucedieron en el discurso de los siete meses que estos cristianos estuvieron en ella y del cautiverio y hazañas de Miguel de Cervantes se pudiera hacer una particular historia. Decía Hazán Bajá, rey de Argel, que como él tuviese guardado al estropeado español tenía seguros sus cristianos, bajeles y aun

toda la ciudad; tanto era lo que temía las trazas de Miguel de Cervantes, y si no le vendieran y descubrieran los que en ella le ayudaban, dichoso hubiera sido su cautiverio, con ser de los peores que en Argel había, y el remedio que tuvo para asegurarse d'él fue compralle de su amo por quinientos escudos en que se había concertado, y luego le acerrojó y le tuvo en la cárcel muchos días (fol. 185r).

Este espíritu de cruzada aparece también en el diálogo imaginado por Cervantes con Felipe II en la *Epístola a Mateo Vázquez*, escrita en este mismo momento, y que será también parte fundamental de una de sus primeras comedias: los *Tratos de Argel*.

Este texto y la lectura interesada de ilustres biógrafos cervantinos pondrán las bases para crear la leyenda de que fue la valentía y el coraje que Cervantes siempre mantuvo ante el gobernador Hazán Bajá lo que hizo que salvara la vida en Argel. Ahora y en los dos intentos de fuga que todavía tendría que intentar Cervantes y en los que también fracasaría.

Lo cierto es que Cervantes recibe como única condena —«con intención todavía de castigarle»— ser recluido en el baño del rey por cinco meses, «cargado de cadenas y hierros», según se lee en la pregunta XI. En el baño del rey conoce en este momento al doctor Juan Blanco de Paz.

Al cabo de cinco meses, en 1578, Cervantes organiza un tercer intento de fuga, cuyos detalles pueden leerse en las preguntas XI y XII. En este caso, los beneficiarios serán tres caballeros que se encuentran en el baño del rey. Ahora utiliza Cervantes otra fórmula: el envío de varias cartas al gobernador de Orán y a otros conocidos «para que le enviasen alguna espía o espías, y personas de fiar que con el dicho moro viniesen a Argel y le llevasen a él y a otros tres caballeros principales que el rey en su baño tenía». Pero el moro fue interceptado antes de llegar a Orán, las cartas y sus planes conocidos y Cervantes de nuevo llevado en presencia de Hazán Bajá, «el cual, vistas las cartas y viendo la forma y nombre del dicho Miguel de Cervantes, a el moro mandó empalar, el cual murió con mucha constancia, sin manifestar cosa alguna; y al dicho Miguel de Cervantes mandó dar dos mil palos» (p. 101). Alonso Aragonés, el primero de los testigos, concreta más la sentencia de Hazán, y explica también las razones por las que no se llevó a término:

y sabe así mismo que Hazán Bajá, rey de Argel, se indignó mucho contra el dicho Miguel de Cervantes viendo que le quería llevar a sus caballeros; y así le mandó dar dos mil palos y hechallo de entre sus cristianos; y si no le dieron, fue porque hubo buenos terceros, y qu'esto sabe de la dicha pregunta (p. 107).

El cuarto intento de fuga, que tendrá lugar a escasos meses de ser liberado por los padres trinitarios, también tendrá un cierto protagonismo en la *Información de Argel*, al que se le dedicarán un total de cuatro preguntas (XIII-XVI). Por el número de cautivos implicados, es la fuga más ambiciosa de las ideadas por Cervantes en Argel. En este caso, la nave que les llevará de Argel a las costas españolas («una fragata de doce bancos») es comprada por un mercader de Valencia, Onofre Ejarque, que «entonces se hallaba en este Argel» y contará con la participación activa de un renegado granadino, Girón, quien, arrepentido, tiene deseos de volver a España (pregunta XIII). Ya está organizado el plan y conseguido el medio, ahora es el momento de reunir a las personas interesadas:

> si saben o han oído decir qu'el dicho Miguel de Cervantes deseando servir a Dios y a su Majestad y hacer bien a cristianos, como es de su condición, muy secretamente dio parte de este negocio a muchos caballeros letrados, sacerdotes, y cristianos que en este Argel estaban cativos, y otros de los más principales qu'estuviesen a punto y se apercebiesen para cierto día, con intinción de hacerlos embarcar a todos y llevar a tierra de cristianos, que sería hasta número de sesenta cristianos, y toda gente la más florida de Argel (p. 101).

Hasta sesenta serán ahora los cautivos principales que serán convocados por Cervantes. Pero todo queda en nada por la traición del dominico Juan Blanco de Paz, por lo que, según se dice en la pregunta XV, el «dicho Miguel de Cervantes quedó en muy gran peligro de la vida, y dende entonces quedó mal y en gran enemistad con el dicho doctor Juan Blanco, por ser cosa cierta que él era descubridor y ponía a riesgo tantos cristianos y tan principales» (p. 102). El final del cuarto de los intentos de fuga termina de la manera a la que nos tiene acostumbrada la narración cervantina: la presencia de Cervantes ante Hazán Bajá, las amenazas de muerte si no confesara el nombre del resto de los cabecillas, el silencio de nuestro soldado y una pena mucho menor de lo que se debería esperar de un delito tan grave (además reincidente) que se le imputaba a Cervantes. Pero la pregunta XVII nos aporta un nuevo dato interesante, que viene a incidir en una «imagen heroica» del soldado complutense, tal y como se viene construyendo de manera consciente y equilibrada, una verdadera ficción narrativa, en el desarrollo de las preguntas de la *Información de Argel*. El mercader valenciano Onofre Exarque, temiendo que Cervantes por las torturas confesara su participación en este intento de fuga al haber comprado la fragata por lo que terminaría perdiendo «la hazienda, la libertad y quizá la vida», le ofrece a Cervantes «se fuese a España en unos navíos que estaban para partir y que él pagaría su rescate» (p. 102). Pero en vez de aceptar este regalo del destino —¡podría pagar su rescate sin que eso supusiera un endeudamiento de su familia y de su propio futuro!—, Miguel decide no hacer caso de esta solución desesperada y afrontar su destino en solitario, como había hecho en sus anteriores intentos de fuga:

> a el cual el dicho Miguel de Cervantes respondió, animándole, que estuviese cierto que ningunos tormentos ni la mesma muerte sería bastante para que él condenase a ninguno sino a él mesmo; y lo mesmo dijo a todos los que del negocio sabían, animándoles que no tuviesen miedo, porque él tomaría sobre sí todo el peso de aquel negocio, aunque tenía cierto de morir por ello. Y cabo de poco tiempo el rey mandó con público pregón buscar a el dicho Miguel de Cervantes que se había escondido hasta ver el movimiento que el rey hacía, so pena de la vida a quien le tuviese escondido (p. 102).

A pesar de la precisión de las preguntas y de los detalles expuestos por los doce testigos elegidos por Miguel de Cervantes para participar en la *Información de Argel*, todos ellos con una historia particular que contar, con un testimonio o una experiencia personal para apoyar las tesis que subyacen en la petición de esta particular hoja de servicios argelinos que se llevará Miguel de Cervantes bajo el brazo a su salida de Argel, son muchos los misterios que quedan por resolver y a los que la crítica ha dado respuestas muy diversas, en ocasiones contradictorias. El mayor de ellos: ¿cómo es posible que Cervantes que, en cuatro ocasiones encabezara intentos de fuga, fuera castigado de una manera tan poco estricta, sobre todo cuando Hazán Bajá era famoso por ser uno de los gobernadores más sádicos de los que había conocido Argel, y para eso Antonio de Sosa se empeñó en llenar páginas y páginas de sus castigos ejemplares en la *Topografía e historia natural de Argel*?

Además de la versión heroico-militar que comienza en Fernández de Navarrete en 1819 y que tiene en Astrana Marín a su mayor representante, a lo largo de los años se han defendido otras tantas hipótesis: [1] la atracción sexual que Hazán Bajá sentía por Cervantes, que pudo haberle correspondido; [2] que en realidad fue protegido por Zahara, la hija del poderoso renegado Hajji Murad, conocido como Agí Morato, que estaba enamorada de él y lo tomó por amante; Agí Morato pudo ser el «tercero» que intercedió por Cervantes en los últimos intentos de fuga, y Cervantes se lo agradeció convirtiéndolo en uno de los personajes de la historia del cautivo en el *Quijote*; [3] dada su amistad con Antonio de Sosa y los servicios prestados a Felipe II años después, Cervantes pudo haber sido un agente secreto de la corona española y reconocido como tal por sus captores, que no se atrevieron a ir más allá en sus castigos; [y 4] Cervantes, gracias a ser considerado una «persona grave», no solo pudo acceder al grupo de los cautivos ricos, sino que pudo convertirse en sí mismo en una mercancía muy preciosa, con lo que sabía que nunca sería castigado si intentaba huir pues su precio como cautivo valía más que su muerte.

Si se analizan en conjunto los cuatro intentos de fuga —todos ellos fracasados, no lo olvidemos—, encontramos unos aspectos que se repiten, incluso en el modo que tiene Cervantes de formular las preguntas —y por tanto el relato— de la *Información de Argel*.

a) Cervantes no organiza intentos de fuga personales, a los que luego invita a otros cautivos a participar, sino todo lo contrario: su finalidad es la de servir a Dios y a su Majestad ideando el modo de dar la libertad a «algunos cristianos» (pregunta IV), que son siempre «cristianos principales, caballeros, letrados y sacerdotes que al presente se hallaban cautivos en este Argel» (pregunta V). «Como es de su condición» llega a precisar a la hora de describir el cuarto de sus intentos de fuga (pregunta XIV).

b) Cervantes asume él solo la responsabilidad cuando los intentos fracasan; incluso en el cuarto intento renuncia al dinero ofrecido por Onofre Exarque de pagarle su rescate para que abandonara Argel. Ninguno de los cautivos principales a los que ha ayudado a escapar sufren ningún castigo e, incluso, como sucede en el cuarto intento, ni son llamados por Hazán Bajá para conocer sus testimonios. Tan solo los cómplices pobres sufren en sus carnes los castigos de muerte que son habituales en este tipo de delitos a la fuente principal de la economía argelina: el jardinero del segundo intento y el moro que hace de correo en el tercero, que muere empalado. El *Dorador* bien pudo entender que la delación era el único camino que le quedaba para salvar la vida en el momento de descubrirse el segundo intento de fuga. Por último, Cervantes mantiene en el anonimato el nombre de los cautivos principales a los que ha ayudado; solo algún testigo deslizará algún nombre en el primero de los intentos, y no hemos de olvidar que de los doce testigos de la *Información de Argel*, nueve de ellos dicen haber participado en el cuarto intento de fuga. ¿Quiénes fueron los tres testigos no participantes? Hernando de Vargas, de 58 años, quizás demasiado viejo; Juan de Valcárcel, que estaba en alta mar en el corso con su amo Dalí Mamí y don Diego de Benavides, el más joven, que llega a Argel después del último intento de fuga.

c) Cervantes utiliza tan solo dos medios para organizar sus intentos de fuga: los que involucran a menos personas se hacen por tierra, con destino a Orán (el primero y el tercero), y los más numerosos se realizan por mar, y conlleva la compra de naves que permitan realizar la travesía de Argel a las costas españolas: la que adquiere su hermano Rodrigo en Mallorca (segundo intento) y la que consigue en Argel gracias a la financiación de un mercader valenciano (cuarto intento).

Con estos datos en la mano y desde esta perspectiva, Carroll B. Johnson en el año 2004 avanzó una nueva posibilidad de explicar la realidad argelina de Cervantes, alejada tanto de los discursos triunfalistas de las biografías del siglo XIX como de las visiones demasiado personalistas que intentan encontrar en la biografía particular de nuestro autor la explicación de la actitud tan benévola que tuvo con él Hazán Bajá: Cervantes era un *passeur*, es decir, una persona que se ganaba la vida en Argel con el negocio del transporte clandestino de cautivos principales a tierras de cristianos (Orán o la costa española). Desde esta perspectiva encabezados por Cervantes, los intentos de fuga son, en realidad, un trabajo, aunque con resultados muy poco exitosos, de acuerdo a las noticias que nos han llegado. Este tipo de negocio alrededor de la esclavitud, fuente esencial de la economía argelina, ha dejado poca traza documental —como parece lógico—, pero siempre es posible encontrar algún testimonio. Bartolomé y Lucile Benassar (1989) al tratar de la situación del Mediterráneo en tiempos de Felipe II, destacan cómo en Argel existía la figura del cautivo cristiano que estaba metido en el negocio de rescatar a cautivos cristianos por dinero, y ponen como ejemplo al capitán cristiano Defendi Massarolo, natural de Ferrara, que estaba compinchado con su amo el renegado arráez Ali Ferrarese. Según la escasa documentación conservada, parece que el pago de los rescates se hacía cuando llegaban los cautivos cristianos a sus lugares de destino.

¿Siempre Miguel de Cervantes usó sus artes y su negocio de *passeur* con fines comerciales? Juan de Valcárcel, que fue cautivo en la galera *Sol* en 1575 junto a Cervantes, recordará en las respuestas de la *Información de Argel* un episodio concreto de cómo ayudó a cinco jóvenes renegados a escapar de Argel, haciéndose uso de «su buen industria y ánimo», que adquieren ahora otro significado desde este nuevo punto de vista:

> que así mismo sabe y vido este testigo, como a cinco muchachos que eran renegados de los más principales turcos de Argel, el dicho Miguel de Cervantes les animó y

confortó dándoles aviso y industria que yendo en viaje en galeras con sus patrones para huirse en tierra de cristianos, respeto que los dichos muchachos eran del arráez de galeotas, como en especial fueron los dos d'ellos, del Capitán Mayor de Argel, Arnaute Mamí, y otros dos del patrón d'este testigo y del dicho Cervantes, que era Dalí Mamí, que también es capitán por el gran turco, y los demás de particulares. Lo cual, sino fuera por el buen industria y ánimo del dicho Miguel de Cervantes, que les dio, los dichos muchachos se estuvieran todavía en Argel, y fueran moros y prosiguieran en su mala inclinación y suscedieran en los oficios de sus amos, porque los tales renegados privan mucho en esta tierra con los semejantes patrones; y no solamente hizo un solo bien el dicho Miguel de Cervantes en encaminarles que se volvieran a la verdadera fe de Jesucristo que de antes tenían, más evitó a que no permaneciesen en andar por la mar en corso, martirizando a los cristianos que bogaban el remo, por hacerse bien querer de sus patrones y amos. Y esto es cosa pública y manifiesta a este dicho testigo, y a los demás que d'ello tienen noticia, y por esta causa, el dicho Miguel de Cervantes merece premio y galardón, demás de haber usado término de caridad y buen cristiano (pp. 123-124).

Desde esta perspectiva, desde este trabajo que Cervantes asume como forma de vida en Argel —y posibilidad de fuente de influencia en la corte en el momento de ser liberado— se explica el hecho de que Miguel de Cervantes y su hermano Rodrigo aceptaran (e incluso buscaran) ser tenidos como «cautivos principales». La dificultad que tendría su familia de obtener la cuantía de su rescate —esfuerzos en los que nos detendremos más adelante—, se compensaba con tener trato con las personas que podrían ser sus potenciales clientes y la relación de amistad (y de influencia) que estableció con ellos. Por otro lado, la liberación de Rodrigo en 1577 puede ser parte de este plan de negocio, pues era la persona de confianza para poder conseguir la nave desde España que permitiera la liberación de quince «caballeros principales» en el segundo intento de fuga. Por último, el enfrentamiento y el odio con el dominico Juan Blanco de Paz puede iluminarse también desde esta perspectiva comercial. ¿Cómo entender ahora lo expresado en la pregunta XXI sobre la finalidad de la *Información* que dice Cervantes que el fraile dominico estaba juntando en Argel contra él? ¿Acaso Juan Blanco de Paz, que coincidió con Cervantes en el baño del rey en 1577, y que pudo ver cómo se organizaba el negocio del rescate de cautivos, quería desenmascarar a Cervantes y mostrar la verdadera finalidad de sus esfuerzos redentores? ¿O acaso, al contrario, la pugna entre Cervantes y Juan Blanco procede del deseo de este último de participar del negocio?

La *Información de Argel*, el testimonio de Antonio de Sosa —uno de los clientes de Cervantes—, en su *Topografía e historia general de Argel*, han llenado de detalles estos cuatro intentos de fuga, todos ellos fallidos, pero en los que Cervantes ha demostrado que cumple su palabra, la parte que le corresponde del trato con sus clientes cautivos en Argel: asumir la única responsabilidad de todas la acciones y mantenerse en silencio a pesar de que, como se indica de manera repetitiva en la *Información*, «corría grandísimo peligro de la vida y de ser enganchado y quemado vivo». Estas son las fuentes y estos son los datos. Pero ¿es esta la realidad? ¿El negocio que montó Cervantes en Argel se basa tan solo en intentos fallidos de fuga? ¿O hemos de pensar en otros tantos en los que tuvo éxito y que, por secreto profesional, no se recuerdan en la documentación conocida, en la particular imagen que de sí mismo está construyendo Cervantes en la *Información de Argel*?

Antonio de Sosa, el primer biógrafo (hagiógrafo) de Cervantes (*Topografía e historia general de Argel*)

Pocas noticias se tienen de Antonio de Sosa, cautivo en Argel en abril de 1577, cuando fue capturada la galera *San Pablo*, uno de los grandes golpes del corso por estos años. Amigo de Miguel de Cervantes en los baños argelinos, el doctor Antonio de Sosa participó en la *Información de Argel* (1580), pero el testimonio que presenta ante fray Juan Gil no será verbal sino por escrito, como se ha indicado.

La *Topografía e historia general de Argel*, publicada en Valladolid en 1612, completa su título con el siguiente contenido, que da cuenta de su finalidad: «repartida en cinco tratados, do se verán casos estraños, muertes espantosas y tormentos exquisitos, que conviene se entiendan en la Cristiandad, con mucha doctrina y elegancia curiosa». Aunque se publicó con la autoría de fray Diego de Haedo, abad de San Benito de Fromesta, que es quien solicitará licencia y privilegio de impresión, concedida por el rey Felipe III el 18 de febrero de 1610, en la actualidad se piensa que el grueso de la obra la escribió Antonio de Sosa, que estuvo cautivo en Argel desde 1577 a 1581, y que pudo dejar el manuscrito al tío de fray Diego de Haedo, el obispo Haedo, cuando hizo escala en Sicilia; texto que, sin concluir en su redacción actual, el obispo se lo entregó al sobrino para que terminara de editarlo.

La obra se organiza en dos partes, bien diferentes entre sí, pero en todas ellas se aprecia la finalidad con la que Antonio de Sosa la escribió: dar testimonio de la grave situación de los cautivos en Argel, ofreciendo una «descripción de

Argel y sus habitantes y costumbres», con un «Epítome los Reyes de Argel»; y por otro una serie de diálogos (*Diálogo de la captividad, Diálogo de los mártires de Argel* y *Diálogo de los morabutos*) donde el autor, el cautivo, en primera persona, da cuenta, por un lado, de algunos de los intentos de fuga —a veces mortales— que él conoció o le han narrado, y, por otro, ofrece claves para afianzar la fe cristiana frente a los cantos de sirena de los renegados.

Testimonio de una realidad, la de la impaciencia de los cautivos, la de la nueva vida de los renegados, cuyos detalles de dolor y crueldad se exageran y la realidad más placentera se silencia con la finalidad de remover las conciencias de los lectores, de los oidores que se toparon con estas historias. Una red textual tendenciosa muy bien urdida, donde los datos —aparentemente— más objetivos de la primera parte dan «autoridad» a lo expresado en los diálogos, donde Antonio de Sosa vuelca toda su crítica, la visión más ortodoxa que se quiere difundir desde el occidente cristiano. Por eso no extraña que los lectores ingleses y franceses de los siglos XVII y XVIII —que también contaban con sus propios relatos de cautivos— no dejaran de elogiar los datos históricos aportados en la primera parte, pero criticaron el carácter tendencioso, repleto de opiniones religiosas fanáticas de los *Diálogos*. Con estas palabras se expresa John Morgan, que publicó en 1728 su *History of Algers*, basado en gran parte de los datos aportados por la *Topografía e historia general de Argel*:

> excepting a few good Passages ad Remarks, [...] his [Haedo's] three tedious *Dialogues*, in particular, concerning *Captivity, Martirys,* and *Morabboths,* or *Mohammedan Santons,* are silly enough, replete with nauseous Cant, and, in many Cases, insufferably partial (Cito por Garcés, 2005, p. 142).

> Salvo por unos pocos pasajes y comentarios buenos, sus tres tediosos *Diálogos*, en particular los relacionados con la *Captividad*, los *Mártires*, y los *Morabutos*, o *Santones Mahometanos*, son bastante necios, repletos de moraleja nauseabunda y, en muchos casos, insufriblemente parciales.

En el *Diálogo de los Mártires*, entre los folios 184r-185r, Antonio de Sosa narrará el desarrollo del segundo intento de fuga de Cervantes, el que planeó en 1577, y lo podrá contar en primera persona, aunque no participara en él, porque, como confiesa en la *Información de Argel*, «yo fui uno de los con que el dicho Miguel de Cervantes comunicó muchas veces y en mucho secreto el dicho negocio; y que para el mismo negocio fui muchas veces d'él convidado

Página de la *Topografía e historia natural de Argel* (1612) de Antonio de Sosa que habla de Cervantes.

y exortado, y no se hizo cosa en el tal negocio que particularmente no se me diese d'ello parte» (nº V, p. 147). De ahí que se pueda afirmar que Antonio de Sosa es el primer biógrafo de Cervantes. Pero eso sí, fuente parcial e interesada, escrita con el mismo espíritu e idéntico punto de vista de la *Información de Argel*.

En todo caso, no deja de sorprender que Antonio de Sosa haya insertado la narración del fallido intento de fuga de Cervantes en su *Diálogo de los mártires*, cuando al final no hay mártir —a excepción del pobre jardinero—. Nada que ver con el resto de los relatos que narran intentos de fuga muy similares. Un repaso de los mismos, permitirá poner en su contexto argelino el negocio que Cervantes se traía entre manos por estos años. Son tres los relatos que nos interesan por implicar a varias personas en los mismos y no ser ni fruto de una rebelión (como la que sufrió Hazán Bajá en 1577) o intentos personales (los dos jóvenes de 25 años que intentaron huir a Orán a pie cinco años antes). Los tres intentos de fuga tienen como organizadores y protagonistas a un renegado genovés, Morato, de veinticinco años, que quería volver a ser cristiano (año 1565), un zapatero italiano conocido como Trinquete (1573) y un soldado castellano llamado Cuéllar (1580). En el primer caso, el plan de fuga pasa por conseguir una «barca o bergantín» de Mallorca para huir en ella por la noche. El contacto lo hicieron por medio de un «hombre mallorquín que entonces iba en libertad rescatado», que accedió a ayudarlos, tanto porque se lo rogaban sus amigos, como

> por ganar honra y provecho —que no se esperaba del negocio poco— prometió que él, en llegando a Mallorca, armaría alguna barca, bergantín o fragata, y vendría, a cierto tiempo, por ellos (p. 119).

El plan se descubre y varios cristianos son detenidos, entre ellos el joven Morato, que es enviado a la cárcel, «y le pusieron unos muy gruesos grillos a los pies». Al día siguiente el Bajá, sin recibirlo ni hacerle juicio, ordena su muerte: apedreado vivo. Pero esta será lo menos de su martirio, pues llevado «a la playa y arenal que está fuera de la puerta de Babaluete, hacia poniente», lo enterraron de cintura abajo y unos diez o doce turcos «comenzaron a cañavear con muy gran crueldad». De todos los golpes recibidos, se destacan dos, que inciden en la descripción efectista de dolor del mártir, de la crueldad de sus asesinos:

> Mas, particularmente, dos tiros fueron los más crueles, uno de los cuales le dio en mitad de la boca y, rompiéndole los dientes, quedó la caña enclavada en la garganta; y otro le dio en un ojo, que se lo sacó, de comenzó a correr mucha sangre (p. 122).

Y no contentos con ello, los moros y turcos que allí lo estaban presenciando, «arremeten todos a las piedras y, con grandísima furia, lo apedrearon, que manera que no solo a pocos tiros lo acabaron de matar, pero le molieron los miembros y deshicieron toda la cabeza, y quedó poco menos que todo enterrado entre aquella infinita multitud de piedras» (p. 122).

El relato acaba con un detalle efectista, lo último que necesita Antonio de Sosa para llegar al lector, a la fibra sensible del lector: «Era el bendito mancebo, como dije, de edad de veinte años, poco más o menos, de mediana estatura, no muchas carnes, bien blanco y rojo, y comenzaba a apuntarle la barba» (p. 122).

El plan de fuga ideado por el zapatero italiano Trinquete, en colaboración con «sus amigos cristianos», todos ellos, podemos pensar, pobres, cautivos de almacén, pasaba por descolgarse del muro «que va hacia la marina y puerto», robar un bergantín y con él ir todos a tierra de moros. Pero serán descubiertos y delatados, y apresados con «el hurto, como se dice, en las manos», después de varias peripecias y la fortuna del viento en contra. El gobernador de Argel «mostró holgarse en gran manera con aquella ocasión para mostrarse con ellos muy riguroso». A diez de ellos, los condena a que les molieran los huesos a palos; y al zapatero italiano y a un compañero suyo, los verdaderos organizadores de la fuga, esclavos del propio gobernador, los condena a morir «públicamente enganchados», «que es una terribilísima muerte, como dijimos». Ante esta condena, «algunos le rogaron que fuese más piadoso», y así los condenó a morir colgados de una «antena a la marina y que allí los matasen a flechazos». De nuevo, «otros le rogaron y le pidieron con gran insistencia que su alteza les diese otra muerte no tan penosa y cruel». Entonces les condenó a morir ahorcados en el mismo lugar de la muralla desde donde quisieron huir.

La intervención de estos «algunos», de estos «otros» fue crucial para que la muerte no fuera tan cruel como la había ideado el Bajá en un primer momento.

Y una última historia, contemporánea a los intentos de fuga de Cervantes, pues se data en 1578. En abril de este año un grupo de treinta cautivos intentan escapar en una masiva fuga organizada por un soldado, Cuéllar, «de hasta 35 años, mediano de cuerpo, no muchas carnes, barbinegro, bien proporcionado», que viven en el baño de Hazán Bajá. La fuga que involucra a varios cautivos del mismo baño del rey —hemos de pensar que gente principal— pasa por robar remos y un bergantín en el puerto, como años atrás intentara el zapatero Trinquete. Cuando todo parecía que iba a conseguirse, son descubiertos por un turco. Todos huyen como pueden pero uno de ellos que es detenido termina por confesar algunos de los nombres de los cautivos participantes, y nombra al soldado Cuéllar «por principal y cabeza». Este soldado castellano, después de recibir muchas amenazas, confiesa la verdad, «y diciendo al rey cuán justa cosa es que un esclavo procure su libertad, y más con medios tan honrosos como los que él y los demás habían tomado». El final de Cuéllar dista mucho del de Cervantes, que el año anterior había también dirigido y planeado una fuga de «quince cautivos principales»:

> Mas al punto, en su presencia, le mandó dar infinitos palos, porque no tuvieron número; tantos fueron que se cansaron los chauces y ministros del tirano. Y con todo, él no cesaba de decir con voz y vuelto muy feroz:
> —¡Dad, dad, a ese perro! ¡Matalde! ¡Matalde!
> Y ansí lo hizieron, porque le molieron los huesos y las entrañas y dexaron ya por muerto. Y luego vinieron dos cristianos para llevarlo a enterrar; pero hallándole vivo, le llevaron al baño del rey do, a tres días, que fueron los 2 de mayo, confesado y comulgado y con grande arrepentimiento de sus culpas y pecados, dio a su Criador su alma (fol. 187v).

La crueldad que los gobernadores de Argel demuestran en estos intentos de fuga, aminorada en los casos de que hay personas que intercedan por ellos, como les sucede al zapatero italiano y su compañero, debe relacionarse con la «calidad» de los cautivos, todos ellos «de almacén». Cautivos pobres que permiten a los Bajá ser rigurosos en sus penas, dado que no lo podrían ser de igual manera con los «caballeros graves», con aquellos en que cifraban en sus rescates un negocio.

La cueva de Cervantes en Argel

Si difícil ha sido mantener las casas en las que vivió Cervantes y su familia, ya sea en Alcalá de Henares, Madrid o Valladolid, lo mismo puede decirse de otras geografías, de otros espacios vinculados a la vida de Cervantes. Sin duda, uno de los más exóticos sea la cueva en que Cervantes intentó su segundo intento de fuga en 1577, que desde 1887 se ha situado a tres millas al sur de la ciudad.

Fotografías del siglo XIX en el momento de ser descubierta la Cueva de Cervantes.

El comienzo del «descubrimiento» de la cueva moderna hay que situarlo en 1886 cuando el comandante general español de la Escuadra de Instrucción, don José Maimó, en su paso por Argel pensó que sería «un acto patriótico» enviar una lápida que diera cuenta del paso de su nave y colocarla en el lugar desde donde «el soldado de marina» Miguel de Cervantes había intentado una de sus fugas. La placa dice lo siguiente:

> Cueva refugio que fue del autor del *Quijote*, 1577. El almirante, jefes y oficiales de una escuadra española a su paso por Argel, siendo cónsul general el marqués de González. Año 1887.

Desde el año 2000, esta placa se encuentra en las dependencias de la Agregaduría Militar de la Embajada de España en Argel, para evitar que fuera robada, como así se había intentado en más de una ocasión.

Después de una investigación, el 27 de agosto de 1887, Adriano Rotondo y Nicolau, cónsul general de España, asesorado por un antiguo catedrático de literatura e historia, M. Charles Toubin y por el geógrafo y aqueólogo M. O'Mac-Carthy, Director de la Biblioteca y Museos argelinos, estableció, mientras no se pruebe lo contrario, que la «cueva donde se refugió Cervantes cuando su última evasión, se halla situada a la parte de Levante y a tres millas de Argel, en la propiedad Sabatéry, en la vertiente de la colina, a 550 pasos antes de llegar al Jardín d'Essai, y a su derecha, que se halla a 85 m, sobre el nivel del mar. Tiene 9 metros 25 cm. de profundidad».

El 24 de junio de 1894, para darle autenticidad al descubrimiento, se hizo un acto público donde se colocaron dos lápidas (hoy perdidas) y un busto de Cervantes, realizado por César Tempesta, a partir de un modelo enviado desde España. Para que el espacio quedara lo suficientemente acotado, se le añadió una verja donada por un español residente en Argel y otro realizó pequeños trabajos de albañilería para hacer la cueva más accesible a los curiosos. Antonio Alcalá Galiano, cónsul general de España, en su discurso constata, no sin cierta ironía: «dijérase, viéndole que el destino de Cervantes en Argel ha sido siempre estar cautivo hasta en efigie».

El entorno monumental se completó

Acto de inauguración de la Cueva de Cervantes (1894).

en 1925 cuando la Cámara de Comercio de Argel erigió delante de la gruta un monumento dedicado a Miguel de Cervantes, una columna, con su fuente, donde se colocó el busto de Cervantes, para lo que se creó un jardín alrededor de la cueva. La inauguración del mismo contó con la presencia del alcalde de Argel y numerosas autoridades.

La gruta permaneció cerrada desde la segunda Guerra Mundial hasta 1947, cuando se conmemoraron los cuatrocientos años del nacimiento de Cervantes; acontecimiento que permitió colocar una tercera placa conmemorativa.

José María Puyol Albéniz cuenta en su libro *Don Quijote de Alcalá de Henares* (París, 1947) la

Monumento conmemorativo dedicado a Cervantes (1925).

triste historia de una placa que el Movimiento Libertario de África del Norte colocó en la cueva el 18 de noviembre de 1945. El propio Puyol es el encargado de dar voz a la emoción por todos los allí congregados:

> Vamos a descubrir hoy la placa ayer prometida, a eso venimos esta mañana franceses y españoles, lamentando que el señor Gregory, compatriota nuestro y donador de este jardincillo, ya fallecido, no sea de la partida. Quisiera yo que esa placa dijese más, que dijese mucho, que lo dijese todo. En esa inscripción hay algo que no está a la vista y he de señalarlo: las huellas de unos pies ensangrentados, los nuestros, y de unas almas que nada las abate, las nuestras. ¿Realizamos una cosa grande, una cosa a perpetuidad? Sospecho que sí, porque grande y perpetuo es el hombre en quien está inspirada.

A continuación se descubrió una placa de mármol con el siguiente texto:

> Prometimos venir en peregrinación a este lugar a colocar esta placa en recuerdo del que fue peregrino, ingenio y hombre, Don Miguel de Cervantes Saavedra. Alger 18-11-1945 Libertarios españoles en destierro.

A los pocos meses, la placa había sido robada «por los enemigos de Cervantes, amén de los nuestros», según se denuncia en el artículo «¿Quién ha robado la placa de Cervantes?», en el número de junio de 1946 de *Solidaridad Obrera*. En un artículo con el enigmático título de «18 y 18, 36», el propio Puyol va más allá, volviendo a poner palabras a las sensaciones compartidos de tantos exiliados españoles que se sintieron profanados con este robo:

Única fotografía conocida de la placa del Movimiento libertario (1947).

> La placa no está donde los libertarios la pusimos porque han mandado robarla los que recibieron un bofetón con nuestra desinteresada ofrenda sin que tal cosa estuviera en nuestro ánimo; la reacción, los espías de Franco, la Anti-España, esos son los ladrones. Pero la satisfacción que sentimos los libertarios honrando a Cervantes ese 18 de noviembre, esa no pueden quitárnosla.

Estado actual de la cueva de Cervantes, después de la remodelación de 2006.

Con el tiempo el entorno se fue deteriorando, lo que llevó a las autoridades españolas a proponer un plan integral de recuperación, que se concluyó en el 2006, cuando fue reinaugurada (y casi reinventada en la falsa escenografía que rodea el recinto original) la cueva de Cervantes en Argel.

El apellido Saavedra

Desde hace años, la crítica ha estado buscando una respuesta satisfactoria al hecho de que, con casi cuarenta años de edad, Miguel de Cervantes añada un Saavedra a su primer apellido Cervantes, con el que se conoce a su padre, a sus hermanos, y a él en tantos y tantos documentos. Además de la carta dedicatoria dedicada al Ilustrísimo señor Ascanio Colonna, que se imprime al inicio de su *Galatea* (1585) en Alcalá de Henares, será en la dote «de Miguel de Cervantes a favor de doña Catalina de Salazar», que firma en Esquivias el 9 de agosto de 1586 cuando se incorpore el apellido «Saavedra» a su nombre:

> Sepan cuanto esta carta de dote y arras vieren cómo yo, Miguel de Cervantes Saavedra, vecino del lugar de Esquivias, jurisdicción de Toledo, digo... (Sliwa, p. 138)

Hasta en seis ocasiones se cita «Saavedra» a lo largo del documento. Y no dejará de incluir este segundo apellido a su nombre a partir de este momento.

¿De dónde procede este «Saavedra»? Los datos de los que disponíamos hasta el momento habían llevado a los investigadores a plantear las siguientes hipótesis, que, a pesar de sus intentos, no resultaban del todo convincentes:

1. Como se ha indicado, una de las primeras apariciones del nombre completo «Miguel de Cervantes Saavedra» será co-

Firma: Miguel de Cervantes (1582)

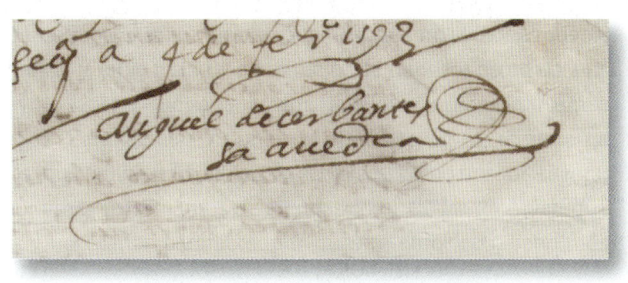

Firma: Miguel de Cervantes Saavedra (1593)

mo firma de la «carta dedicatoria» que el autor complutense sitúa al inicio de la *Galatea*. Esta obra, en el *Canto del Calíope* podemos leer sobre Gonzalo Cervantes Saavedra, poeta y lejano pariente suyo, del que podía proceder el modelo para añadir ahora este segundo apellido al Cervantes original:

> Ciña el verde laurel, la verde yedra
> y aun la robusta encina, aquella frente
> de Gonzalo Cervantes Saavedra,
> pues la debe ceñir tan justamente.
> Por él la ciencia más de Apolo medra;
> en él Marte nos muestra el brío ardiente
> de su furor, con tal razón medido,
> que por él es amo y temido.

Varios hilos de su biografía se ciñen bien a las que conocemos de Miguel de Cervantes (ahora Saavedra): Gonzalo Cervantes Saavedra también fue poeta, abandonó su Córdoba natal en 1568 después de un duelo, fue soldado en Lepanto y después de una vida disoluta, embarcó pobre para América, muriendo ahogado cerca del puerto de La Habana. Como Miguel, Gonzalo Cervantes Saavedra tiene el honor de haber sufrido la vida y de haber tenido pocos momentos de alegría y placer, a pesar de las hipérboles sobre su grandeza de poeta y de soldado que su lejano pariente vuelca en su libro de pastores de 1585.

2. Otro origen que se ha buscado al apellido es el del personaje «Juan de Sayavedra», héroe legendario del *Romancero*, y que Ginés Pérez de Hita menciona en la primera parte de *Las Guerras civiles de Granada*. Caballero que será también hecho prisionero, en este último caso, por los moros granadinos, y por el que pedirán un alto rescate, muy por encima de sus posibilidades económicas. Aunque el personaje de Juan de Sayavedra esconde una «mancha» real: durante su cautiverio estuvo a punto de apostatar.

Son varios los «Saavedras» que aparecerán en las obras cervantinas ambientadas en Argel o en Orán: *El trato de Argel*, *El gallardo español*, *La historia del cautivo* insertada en el *Quijote*... Un apellido que, por su origen gallego, convierte a Cervantes —al personaje literario que se va configurando a partir de las trazas que ha ido desmembrando en su obra— en un ser limítrofe, un ser que se mueve entre la experiencia argelina —llena de libertad, de un mundo cosmopolita que en el fondo admira y desea—, y la realidad castellana, donde la pureza de sangre y la ortodoxia católica se imponen, sobre todo después del triunfo del Concilio de Trento y el desarrollo (desastroso) de las guerras de religión a lo largo y ancho del siglo XVI.

María Antonia Garcés, que había estudiado el tema con más tino y claridad hasta ahora, había llegado a la conclusión de que había que entender «Saavedra» como el «apellido» del autor, el que le inserta en un linaje de «viejo cristiano», que quiere reivindicar a su vuelta de Berbería, sabiendo que esta experiencia —y su continuo relacionarse con los «moros de Argel»—, le había traído más de un problema y por lo que había tenido que dar más de una explicación; un apellido baciyélmico pues hacía alusión tanto al origen leonés del apellido, de «cristiano viejo», como a su experiencia argelina:

> Al adoptar el apellido *Saavedra,* Cervantes estaría asumiendo la secuencia de tres nombres reservada para la pequeña nobleza castellana: Miguel de Cervantes *Saavedra.* En esta nueva apelación, Miguel es su nombre de bautizo, Cervantes su patronímico y *Saavedra* su *apellido* —su linaje. Por estas razones, propongo que *Saavedra* es un apellido en el sentido medieval explicado por Covarrubias: funciona como un clamor o grito de guerra que identifica a Cervantes con las huestes unidas por el sobrenombre *Saavedra.* Si este apellido aclama los hechos heroicos de Lepanto y de Argel, tanto a título individual como colectivo, también atestigua y lamenta simultáneamente la experiencia traumática del cautiverio argelino (p. 364)

¡Y qué bien le viene a Cervantes, a este «nuevo» Miguel Cervantes Saavedra esta nueva identidad de «hombre de frontera»! ¿No es acaso también su obra una «experiencia literaria de frontera», un estar siempre en el límite de los géneros, del horizonte de expectativas de los lectores de su época? ¿No es precisamente este carácter experimental de su obra —al margen del poder y del éxito que puede personalizarse en Lope de Vega, un magnífico poeta y dramaturgo y un vulgar narrador, si exceptuamos su experimento de la *Dorotea*— el que ha convertido a Cervantes en el mejor y más influyente narrador de todos los tiempos, el creador —¡ni más ni menos!— de la novela moderna?

Teorías y reflexiones alrededor de un misterio, de uno más de los misterios que rodean la vida y la obra de Cervantes. Teorías a partir de nuestro conocimiento, o nuestro desconocimiento del pasado.

El 25 de octubre de 2011, la hispanista puertorriqueña Luce López-Baralt asistía en la ciudad argelina de Tlemcen a un congreso de hispanistas sobre la acogida que se ofreció a los moriscos después de la expulsión en España. En este congreso, el cervantista argelino Ahmad Abi-Ayad le comentó que el apellido Saavedra tenía una gran semejanza fonética con un antiguo apellido argelino *Šayb aḏ-ḏirāʿ*, pronunciado *Shaibedraaʿ* en árabe dialectal magrebí. ¿Lo más sorprendente? Su significado: «brazo defectuoso». De este modo, *Shaibedraaʻ* es, en tierra argelina, un apodo, un «mal nombre», que se lanza con sorna a un tullido del brazo, por lo que no es difícil imaginar que a Miguel de Cervantes durante su cautiverio en Argel se lo conociera no por su nombre «Miguel» ni por su apellido «Cervantes», sino por su «defecto», ese brazo «estropeado» en la batalla de Lepanto... «un tal Saavedra» no sería más que de «aquel tullido del brazo»...

En todo caso, esta forma de apropiarse de un defecto (o una virtud) para convertirlos en apodo y apellido era costumbre de los turcos, como recuerda Cervantes en el *Quijote*:

> y de allí a pocos meses murió mi amo el Uchalí, al cual llamaban *Uchalí Fartax*, que quiere decir, en lengua turquesca, *el renegado tiñoso*, porque lo era; y es costumbre entre los turcos ponerse nombres de alguna falta que tengan, o de alguna virtud que en ellos haya. Y esto es porque no hay entre ellos sino cuatro apellidos de linajes, que deciden de la casa Otomana, y los demás, como tengo dicho, toman nombre y apellido ya de las tachas del cuerpo y ya de las virtudes del ánimo (*Quijote*, I, cap. XL).

De esa manera, en «Saavedra» no hay que buscar tanto una recuperación de los orígenes leoneses de los Cervantes —y mucho menos convertirlo en una prueba del origen leonés del mismo Miguel—, ni tampoco es necesario remontarse a un pariente lejano o a un personaje de romancero: así se lo llamaba despectivamente durante su cautiverio, y así lo deberían llamar —ahora a la cristiana— a su vuelta de Argel. En uno de esos giros geniales a los que nos acostumbrará Cervantes, lo que había sido una marca de identidad —con cierto espíritu peyorativo— durante su cautiverio, él lo convierte desde la publicación de su primera obra y en los documentos con que comienza su vida junto a Catalina de Salazar en Esquivias en el segundo de sus apellidos, aquel que le recordará siempre ese mundo, ese tiempo, la experiencia vital vivida en Argel, la que lo ha conformado en la persona que es y la que se proyecta, en perpetua construcción, en sus obras.

La *Epístola a Mateo Vázquez* y otros poemas escritos durante el cautiverio

La experiencia argelina de Cervantes se convertirá en uno de los temas más recurrentes en la obra de Cervantes. Si en Italia, tanto en Roma como en las distintas geografías en que vivió como soldado en los tercios, pudo entrar en contacto con la rica literatura italiana, en los baños de Argel conversó y compartió inquietudes literarias con otros cautivos. Antonio de Sosa a la hora de mostrar cómo Cervantes destacó en Argel por su comportamiento cristiano en su testimonio en la *Información de Argel*, nos habla de algunos de sus quehaceres literarios:

> y sé que se ocupaba muchas veces en componer versos en alabanza de Nuestro Señor y de su bendita madre y del Santísimo Sacramento y otras cosas santas y devotas, algunas de las cuales comunicó particularmente conmigo, y me las envió que las viese (p. 149).

No se ha conservado ninguna de estas composiciones religiosas, pero sí que se tiene noticia de tres textos poéticos, todos ellos vinculados a personas con las que se relacionó en los baños argelinos o a los deseos de conseguir merced en la corte, una de las grandes obsesiones de Cervantes, uno de sus esperanzas de conseguir un medio estable de ganarse la vida. De nuevo, la literatura como un instrumento en manos de Cervantes.

Entre los hombres principales con los que tuvo trato en Argel, en un intercambio social impensable en otro espacio, destaca la presencia del doctor Bartholomeo Ruffino de Chiambery, que fue hecho cautivo en la toma de Túnez. Como le sucedió a otros cautivos principales, Gabriel de Castañeda, Francisco de Meneses o Beltrán del Salto, primero fue cautivo en Constantinopla, y después lo encontraremos en Argel. Con la intención de que el Duque de Saboya intercediera por él y pagara su rescate, el Señor de Rivaira le aconsejó que escribiera una relación de las penalidades sufridas en la pérdida de la Goleta y de Túnez. El resultado de esta petición es la obra en italiano, aunque el autor es de lengua materna española: *Sopra la desolatione della Goletta e forte di Tunisi. Insieme la conquista fatta da Turchi de Regni di Fezza e di Marocco*, que terminó el 3 de febrero de 1577. El texto nunca llegó a publicarse y tampoco se sabe si consiguió el efecto esperado y Bartholomeo Ruffino de Chiambery pudo ser liberado. La copia manuscrita se conservó en varias bibliotecas nobiliarias, siendo su última sede la Biblioteca Nacional de Turín, donde desapareció junto a tantos otros manuscritos e impresos en un incendio declarado en 1904.

La obra es interesante por las noticias que ofrece en primera persona de la pérdida de estas dos importantes plazas del Magreb, pero, para nuestro propósito lo es, sobre todo, porque al inicio se incorporaron dos sonetos de Miguel de Cervantes, que llevan los siguientes títulos: «Soneto de Miguel de Cervantes, gentil hombre español, en loor del autor» y «Del mismo, en alabanza de la presente obra». Los poemas fueron descubiertos por Juan Eugenio Hartzenbusch, que fue el primero en publicarlos en su edición del *Quijote* impresa en Argamasilla de Alba en 1863.

Emociona leer los versos que dedicó Cervantes a su amigo Bartholomeo Ruffino de Chiambery, que se han convertido en profecía de su propia obra, que, con toda seguridad, era una quimera a la altura de 1577. Así Cervantes le vaticina un gran éxito como escritor cuando pueda hacerlo lejos de «tan triste y bajo estado»:

> Pues, libre de cadenas vuestra mano,
> reposando el ingenio, al alta cumbre
> os podéis levantar seguramente,
> oscureciendo al gran Livio romano,
> dando de vuestras obras tanta lumbre,
> que bien merezca el lauro vuestra frente.
> (p. 336, *Poesías completas,* ed. de Vicente Gaos)

El seis de noviembre de 1579, cuando se encontraba en la cárcel después del fracaso de su cuarto intento de fuga, Cervantes escribe una carta al poeta siciliano Antonio Veneziano, compañero de cautiverio, cumpliendo una deuda que había contraído con él: escribir unos versos que cantaran el amor de su amigo por su Celia. Se trata de doce octavas reales. La primera es hermana en imágenes y en tono a un soneto incluido posteriormente en la *Galatea* (1585), de traje petrarquista como corresponde a la época:

> Si el lazo, el fuego, el dardo, el puro hielo
> que os tiene, abrasa, hiere y pone fría
> vuestra alma, trae su origen desde el cielo,
> ya que os aprieta, enciende, mata, enfría,
> ¿qué nudo, llama, llaga, nieve o celo
> ciñe, arde, traspasa o hiela hoy día,
> con tan alta ocasión como aquí muestro,
> un tierno pecho, Antonio, como el vuestro?
> (p. 347, *Poesías completas,* ed. de Vicente Gaos)

Se ha perdido la carta original autógrafa de Cervantes, pero no así los poemas, incluidos, después de los de Antonio Veneziano, en su *Cancionero*, de los que hay varias copias manuscritas del siglo XVII en las Biblioteca Centrale y Comunale de Palermo.

Pero, sin duda, el poema más interesante de los escritos por Cervantes durante su cautiverio argelino es la *Epístola a Mateo Vázquez*, cuyo texto ha sido (re)descubierto en el 2010 por José Luis Gonzalo Sánchez-Molero, después de que se diera por perdido a partir de 1870. Es fácil comprender la emoción que sintió Luis Buitrago y Peribáñez, «oficial mayor del archivo de la casa de Altamira», cuando al abrir en 1862 un legajo de papeles encuadernados en pergamino con el título «Diversos, de curiosidad», que perteneció a Mateo Vázquez, se encontrara al inicio de uno de los folios unos versos con el siguiente título: «De Miguel de Ceruante, Captiuo, a M. Vazquez mi Sr». la misma emoción —aunque esta más contenida— que debió sentir Manuel Zarco del Valle cuando unos meses antes había tenido la oportunidad de ser una de las primeras personas que habían leído el texto cervantino. Le comentó como de pasada al archivero que había documentos muy interesantes en el legajo, se lo comunicó a sus amigos Pascual de Gayangos y Manuel Cañete, llegó el verano y se fue a Panticosa… y no hubo nada. Otros fueron los que se atribuyeron el descubrimiento. Como muy bien señala José Luis Gonzalo Sánchez-Molero «Zarco perdió su oportunidad, otros la aprovecharon» (2010, p. 31),

En todo caso y al margen de polémicas, la noticia de este importante hallazgo cervantino se anunció en la prensa ma-

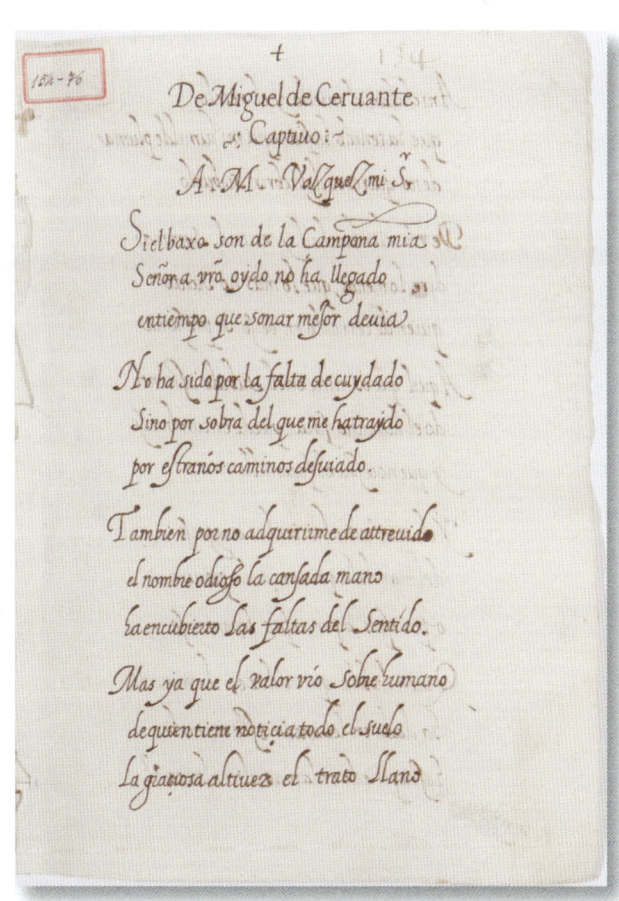

Primer folio de la *Epístola a Mateo Vázquez* (siglo XVI).

Primera edición de la *Epístola a Mateo Vázquez* (*La Época*, 23 de abril de 1863).

drileña el 18 de abril de 1863, y el 23 de abril, aniversario de la muerte de Cervantes, será la simbólica fecha elegida para dar algunos detalles de su descubrimiento y una primera transcripción, difundidos entre los suscriptores del diario *La Época*. La autenticidad del hallazgo en un momento en que empezaban a proliferar las atribuciones y falsificaciones venía garantizada por dos autoridades del momento: Tomás Muñoz y Romero, miembro de la Real Academia de Historia, y de don Juan Eugenio Hartzenbusch, dramaturgo y director de la Biblioteca Nacional entre 1862 y 1875. Entre las falsificaciones cervantinas del momento destaca la que en 1848 Adolfo de Castro dio a conocer en Cádiz: *El Buscapié. Opúsculo inédito que en defensa de la primera parte del Quijote escribió Miguel de Cervantes Saavedra, publicado con notas históricas, críticas y bibliográficas por Don Adolfo de Castro*, que muchos en la época entendieron como la demostración de la decadencia en la que habían caído los estudios cervantinos, que comenzaron a convertirse en científicos espoleados por esta falsificación.

El descubrimiento de la *Epístola a Mateo Vázquez* constituye un capítulo esencial de la recepción decimonónica de la figura de Cervantes, el momento de la consolidación del mito heroico y nacional de nuestro autor. No es casual que sea el año 1861 cuando la Real Academia Española comenzara a conmemorar el día 23 de abril para recordar la muerte de Cervantes y lo hiciera con unas «exequias en sufragio de cuántos han cultivado las letras españolas» en la «iglesia de Trinitarias de esta Corte, donde descansan los restos de aquel insigne escritor». Si podemos imaginar la emoción del archivero al descubrir esta obra inédita de Cervantes, la primera de una cierta envergadura (244 tercetos encadenados) y, además, uno de sus primeros testimonios en primera persona de su cautiverio en Argel, también es posible comprender la sorpresa y la curiosidad que sintieron los madrileños cuando el 23 de abril de 1863 escucharon gritar a los niños que vendían *La Época* que se publicaba por primera vez un texto inédito de Miguel de Cervantes que hablaba de su estancia argelina. El revuelo entre los cervantistas fue grande y todos se apresuraron a ver el original y pedir copias al XIII Conde de Altamira, don Vicente Pío Osorio de Moscoso y Ponce de León. En las ediciones quijotescas que se publicarán este año, sus responsables ya hicieron lo posible (e imposible) para que la carta apareciera entre sus pliegos impresos: Hartzenbusch, que había tenido un conocimiento exclusivo al ser una de las autoridades a las que se les solicitó un informe de autenticidad, la incluyó como apéndice en la edición que estaba imprimiendo en Argamasilla de Alba; y Jerónimo Morán, hizo lo propio en su *Vida de Cervantes* publicada también en 1863.

Años de descubrimientos. Años en que todavía se tenía la idea de que era mucho lo que quedaba por conocer de la vida del autor del *Quijote*, y que la búsqueda sistemática en los archivos iba a dar muchas sorpresas. Con el tiempo se ha comprobado que no ha sido así, que Cervantes sigue siendo un misterio documental. A este primer entusiasmo, unido a los aires patrióticos impulsados por O'Donnell y la guerra contra Marruecos (1859-1860), le sucedió el silencio, sobre todo después del triunfo de la «Gloriosa» en 1868 y la huida de Isabel II de España. La *Epístola a Mateo Vázquez* fue convirtiéndose en un mito después de que el original se perdiera en la venta en almoneda pública del archivo de la casa Altamira en 1870. Pero gracias a las investigaciones de José Luis Gonzalo Sánchez-Molero, hoy puede consultarse en la madrileña Biblioteca Zabálburu (fondo Altamira, carpeta 154-76), dejando desfasadas todas las polémicas sobre su autenticidad. La *Epístola a Mateo Vázquez* es el único testimonio cervantino en primera persona donde da cuenta de su vida, desde su salida hacia la corte hasta sus dos primeros años de cautiverio en Argel.

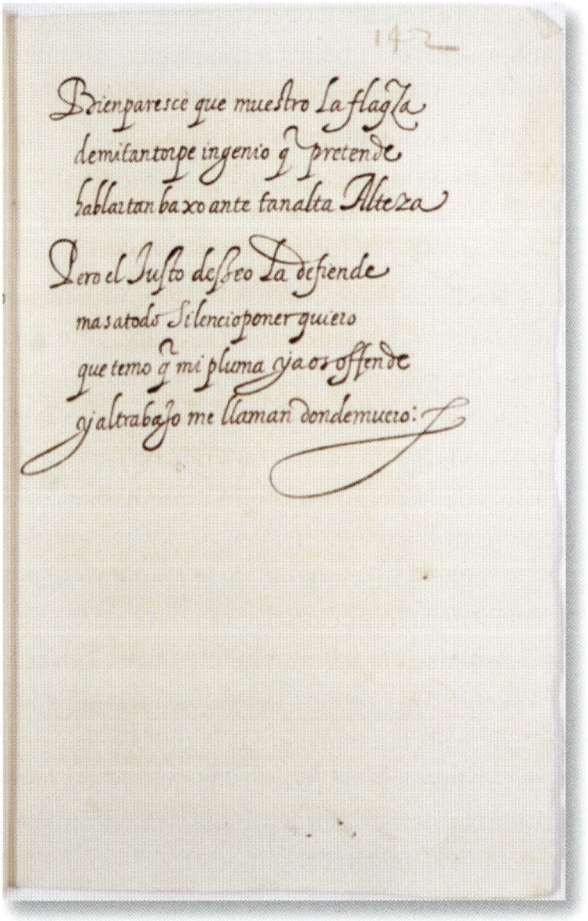

Último folio de la *Epístola a Mateo Vázquez* (siglo XVI).

El texto de la *Epístola a Mateo Vázquez* se ha conservado en una copia en limpio, en una cuidada (y profesional) letra humanística que es de Antonio de Toledo; y seguramente sea la que llegara a las manos del secretario de Felipe II en 1577. En el legajo «Diversos, de curiosidad» se ha encuadernado con otras obras, muchas de ellas dedicadas a Mateo Vázquez, o a su mentor, el cardenal

Diego de Espinosa. La de Cervantes, por tanto, es una más de las diferentes composiciones y obras que, dedicadas a su nombre, recibió Mateo Vázquez durante su vida.

¿Qué se encontró Mateo Vázquez en la *Epístola* cuando la recibió en 1577? Un particular memorial en versos que puede dividirse en tres partes, siguiendo el esquema de *captatio benevolentiae*, *narratio* y *petitio*, que aparecen en otras obras de género muy semejante, como la *Carta muy dolorosa enviada por Melchior de Padilla* (1576) de Mateo de Brizuela, o la *Relación de una carta muy dolorosa enviada por Lorencio de Páez, captivo en Constantinopla, a su afligido padre* (Granada, 1569), de Juan Ramírez. Pero la epístola cervantina será «algo más» que una relación de sucesos de cautiverio en verso, repertorio habitual entre los copleros y ciegos en las calles y plazas; ya que comparte un mismo tema (el cautiverio, la petición de merced…), pero no así la métrica, pues los tercetos encadenados en los que está escrito pertenecen a la epístola renacentista que forma parte del canon más culto de la época, cultivado por algunos de los poetas más brillantes que escribieron en italiano y en español por estos años: Aretino, Sannazzaro, Garcilaso de la Vega, Aldana o Pedro Laínez, el amigo que había sido modelo de escritura en sus primeros años de aprendizaje.

Los primeros noventa versos los dedicará Cervantes a recordar los vínculos que lo unen al «señor» Mateo Vázquez, a su relación que comenzó en 1566 en Alcalá de Henares, como hemos tenido ocasión de indicar en otro capítulo. El verso 91, que comienza con un sonoro «Yo», una afirmación de su identidad, da inicio a la descripción de su situación actual, a ese cautiverio desde el que escribe al influyente secretario personal de Felipe II:

> Yo, que el camino más bajo y grosero
> he caminado en fría noche escura,
> he dado en manos del atolladero,
>   y en la esquiva prisión, amarga y dura,
> adonde agora quedo, estoy llorando
> mi corta, infelicísima ventura,
>   con quejas tierra y cielo importunando,
> con suspiros el aire escuresciendo,
> con lágrimas el mar acrescentando.
>   Vida es esta, señor, do estoy muriendo,
> entre bárbara gente descreída
> la mal lograda juventud perdiendo. (vv. 91-102)

Este inicio da paso a exponer su memorial de servicios: la salida de España (vv. 103-108), la participación y heridas en la batalla de Lepanto (vv. 109-144), que se destaca con el verbo en primera persona, protagonista de los hechos («Vi el formado escuadrón roto y deshecho»), y en las posteriores de Corfú, Navarino y Túnez (vv. 145-165), y su lamento de no haber sido hecho cautivo en la Goleta, como muchos de los cautivos de aquel entonces, o el comienzo de su cautiverio en la galera *Sol* (v. 166). Un resumen de los diez años que dice estar al servicio «del gran Filipo nuestro» (v. 108).

La presentación ante el secretario Mateo Vázquez y la exposición de su hoja de servicios constituyen el marco necesario, el desarrollo del tema que da sentido a la verdadera finalidad de la carta, la *petitio*: informar al rey Felipe II de la situación militar de Argel y exhortarle a que conquistara la plaza, en la que encontraría apoyo interno en los mismos cautivos, comenzando por el propio Cervantes, a quien no le importaría liderar la revuelta. El deseo de Cervantes de contarle en persona al rey Felipe II estos planes militares «cuando me vea en más alegre estado» gracias a la intercesión de su secretario personal, Mateo Vázquez, se vuelve realidad en la *Epístola*. Y de este modo, Cervantes dibuja en palabras la fantasía de una entrevista con el rey Felipe II, en que arrodillado ante su presencia, con «lengua balbuciente y casi muda» se expresara con estas palabras «de adulación y mentir desnuda»:

> Alto señor, cuya potencia
> sujetas trae mil bárbaras naciones
> al desabrido yugo de obediencia,
> a quien los negros indios con sus dones
> reconoscen honesto vasallaje,
> trayendo el oro acá de sus rincones:
> despierte en tu real pecho el gran coraje,
> la gran soberbia con que una bicoca
> aspira de contino a hacerte ultraje.
> La gente es mucha, mas su fuerza es poca,
> desnuda, mal armada, que no tiene
> en su defensa fuerte, muro o roca;
> cada uno mira si tu armada viene
> para dar a sus pies el cargo y cura
> de conservar la vida que sostiene.
> Del amarga prisión triste y escura,
> adonde mueren veinte mil cristianos,
> tienes la llave de su cerradura.

> Todos, cual yo, de allá, puestas las manos,
> las rodillas por tierra, sollozando,
> cercados de tormentos inhumanos,
>   valeroso señor, te están rogando
> vuelvas los ojos de misericordia
> a los suyos, que están siempre llorando;
>   y, pues te deja agora la discordia,
> que hasta aquí te ha oprimido y fatigado,
> y gozas de pacífica concordia,
>   haz, ¡oh buen rey!, que sea por ti acabado
> lo que con tanta audacia y valor tanto
> fue por tu amado padre comenzado.
>   Solo el pensar que vas pondrá un espanto
> en la enemiga gente, que adevino
> ya desde aquí su pérdida y quebranto (vv. 202-234).

Este texto en primera persona dentro de la *Epístola* lo reutilizará Cervantes, en boca de un personaje que se llama Sayavedra, en la jornada primera de *Los tratos de Argel*, que, para algunos autores, ya comenzara a escribir durante sus últimos años de cautiverio.

La *Epístola* acaba con una *conclusio*, en la que, de una manera magistral, consigue reunir el contenido global de la obra: la finalidad de la intervención de Felipe II, que no podrá quedarse sin actuar después de oír tales quejas, el recuerdo de Mateo Vázquez como intercesor y la situación desesperada en que vive Miguel (así como tantos otros cautivos en Argel): «y al trabajo me llaman donde muero» (v. 244).

Miguel de Cervantes escribió la *Epístola* en 1577. Se ha pensado esa fecha por la facilidad de que la pudiera llevar su hermano Rodrigo a su vuelta a Madrid, recién liberado por los padres trinitarios; pero quizás haya que ver la razón de su escritura en las particulares circunstancias que vivió Cervantes en Argel desde que fuera capturada la galera *San Pablo* a primeros de abril de 1577. Entre los nuevos cautivos que llegaron a Argel, y con los que Cervantes se va a relacionar de manera estrecha, destaca Antonio de Sosa, y Antonio de Toledo, a quien pudo haber conocido Cervantes en la *Academia* del Duque de Alba durante sus años madrileños y que es amigo íntimo de Mateo Vázquez: es citado por nuestro autor en la V jornada de *Los tratos de Argel*, en boca del rey, que recuerda su alto linaje, vinculado a los Alba: «Es hermano de un conde y es sobrino / de una principalísima duquesa» (vv. 357-358). Como tantos otros segundones, su puesto no estará en la corte sino en la milicia, donde hará carrera acompañando a su tío el Duque de Alba a los Países Bajos. Su relación con Cervantes en los baños de Argel está más que atestiguada: Antonio de Toledo y Francisco de Valencia, caballeros de la Orden de San Juan, le entregaron a Rodrigo de Cervantes cartas para el virrey de Valencia y el gobernador de Mallorca para que les ayudara en el segundo de los intentos de fuga que va a organizar Cervantes en Argel. Estos dos caballeros no participaron personalmente en este intento de fuga, pues habían negociado su rescate con sus amos por 5000 ducados, y ya estaban por abandonar Argel en junio o julio de este año.

De esta manera, Antonio de Toledo, que también estará presente en el volumen facticio de «Diversos, de curiosidad» con un largo poema describiendo la vida del cortesano, puede ser el puente entre Cervantes y el secretario Mateo Vázquez, uno de los hombres más poderosos de la Monarquía Hispánica en estos momentos. De la misma manera que Bartholomeo Ruffino de Chiambery escribió su obra sobre Orán y Tetuán para conseguir la intercesión del Duque de Saboya por consejo del señor de Rivaira; también es posible pensar que la *Epístola a Mateo Vázquez* naciera de las conversaciones entre Cervantes y Antonio de Toledo, en la que no solo se garantizaba que llegara a buen puerto, sino que se destacaba la imagen de un Cervantes siempre preocupado por servir al rey Felipe, ya fuera en la milicia, ya fuera en el cautiverio; carta de presentación para conseguir —en la que se consideraba inminente salida de Argel gracias al segundo intento de huida—, y así formar parte de la casa de Mateo Vázquez. Por estas razones es posible pensar que Cervantes no escribió su *Epístola* para ser «liberado» por el secretario de Felipe II sino para ser «acogido» en la corte, para ser algo más que uno de los cientos de soldados cautivos que llegaban en busca de merced, con unas cartas de recomendación, semejantes unas de otras, vacías por ello de contenido y efectividad.

Y esta relación entre Cervantes, Antonio de Toledo y la *Epístola a Mateo Vázquez* es también física: la copia que hoy se conserva en la Biblioteca Zabálburu de Madrid, procedente del legajo que perteneció al secretario de Felipe II, fue copiada en limpio por el propio Antonio de Toledo, como ya se ha indicado. La hipótesis la planteó José Luis Gonzalo Sánchez-Molero en su estudio y edición de la misma (2010) y ha venido corroborada por Patricia Martín Cepeda en un reciente estudio sobre los escritores en el entorno de Ascanio Colonna (2015), que ha podido comprobar que la letra de las cartas autógrafas que Antonio de Toledo envía a Ascanio Colonna es idéntica a la de la copia de la *Epístola* cervantina. Nada de letra del siglo XVIII como han ido repitiendo los defensores de su falsedad.

Aventuras y desventuras de la familia de Cervantes para conseguir el dinero de los rescates de Miguel y de Rodrigo

El 25 de junio de 1577 un noble catalán le escribe a Luis Cañellas para poder conocer si un criado suyo que iba en la galera *San Pablo*, apresada por el corso unos meses antes, está vivo o muerto y cuál es el importe de su rescate:

> Al pobre de Narbones le había de caber su mala suerte de perderse con la bastarda de la religión que los turcos tomaron en Cerdeña, como allá habréis entendido; téngole tanta compasión que no lo podría encarescer. Acá tenemos noticia que toda la presa y la dicha galera los turcos derechamente la llevaron a Argel. Por eso señor os encargo mucho pues que ahí estáis más cerca por la vía de Mallorca, de Ibiza o de Valencia, que van cada día bajelles y personas con cargo de rescatar cristianos, procurad, señor, de saber si es muerto, o vivo, y lo que piden por su rescate, que creo que bien barato le darán; y pudiéndose rescatar, holgaré de sacarle de cautiverio y de pagarle el rescate, porque no es justo que un criado tan antiguo de mi casa y que venía con deseo de servirla esté en poder de infieles (AHN, Estado leg. 6441, doc. 276; cito por Gonzalo, pp. 2165-216).

Si hasta ahora, gracias a la visión personal que ofrece tanto la *Información de Argel* como la *Topografía e historia general de Argel*, hemos podido adentrarnos en cómo vivió Miguel de Cervantes —y en menor medida su hermano Rodrigo— sus años de cautiverio, ahora es el momento de cambiar de perspectiva y verlo desde la otra parte del conflicto, de esas familias, como se aprecia en el documento anteriormente transcrito, que sufren el silencio de la incertidumbre desde que conocen el rapto de la galera hasta que reciben noticias concretas sobre la cuantía de los rescates.

No sabemos el modo en que la familia Cervantes se enteró de que la galera *Sol* había sido apresada —noticia que correría desde los mentideros como la pólvora de las malas noticias—, ni tampoco de cuantía —esos 800 escudos de oro— que pedirían de rescate por los dos soldados Cervantes.

¿Realmente es desorbitada esta cifra, imposible para una familia como la de Cervantes, como se ha venido afirmando en las diferentes biografías cervantinas?

El escudo es una moneda de oro que comienza a acuñarse por primera vez en 1537, introducido por Carlos V. Su valor en maravedís es variable según las épocas, comenzando con 350 y oscilando entre los 400 y 440 a partir de 1566. Como veremos, a Leonor de Cortinas en 1576 el Consejo de Cruzada le concederá una ayuda de «sesenta escudos de a cuatrocientos maravedís cada uno». Según este cambio, el rescate de los hermanos Cervantes ascendería a 200.000 y 120.000 maravedís, respectivamente. Para comprender lo que suponía este dinero en la época, podemos tener en cuenta los sueldos de varias profesiones, según lo expuesto por Jorge García López (2015): Un juez de Corte en Sevilla cobraba unos 500 maravedís al día (a los que se añadían otros 100 como dietas de gastos). Por su parte en Valladolid, alrededor de 1600, un podador de viñas, cobraba 120 maravedís, lo mismo que un carpintero; un peón de la construcción, 90 y un vendimiador tenía que conformarse con 40 maravedís al día. A mediados del siglo XVI, en Madrid, los sueldos ofrecen cifras diferentes, como es lógico, y así un maestro carpintero o albañil cobraba 102 maravedís al día y los peones, 51. El propio Cervantes cuando fue comisario general de abastos a su vuelta de Argel, tendrá un sueldo que oscilará entre los 340 y los 550 maravedís al día. Hemos conservado recibos de cobros de 88.400 maravedís en julio de 1592 y de 19.200 en noviembre de 1593.

También podemos comparar las cuantías de los rescates con los primeros pagos que recibe Cervantes como escritor a su vuelta de Argel. El 14 de junio de 1584 cede el privilegio de impresión de la *Galatea* a Blas de Robles por la cantidad de 1336 reales, es decir, 46 760 maravedís (alrededor de 117 escudos). Por su parte, el 25 de marzo de 1585, Cervantes firma un contrato con el autor de comedias «Gaspar de Porres, para la representación de dos obras», por las que se le pagará «40 ducados en reales», que corresponden a 15.404 maravedís.

Los rescates solicitados suponen una cifra importante para una familia, pero tampoco puede decirse de ellos que sean desorbitados. La imagen procede de las quejas y peticiones de su padre al Consejo de Cruzada. A Miguel de Cervantes se le impuso un rescate estándar, que él mismo buscó, porque al ser considerado uno más entre los «hombres graves», podía moverse con más libertad por Argel, establecer su propia red de relaciones con cristianos y renegados, y, sobre todo, poder contactar con otros «hombres graves», con los caballeros y eclesiásticos principales a los que poder ayudar a escapar de Argel. Volviendo al tema de la cuantía del rescate de Cervantes, no se olvide que, si el negocio que se traía entre manos Leonor de Cortinas para llevar productos a Argel, aprobado por el Consejo de Cruzada, hubiera podido llevarse a buen puerto, se hubiera podido pagar el rescate mucho antes sin más esfuerzos.

Pero no fue así y la familia Cervantes-Cortinas, como se verá, tuvo dificultades para poder hacer frente a estos rescates, que, en el caso de Miguel, solo pudo convertirse en una realidad al aceptar el dinero prestado por los frailes trinitarios, cuya deuda tendrá que hacer frente después de su redención. En todo caso, utilizaron todos los medios que tenían a su disposición para sacar dinero, e incluso algunos un poco particulares, como el hecho de que Leonor de Cortinas se hizo pasar por viuda sin serlo, como veremos más adelante.

¿Cuál es el primero de estos medios? Solicitar una ayuda al Consejo de Cruzada. Como es habitual, la petición se acompaña de una «información», en que varios testigos dan fe de las noticias que necesita el demandante para justificar su petición. No se ha encontrado la primera información ni los testigos que debió presentar Rodrigo de Cervantes al citado Consejo, pero con fecha de 29 de noviembre de 1576, tenemos una ampliación de la misma —solicitada «por los señores del Supremo Consejo de su Magestad»—, en que contesta a las preguntas Antonio Marco «escribano de Valencia y vecino d'ella», que fue hecho cautivo junto a los Cervantes y liberado en marzo de 1576. Quizás sea la persona que trajo las noticias sobre la cuantía de los rescates a Rodrigo y a Leonor de Cortinas. Pero, a tenor de lo que responde en la ampliación de la información, es discutible la veracidad de su declaración: por un lado, en la tercera confunde a Rodrigo con Miguel, pues dice de Rodrigo que «ha visto estropeada la mano izquierda y ha oído decir por cosa cierta que fue de un arcabuzazo que le dieron en la batalla naval peleando con los enemigos». Por otro lado, y esto es más interesante, plantea que los hermanos no estaban en la misma nave cuando fueron hechos cautivos: Rodrigo estaría con él en una fragata, mientras que Miguel iba en la galera *Sol* y fue capturado unas horas después. Tampoco en la respuesta a la cuarta pregunta está muy fino al recordar el nombre de los amos de Rodrigo y de Miguel de Cervantes, el gobernador de Argel (Ramadán Bajá) y el arráez de los corsarios (Dalí Mamí), respectivamente, aunque esta información puede ser también interesada, pues se trataría de pedir una ayuda para dos cautivos que lo estaban en los baños de las personas más influyentes de Argel. Y lo que sí que es verdad, sin duda, es la respuesta a la última pregunta: «A la quinta pregunta dijo que ha oído decir que ellos y sus padres son pobres y que con dificultad los pueden rescatar por la poca posibilidad que tienen» (Sliwa, p. 47). Lo cierto es que presentada la información, el aval necesario firmado por Alonso Getino de Guzmán y la carta de obligación y fianza por la que Leonor de Cortinas se compromete a utilizar la ayuda solicitada para rescatar a sus hijos y que al término de un año entregaría el testimonio de rescate, el 5 de diciembre de 1576 firma Pedro de Escobedo la cédula por la que se le conceden «sesenta escudos de oro, que valen veinte y cuatro mil maravedís». En la cédula vemos cómo Leonor de Cortinas, que en todos los documentos se presenta como viuda, cargó las tintas en su pobreza y en los servicios prestados por sus hijos. Nada que deba sorprendernos:

> Sabed que doña Leonor de Cortinas, vecina d'esta villa de Madrid, nos hizo relación que ella tiene dos hijos que se llaman Miguel y Rodrigo de Cervantes, los cuales nos han servido en Italia y en Flandes y en las galeras y en las demás ocasiones que se han ofrecido, y finalmente se hallaron en la Batalla Naval, donde al uno d'ellos le cortaron una mano y al otro mancaran; y que viniéndose a estos reinos en la galera *Sol*, de que venía por capitán Carrillo, los captivaron los moros de Argel, adonde al presente están cautivos y presas como nos podría constar por cierta información que en el nuestro Consejo de la Cruzada había presentado (Astrana Marín, II, p. 517).

El asunto tendrá su aquel, pues el dinero reunido por los Cervantes solo dará para liberar a Rodrigo de Cervantes en 1577, por lo que Leonor de Cortinas comenzará en febrero de 1579 una lucha legal con el Consejo de Cruzada para no tener que devolver la ayuda prestada, que conllevará diferentes documentos conservados todos ellos en el Archivo General de Simancas.

La otra fuente de financiación serán negocios que se le conceden a los familiares de cautivos para que puedan comercializar con diferentes productos en Argel, lo que la misma Leonor de Cortinas intentará en 1578 para liberar a Miguel, y de la que hemos tenido ocasión de hablar en páginas anteriores. Negocio que no llegó a buen término por no encontrar inversor. Otro gallo hubiera cantado a Rodrigo de Cervantes si hubiera cobrado las deudas que habían contraído con él en años anteriores: 80 ducados (33.000 maravedís) le debía el granadino Pedro Sánchez de Córdoba, a quien se lo había reclamado, o los 500 ducados que también le debía Alonso Pacheco. Gracias a estas deudas —y algunos contratos de alquiler, como el firmado por Andrea en julio de 1577— podemos seguir la traza documental de la vida de los Cervantes en Madrid. Poca cosa.

Lo cierto es que la familia de Cervantes, incluidas sus hermanas que añadieron para el rescate sus propias dotes, hizo todo lo posible para el rescate de Miguel, y los padres trinitarios Juan Gil y Antón de la Bella partieron a Argel con todo el dinero que fueron capaces de reunir Leonor de Cortinas (250 ducados) y Andrea (50 ducados, es decir 18.700 maravedís), según las cartas de pago que les firmaron el 31 de julio de 1579, en las que se especifica que estos trescientos ducados son una ayuda para el rescate, que se completará con la limosna de la orden.

El cautiverio es un negocio. Un negocio ruinoso para las familias de los menos favorecidos, que tienen que endeudarse para poder conseguir devolver la libertad a sus familiares. Como veremos, Cervantes volvió de Argel lleno de sueños, de ansias de triunfar, de conseguir las mercedes que cree que merece después de tantos servicios prestados a su Magestad, y de deudas, de muchas deudas. De deudas contraídas con su familia y con los padres trinitarios.

La libertad, septiembre de 1580: el testimonio del *Libro de redención de cautivos*

Argel es uno de los centros económicos del Mediterráneo, como hemos podido comentar en las páginas anteriores. Miguel de Cervantes y su hermano Rodrigo estaban dentro del grupo de los cautivos con rescate ordinario, que dependían de dos factores para poder abandonar su prisión: por un lado, las redenciones ordinarias que hacían los trinitarios y los mercedarios al año, y el dinero que podían ellos y sus familias reunir para poder ayudar a los frailes en su redención. Los cautivos extraordinarios negociaban directamente su rescate con sus amos y la forma de pago, que podía ser incluso después de que el cautivo hubiera llegado a tierras españolas, como así sucede con el capitán Francisco de Meneses, que en los primeros meses de 1578 ya se encuentra en España, dejando en Argel al doctor Becerra como su fiador. Los mil escudos en oro de su rescate los entregarán los padres redentores el 29 de junio de 1580.

Si hasta este momento, a la hora de adentrarse en el cautiverio argelino de Cervantes hemos tenido que basarnos en las noticias que el mismo autor de manera directa (*Información de Argel*) o indirecta (*Topografía e historia general de Argel* de Antonio de Sosa) nos había proporcionado, para narrar su liberación en septiembre de 1580 contamos con un documento excepcional: el libro de redención de cautivos de fray Juan Gil y Antonio de la Bella conservado en el Archivo Histórico Nacional en dos códices (CÓDICES L. 118 y CÓDICES L.120), el primero de ellos conocido desde mediados del siglo XVIII.

Los libros de redención de cautivos de Argel, obligatorios a partir de 1574, suponen una interesante (y fiable) fuente de información, pues en ellos un escribano público, designado por el Consejo de Castilla, va dejando constancia de cada una de las liberaciones realizadas por los padres redentores, así como de la legislación que los ampara y las fuentes del dinero que llevan a Argel, sin olvidar la relación de cautivos que terminan por embarcarse para volver a tierras españolas con el recibimiento y procesión solemne en tierras valencianas.

Los padres redentores fray Juan Gil y fray Antón de la Bella llegaron a Argel el 30 de mayo de 1580, pero hasta el 12 de junio no pudieron comenzar con la redención. En una primera tanda, la más numerosa, que duró hasta el 2 de agosto, llegaron a liberar a 108 cautivos. Los primeros que fueron liberados son los ordinarios en poder de Hazán Bajá, gobernador de Argel:

> En la ciudad de Argel a doce días del mes de junio de mil y quinientos y ochenta años, ante mí, el presente escribano los muy reverendos padres redemptores, Fray Juan Gil y Fray Antón de la Bella, evaluada la hacienda que trujeron a la dicha ciudad de Argel por los oficiales del rey de Argel Hazán Bajá y tomados sus derechos del rey y del almacén a razón de once y medio por ciento, y más ropa y dinero y aljófar que tomó de más de sus derechos para pagallos en cautivos que del dicho rey habían de rescatar primero que de otra persona alguna, conforme al salvoconducto que se les dio, les fueron dados y entregados de parte del dicho rey de Argel trece cautivos (fol. 106r).

¿De dónde procede el dinero que traían los padres trinitarios para el rescate de cautivos? Al inicio del *Libro de redención* del año 1580 se especifican las fuentes de financiación, a las que habría que añadir las que procedían de las familias para sus allegados y los dineros que pudieron aportar los propios cautivos a la hora de ayudar a su liberación:

> [1] «De la Tertia Pars, entrega el 25 de julio de 1579 el Ministro de Madrid 3.572 ducados con 292 maravedíes, de los que 2000 ducados pertenecían a la Tertia Pars de los conventos de Andalucía y el resto de la Tertia Pars de los conventos de Castilla. Además recibe 800 ducados más entregados por diversos conventos trinitarios de su propia Tertia Pars»,

> [2] Felipe II manda el 31 de agosto de 1579 que de la Contaduría de la Cruzada se entreguen a Fr. Juan Gil 190.000 maravedíes;

> [3] el Señor Gallo entrega el 20 de agosto de 1579 48.500 maravedíes de la fundación que dejó el soldado Francisco de Carabanchel para la redención de cautivos;

[4] el obispo de Lugo, D. Juan Suárez de Carvajal, deja 1.200 ducados en objetos y prendas de oro y seda para rescatar mujeres y niños, de los que se obtuvieron con su venta 240.746 maravedíes;

[5] el Consejo Real de Indias aportó 253.784 maravedíes;

[6] el Consejo de las Órdenes Militares aportó 255.675 maravedíes;

[7] de las colectas realizadas en las villas de Toledo, Salamanca, Villalón, Talavera de la Reina, Badajoz, Sevilla, Écija, Córdoba, La Rambla, Granada, Jerez, Puerto de Santa María, Antequera, Málaga, Baeza, Cuenca y otras más pequeñas, 150.204 reales y 2 maravedíes;

[8] en Toledo compraron 40 docenas de bonetes, de los que se regaló una parte al rey de Argel y a otros ministros importantes, siendo el resto vendido para aumentar los fondos de la redención en 2.832 reales;

[9] en Córdoba, Jaén y Baeza compraron grana y paños finos que tiñeron en Valencia para regalar a los principales señores de Argel y venderlos después para aumentar el fondo de la redención en 103.000 maravedíes.

Como se aprecia, se cuenta tanto con dinero en metálico como con productos con los que luego se comercializará en Argel para así contar con un fondo mayor para la redención de cautivos.

De cada uno de los cautivos redimidos se va a levantar un acta, donde se destacarán sus datos de identificación: nombre, procedencia geográfica, edad, nombre del padre y de la madre, origen de su cautiverio y, muy importante, alguna característica física que los identifique, para así evitar la picaresca de que algún cautivo se haga pasar por otro y, por último, se especifica el precio del rescate, y origen del dinero para poder pagarlo. Este esquema lo vemos reflejado desde el primero de los cautivos liberados, Juan Martínez de Lubelza (12 de junio), hasta el último de esta primera tanda de liberación, Alonso de Morales (2 de agosto), y es una magnífica fuente de noticias de la realidad de los cautivos en Argel en tiempo de Cervantes:

> Primeramente [1] Juan Martínez de Lubelza, [2] natural de la villa de Lubelza, en Vizcaya, una legua de San Sebastián, [3] de edad de veinte y cinco años, [4] hijo de Domingo de Lubelza y de María de Alurjaelde. [5] Cautivo en una nave vizcaína viniendo de Génova a Cartagena a siete días del mes de agosto de mil y quinientos y sesenta y ocho; [6] es de mediana estatura, pocas barbas, manco del brazo izquierdo de un arcabuzazo. [7] Costó su rescate docientas y cincuenta doblas; fue ayudado de la limosna general de la orden (fol. 106r).

> [1] Alonso de Morales, [4] hijo de Alonso de Morales y Catalina Díaz, [2] natural de la ciudad de Sevilla, [3] de edad de diez y nueve años. [5] Cautivo en el campo del rey de Portugal, a cuatro de agosto de quinientos y setenta y ocho años; [6] tiene dos señales en la cabeza en el lado derecho; era su patrón Mostafá Boluco Dabaxí. [7] Costó su rescate docientas y sesenta y cinco doblas, fuesse rescatar por fuerza y por evitar daños a causa de los jenízaros; fue ayudado con cuarenta ducados de la limosna del Obispo de Lugo, que son doblas sesenta y veinte dineros, y lo demás puso la orden de la limosna general (fol. 126r).

El 3 de agosto de 1580 volvía fray Antón de la Bella con 108 redimidos en la nao Santa María. A los dos días, ya estaban desembarcando en la playa de la ciudad de Valencia, y después de pedir licencia al Virrey de Valencia, el Duque de Nájera, el 7 de agosto la comitiva en procesión entró en la ciudad:

> salieron en procesión los dichos cativos desde el Monesterio de Nuestra Señora del Remedio, que es de la orden de la Sactísima Trinidad, extramuros de la dicha ciudad, con el dicho padre redemptor y religiosos del dicho monesterio, y acompañados de las cruces y clérigos y frailes de las órdenes de la dicha ciudad, excepto de los Mercenarios. Con mucha devoción y concierto y música de menestriles y con gran contento y alegría de la ciudad llegaron a la Seo en la Iglesia Mayor, donde fueron recibidos de las dignidades de la iglesia y canónigos y recioneros y capellanes y cantando el *Te deum daudamus etc.* hicieron procesión dentro de la dicha iglesia, donde todos en la capilla mayor oyeron misa y sermón; y en la misma orden y procession se volvieron al dicho monesterio donde les dieron de comer a los que lo quisieron rescebir de la limosna que para el dicho efecto se llegó por dos personas que para ello nombró el dicho provisor en dos platos porque no se dio licencia para más, [...] (fols. 134v-135r)

En Argel se ha quedado, por orden del Consejo de Cruzada, fray Juan Gil para proseguir con los rescates de aquellos cautivos que no se han localizado, y para seleccionar a un grupo de elegidos que serán liberados gracias al dinero que hasta el momento no se ha utilizado. No eran tiempos para quedarse en Argel, pues a la hambruna que se había cebado con los más pobres en los primeros meses del año se unía el cambio de gobernador que se sucedía cada tres años. Hazán Bajá vio como el 29 de agosto entraba el nuevo gobernador, Jaffer Bajá en la ciudad, y él tenía que preparar sus pertenencias —criados, esclavos y cautivos incluidos— para partir a Constantinopla. Además, con el miedo de que Felipe II aprovechara la gran fuerza de armas que había reunido para la campaña de Portugal para atacar la ciudad, la gran mayoría de las galeotas berberiscas estaban en alta mar y no habían vuelto al puerto en todo este tiempo.

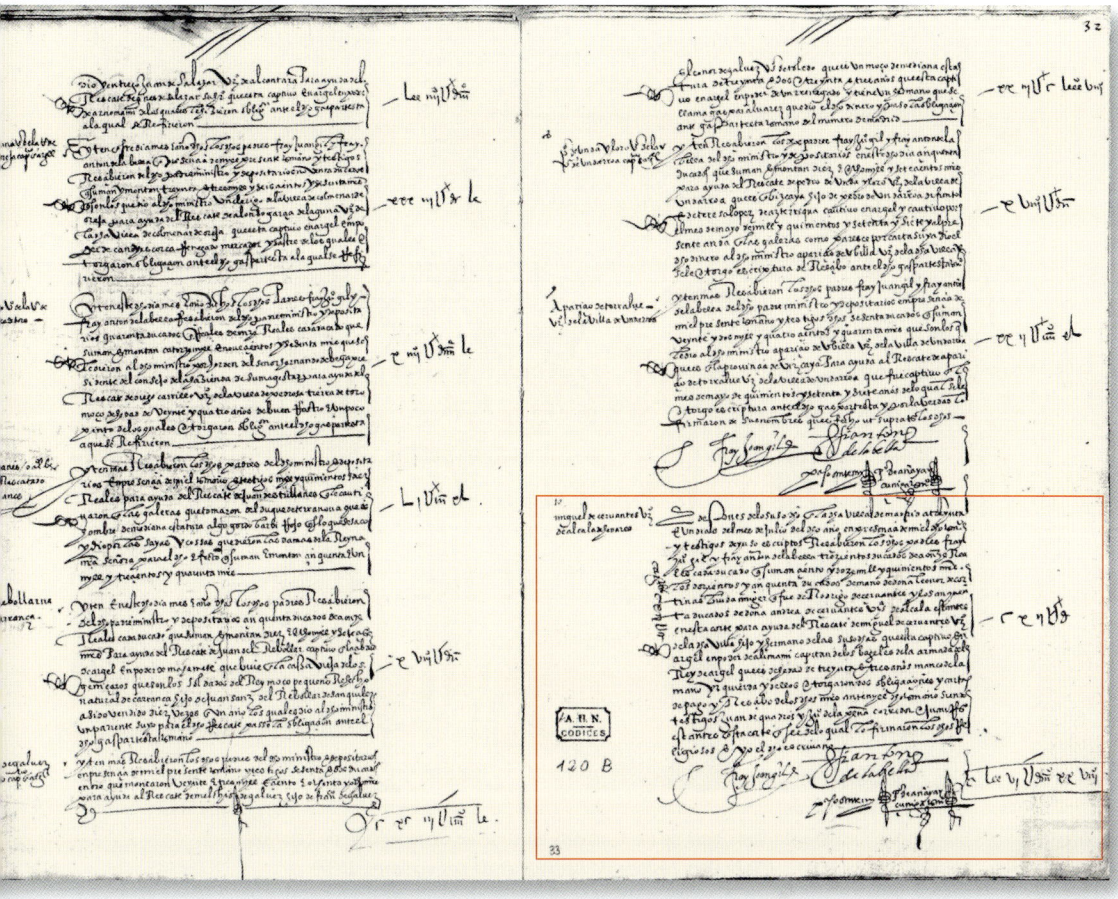

Libro de Redención de Cautivos de Argel, Archivo Histórico Nacional, CODICES,L.120, folio 32 en que se referencia el rescate de Miguel de Cervantes natural de Alcalá de Henares.

De este modo, a pesar de los esfuerzos por encontrar a muchos de los cautivos cuyas familias habían entregado dinero para su liberación, solo pudo liberar a unos pocos en los últimos días de agosto (Andrés Gutiérrez, Antón Gil, Francisco de Aguilar y Rodrigo de Chaves) y los primeros de septiembre (Diego de Benavides, Rodrigo de Frías y Gaspar Martínez). En la partida de rescate de Diego de Benavides —cautivo en Túnez y uno de los testigos de la *Información de Argel*—, firmada el 13 de septiembre aparece como testigo Miguel de Cervantes. Se dice en la misma que su rescate costó 250 escudos de oro en oro «ayudose este cautivo en Argel con docientos escudos de oro en oro, y de la limosna del Consejo de Cruzada fue ayudado con cincuenta escudos de oro» (Sliwa, p. 67).

Imagen tradicional de los trinitarios en su tarea de redención de cautivos
(Pierre Dan, *Histoire de barbarie et de ses corsaires*, 1637).

El puerto de Argel debía ser un hervidero de actividad en estos días de septiembre con los preparativos para la marcha de Hazán Bajá. Hasta once naves se erguían majestuosas en el puerto: cuatro del recién destituido gobernador, y siete que procedían de Constantinopla, de la comitiva del nuevo dirigente argelino. Por más que lo intentaba el fraile trinitario, el gobernador no bajaba el precio de sus cautivos «caballeros graves», por los que tenía estipulado un precio de 500 escudos.

Pero al final, el 19 de septiembre, fray Juan Gil consigue la liberación de Miguel de Cervantes, según se deja constancia en el *Libro de redención de cautivos*:

> En la ciudad de Argel a diez y nueve días de el mes de septiembre, en presencia de mí el dicho notario, el muy reverendo padre fray Juan Gil, redentor susodicho, rescató a Miguel de Cervantes, natural de Alcalá de Henares, de edad de treinta y un

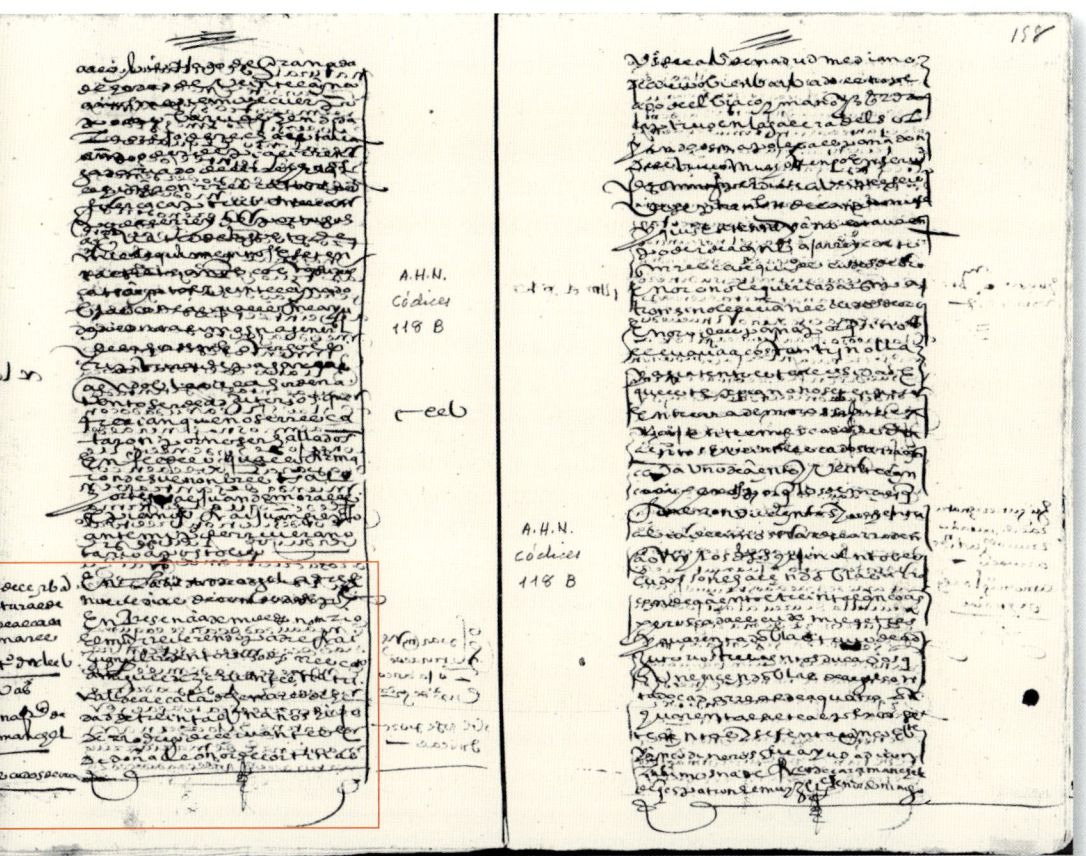

Libro de Redención de Cautivos de Argel, Archivo Histórico Nacional, CODICES,L.120, folios 157v y 158r en que se referencia el rescate de Miguel de Cervantes Cervantes, natural de Alcalá de Henares.

años, hijo de Rodrigo de Cervantes y de doña Leonor de Cortinas, vecinos de la villa de Madrid; mediano de cuerpo, bien barbado, estropeado de el brazo y mano izquierda. Cautivo en la galera del *Sol* yendo de Nápoles a España donde estuvo mucho tiempo en servicio de su Magestad; perdiose a veinte y seis de septiembre del año de mil y quinientos y setenta y cinco. Estaba en poder de Hazán Bajá, rey. Costó su rescate quinientos escudos de oro en oro (fols. 157v-158r).

Alonso Aragonés en su respuesta a la pregunta XVIII en la *Información de Argel* llena este momento de suspense y de ritmo narrativo: Cervantes es liberado de la galera de Hazán donde se encontraba «con dos cadenas y unos grillos» […] «el propio punto y día de la partida» (p. 107). Y la tensión aumenta cuando Hazán, al recibir el pago del rescate de Miguel de Cervantes en moneda argelina, exige que sea en escudos de oro en oro. Nuevas prisas, nuevas negociaciones, nuevos favores hasta conseguir de los mercaderes de Argel que completarán los 220 escudos de oro en oro que necesitaba.

La imagen que deja intuir en su relato Alonso Aragonés no puede ser más novelesca, y así la imaginó Fernández de Navarrete en 1819, y así se ha mantenido en muchas biografías, con un fraile corriendo desesperado en busca del cambio de moneda, con un Cervantes con sus cadenas en la galera, viendo cómo por unos minutos, su suerte iba a ser contraria a sus deseos, y con un final feliz, casi en el momento en que las naves del destituido Hazán Bajá ponían rumbo a Constantinopla:

> Había Azan finalizado su gobierno, que por orden del Gran turco entregó a Jaferbajá, e iba a partir para aquella capital con cuatro bajeles suyos y de su chaya o mayordomo, armados todos con esclavos y renegados propios, llevando además la escolta de otros siete buques que regresaban a Turquía, y ya tenía a bordo a Cervantes, asegurado con grillos y cadenas. Compadecido el P. Gil de su situación, y temiendo se perdiese para siempre la ocasión de lograr la libertad, rogó e instó con la mayor eficacia hasta conseguir rescatarle en quinientos escudos de oro en oro de España, buscando para ello dinero prestado entre los mercaderes, y aplicándole varias cantidades de la redención y de las limosnas particulares hasta completar aquella suma. Concluido este concierto, y gratificados con nueve doblas los oficiales de la galera por sus derechos, fue desembarcado Cervantes el 19 de septiembre, en el momento mismo en que dio la vela Azan Agá para su destino (Madrid, 1819, pp. 50-51)

Pedro de Ribera, notario de la redención de 1580, levanta acta del rescate de Cervantes, estando presente Juan Gil y varios testigos cristianos, como es habitual: Alonso Berdugo, Francisco de Aguilar, Miguel de Molina y Rodrigo de Frías. Sí que aparece en el texto legal el hecho de que Hazán pidiera que se le pagara en escudos de oro en oro, y que se les entregó nueve doblas a los oficiales de la galera del rey Hazán por sus derechos, punto de anclaje para imaginar la escena de la liberación cervantina en el último instante, segundos antes de su salida para Constantinopla.

¿De donde consiguió el fraile trinitario los quinientos escudos que necesitaba para liberar a Cervantes, el último de los redimidos en Argel en la campaña de 1580? A los 300 escudos que llevaba de su familia, entregados en diciembre del año pasado, se le añadieron 50 doblas de la «limosna de Francisco de Carabanchel» y otras 50 de la limosna general de la orden de los trinitarios.

¿El resto? Será una deuda que llevará a sus espaldas Cervantes a la vuelta de Argel, como se destaca en el margen del citado *Libro de redenciones*: una obligación de dos mil reales. En todo caso, no parece que fuera Cervantes la primera opción, sino don Jerónimo de Palafox, también cautivo de Hazán Baján, de unos veinte años de edad. En el *Libro de redención de cautivos* del año 1581, el escribano da cuenta de que el padre trinitario ofreció 500 escudos de oro para el rescate de Jaime de Palafox, pero que el Hazán no lo quiso dar «e así los llevó todos a Costantinopla, por qu'el dicho padre fray Jaun Gil, redentor susodicho, dijo no tenía tanta cantidad que dar por los rescates d'estos cristianos, ni ayuda de sus deudos para sus rescates, ni se hallaba presente con tanta cantidad de escudos para dar por los rescates de los tales. E ansí rescató a Miguel de Cervantes, natural de Alcalá de Henares, por quinientos escudos de oro. E si no lo se diera en oro no se lo dieran» (fol. 183r).

El 24 de octubre de 1580, fray Juan Gil se embarca para Valencia, llevándose consigo a los últimos cautivos redimidos, entre los que se encuentra Cervantes. Como se ha indicado, desde su liberación hasta su salida de Argel, Cervantes dedicará su tiempo a cerrar sus negocios y también su memoria, gracias a la *Información de Argel*, el documento con el que espera abrirse camino por los estrechos pasillos de la corte. Como sucediera con el resto de los cautivos en 1580, su primer puerto de llegada fue Denia, en tierras valencianas.

Miguel de Cervantes deja Argel siendo otro. Otro Cervantes que, si nos atenemos a los datos de la *Información de Argel*, se ha construido a base de la relación directa con caballeros, eclesiásticos y capitanes, pero también con los más pobres y desarrapados de los cautivos cristianos, que se dan cita en los baños argelinos. Y de aquí, a su trato constante con berberiscos y renegados. Cervantes, ahora con 33 años es algo más que un soldado aventajado que marchaba a la corte en busca de una patente de capitán, que le permitiera sobrevivir gracias aeste oficio. Algo ha quedado en Argel y, seguramente, mucho se lleva de Argel. Ha sido testigo privilegiado de una nueva forma de vivir, más allá de la encorsetada sociedad en la que ha puesto sus cimientos la Monarquía Hispánica, que empieza a mostrar síntomas de debilidad por estos años.

Cervantes llega a Madrid en 1580 con el deseo de reencontrarse con su familia, con los sueños de un puesto en la corte de Felipe II, o cerca de su secretario Mateo Vázquez, con mil experiencias en su recuerdo, con algunos versos y sueños de otros tantos que quiere escribir, con algunos favores que piensa cobrar entre los hijos de algunos de los apellidos más influyentes y con deudas, esas deudas contraídas con los trinitarios. Algunas para toda la vida (no se olvide que terminará siendo enterrado en la Iglesia de San Bartolomé en el Convento de las Trinitarias en Madrid). Otras que espera poder pagar en poco tiempo gracias a la nueva vida que comienza a construir en Madrid y en Lisboa en 1580.

Pero esta será otra historia. Pero este será otro libro. Un libro que tendrá en la corte, en la particular corte de la Monarquía Hispánica, su razón de ser.

6. Miguel de Cervantes, los huesos (a modo de epílogo en construcción)

El 22 de abril de 1616 muere Miguel de Cervantes Saavedra en su casa madrileña de la calle León, esquina Francos (hoy calle Cervantes). Con él se encontraban su mujer, Catalina de Salazar, su sobrina Constanza, los dueños de la casa, la familia Gabriel Martínez con su hijo Francisco, capellán en la cercana iglesia de San Bartolomé del convento de las Trinitarias y varios hermanos de la Venerable Orden Tercera de San Francisco, de la que Cervantes era hermano profeso desde el 2 de abril de este mismo año.

Poco sabemos del entierro de Miguel de Cervantes al día siguiente. Al ser hermano profeso, su cuerpo sería amortajado con el sayal franciscano, con el rostro y una parte de la pierna derecha al descubierto. En su casa, los hermanos terceros, postrados de rodillas, rezarían las oraciones del Santo Sudario, y estos mismos hermanos, «de hábito descubierto», en comitiva llevarían el cuerpo a la iglesia cercana, donde recibiría sepultura entre el repicar de campanas. Pocos son los que oyeron tal sonido, los que serían testigos de la comitiva. Madrid aquel 23 de abril estaba volcada en la procesión de la Santísima Virgen de Atocha desde la iglesia parroquial de Santa María al de Santo Domingo en rogativa por la lluvia. Madrid se ahogaba por la sequía de los últimos meses.

Blas Nasarre, del que tuvimos ocasión de hablar al contar los entresijos del descubrimiento de la partida de bautismo de Miguel de Cervantes, es también protagonista de un documento relacionado con su muerte. En 1749, en el prólogo de su edición de las *Comedias y entremeses* de Cervantes, que publicó en Madrid Antonio Marín, incluye por primera vez la partida de defunción de Cervantes, conservada actualmente en la cercana Parroquia de San Sebastián:

> En 23 de abril de 1616 años murió Miguel de Cervantes Saavedra, casado con Doña Catalina de Salazar, Calle del León. Recibió los Santos Sacramentos de mano del licenciado Francisco López. Mandose enterrar en las Monjas Trinitarias. Mandó dos misas del alma, y lo demás a voluntad de su mujer, que es testamentaria, y al licenciado Francisco Núñez, que vive allí.

En el convento de las Trinitarias fue enterrado Cervantes en 1616, pero sus restos, ¿permanecen desde entonces en la iglesia? Martín Fernández de Navarrete en 1819 se hacía eco de las transformaciones sufridas en el convento ya en el siglo XVII, y que los huesos de Cervantes se movieron de su ubicación inicial:

> Cuando en el año 1633 se establecieron las religiosas trinitarias en el nuevo convento de la calle de Cantarranas, exhumaron y trasladaron a él los huesos de las religiosas que habían fallecido desde la fundación, y los de aquellos parientes suyos que por costumbre o devoción se habían enterrado en la iglesia de su primitiva residencia. Es natural que los restos de Cervantes tuviesen igual suerte y paradero (p. 195).

Con el triunfo de la Revolución de 1868, conocida como la «Gloriosa», por la que se destrona a la reina Isabel II y da comienzo un periodo denominado como sexenio democrático (tres años del reinado de Amadeo I y otros de la Primera República Española), que terminó con la restauración borbónica en 1874 en la figura de Alfonso XII, el convento de las Trinitarias estuvo a punto de ser demolido para construir un mercado público. Las monjas entonces solicitaron ayuda a la Real Academia Española y los restos de Cervantes, ahora reivindicados por su presidente, el Marqués de Molins, obran el milagro. El 10 de marzo de 1870 la RAE aprueba el «probatorio del enterramiento de Cervantes» presentado por el Marqués de Molins, y en esa misma fecha se decide colocar en la fachada una placa de mármol de Carrara realizado por uno de los escultores más importantes del momento, Ponciano Ponzano, con el siguiente texto:

> A
> Miguel de Cervantes Saavedra,
> que por su última voluntad yace
> en este convento de la Orden Trinitaria,
> a la cual debió principalmente su rescate, la Academia Española.

¿Dónde, en qué parte del convento o de la iglesia se encontraban los restos de Cervantes en concreto? Esta es la pregunta a la que quiso dar respuesta hace unos años un historiador, Fernando Prado, como un medio de revitalizar la zona, convertir el Convento de las Trinitarias en un foco turístico y cultural más allá de las placas que se han ido superponiendo dentro de la Iglesia después de la inaugural de 1870. El telón de fondo de Shakespeare y de la gran labor que se ha realizado en Stratford-upon-Avon, con su casa natal a la cabeza, era uno de los argumentos

6.- Miguel de Cervantes, los huesos (a modo de epílogo en construcción)

Monasterio de las Trinitarias, lápida que mandó poner la RAE en 1870 y detalle del libro de defunciones de la parroquia de San Sebastián donde consta la de Miguel de Cervantes.

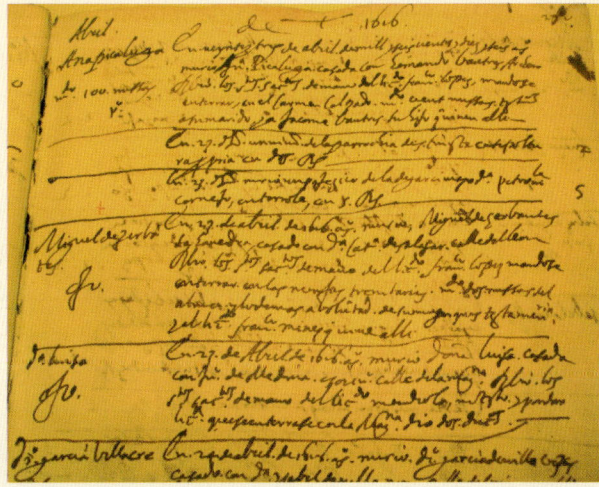

para intentar algo similar en Madrid, la verdadera ciudad de Cervantes, donde el escritor vivió la mayor parte de su vida y donde escribió toda su obra, que vio publicada en varias de las imprentas más conocidas de la villa y corte.

Los trabajos para buscar la ubicación exacta de los huesos de Cervantes en la Iglesia del Convento de las Trinitarias de Madrid comenzaron el 28 de abril de 2014. Más que las fotos con el geo-radar que recorrieron todo el mundo, que fueron portada de periódicos y abrieron numerosos telediarios, me interesa recordar la hipótesis de trabajo inicial, tal y como su promotor, Fernando Prado, la expuso a los medios de comunicación. La búsqueda se hacía por primera vez utilizando los medios tecnológicos más avanzados, y se esperaba poder identificar el esqueleto de Cervantes, aunque estuviera mezclado con otros huesos, por una serie de datos anatómicos que se conocían de Cervantes: «Aparte de las lesiones dentales, el radio y el cúbito de su brazo izquierdo los tenía Cervantes muy dañados por el disparo que recibió en la batalla de Lepanto, en la que tan bravamente combatió. [...] El otro dato es que Cervantes sufrió además un arcabuzazo en el pecho, por lo cual su cavidad torácica conservará secuelas detectables por los especialistas». Se buscaba un esqueleto completo con marcas del pasado, y todos estábamos ansiosos —y curiosos— de que tal descubrimiento terminaría por devolverle la vida a un barrio maltratado por la historia y por los presentes etílicos. El 7 de octubre de 2014 se dieron a conocer las conclusiones del trabajo con el geo-radar, destacándose cuatro enterramientos localizados: la cripta, con treinta y seis nichos con restos; cuatro enterramientos en la nave de la Iglesia; otros cinco posibles enterramientos, y por último, un enterramiento procedente de la primitiva iglesia.

Los trabajos de excavación en la cripta comenzaron el 24 de enero de 2015 y acabaron el 28 de febrero, con un equipo multidisciplinar coordinado por la Sociedad de Ciencias Aranzadi, dirigido por Francisco Etxeberría. El Arzobispado de Madrid dio permiso a que se realizaron las excavaciones, pero con una condición: todos los trabajos se habían de hacer en su interior. De esta manera, al tiempo que se realizaban las excavaciones, se montó un laboratorio de campaña para realizar el estudio antropológico de los restos óseos exhumados. La pequeña cripta del Convento de las Trinitarias se llenó no solo de personas, equipos, utensilios sino también de la esperanza de encontrar alguna pista que pudiera identificar los restos de Miguel de Cervantes.

Se decidió comenzar los trabajos con los treinta y seis nichos. Lo primero, era utilizar una cámara endoscópica para visualizar el interior, y saber si conservaba o no enterramientos. Tan solo siete ofrecían enterramientos de adul-

6.-Miguel de Cervantes, los huesos (a modo de epílogo en construcción)

Comienzo de los trabajos de geo-radar (2014).

tos, el resto o lo eran de capellanes (7), de niños (20) o estaban vacíos (2). De los adultos, según el estudio osteológico de los huesos, se comprobó que eran mujeres. Pero junto a los cuerpos se encontraron numerosos objetos, y nada más abrir una de las criptas sin inscripción funeraria apareció la sorpresa. Era tal la expectativa mediática que a estas alturas la búsqueda de los restos de Cervantes había despertado en los medios de comunicación, que nadie dudó de a quién se referían las iniciales que se encontraron en una tabla: «M.C.»

Pero nada en Cervantes puede ser así de simple. En realidad, esta madera pertenecía al enterramiento de un niño realizado en el siglo XIX, dado que todas las piezas de metal son idénticas, muestra de que se hicieron en época industrial.

Hagamos una pausa en el relato y tomemos aire para una reflexión. Hasta este momento del proyecto —desde sus promotores a los científicos de las distintas áreas implicadas— no estaba buscando al Miguel de Cervantes hombre enterrado en la Iglesia; se estaba buscando al Miguel de Cervantes mito, a ese que llenaba minutos y minutos, páginas y páginas, bits y bits en los medios de comunicación analógicos y digitales. Se buscó en la iglesia porque no se podía pensar que el escritor genial pudiera haber sido enterrado en un lugar menos solemne. Se siguió buscando en los nichos de la cripta porque allí es donde el imaginario colectivo colocaría a quien es considerado uno de los mejores escritores de todos los tiempos. Pero nadie se había preocupado, nadie hasta este momento había vuelto la vista al hombre, a

Trabajos de excavación en la cripta del Convento de las Trinitarias (2015).

ese Miguel de Cervantes que había sido enterrado casi sin acompañamiento unos siglos antes, a ese Miguel de Cervantes que tendrá que esperar a que los lectores ingleses lo valoraran y le impusieran la corona de la genialidad literaria, llegando, ni más ni menos, que a ser considerado el padre de la narrativa moderna.

Será en este momento cuando se vuelva la vista al hombre, se busque al Miguel de Cervantes que vivió en la calle de Francos y que fue enterrado, como uno más, en un pequeño convento, fundado cuatro años antes, y que nunca ha destacado por nada en la compleja vida de Madrid, a no ser por haber tenido entre sus enterramientos el cuerpo anónimo de Miguel de Cervantes Saavedra.

Será en este momento de la investigación, casi un año después de que empezaran los trabajos con el geo-radar en abril de 2014, cuando se intente buscar en la documentación —es decir, en las huellas que la historia cotidiana va dejando grabadas en los miles de pliegos y folios que conservan nuestros archivos y bibliotecas— alguna traza, alguna pista que permitiera seguir avanzando a los equipos que se habían adentrado en el Convento de las Trinitarias con su tecnología de última generación, y con resultados nulos al propósito que se les había encomendado. La labor de revisión de las fuentes y la redacción del informe histórico del proyecto recayó en el historiador Francisco José Marín Perellón, bibliotecario del Ayuntamiento de Madrid. La consulta de la rica documentación conocida y de los nuevos documentos que consiguió descubrir entre febrero y marzo de 2015 permitió dar al equipo de arqueólogos la pista para saber dónde deberían excavar, donde deberían haber comenzado a excavar un año antes, volviendo inútiles todos los trabajos que se habían llevado a cabo, por más que habían utilizado la más avanzada tecnología.

Desde 1612 a 1630, mientras el Convento estuvo bajo el gobierno y amparo de su fundadora, Francisca Romero Gaitán, se habían realizado en la primitiva iglesia diecisiete enterramientos: once adultos (seis hombres y cinco mujeres) y seis niños. Gracias al libro de defunciones de la Iglesia de San Bartolomé conocemos el nombre y fecha de enterramiento de todos ellos:

ENTERRAMIENTOS EN LAS TRINITARIAS 1609-1630

Fecha de defunción	Nombre
Julio 1613	Francisco de Villafaña
Abril 1616	Juana López
Abril 1616	Miguel de Cervantes
Agosto 1620	Francisco Martínez
Septiembre 1621	Francisco de Santiago
Septiembre 1622	María Gaitán
Noviembre 1622	Gabriel Martínez
Mayo 1623	María Gutiérrez
Enero 1624	Francisco Martín
Octubre 1626	Catalina de Salazar
Abril 1627	Niño de Pedro Paraller
Abril 1627	Niño de Pedro Paraller
Julio 1627	María de Padilla
Noviembre 1627	Niño de Pedro Cáceres
Febrero 1628	Niño de Juan Sánchez
Octubre 1628	Niño de Miguel Salinas
Octubre 1628	Niña de Miguel Sánchez

En 1630 el Convento consiguió un nuevo Patronato. El 20 de diciembre de este año, María de Villena y Melo, marquesa viuda de Villena, firmaba el documento por el que se comprometía a hacer frente con sus rentas y bienes en Castilla y Portugal de la dotación de la comunidad de las Trinitarias Descalzas. En este momento comenzaron unas dilatadas obras de remodelación de la iglesia primitiva, que solo fueron terminadas en 1730, cuando se dan por finalizados los trabajos

Descubrimiento del osario/depositario nº 32, donde se encontraban los restos de Cervantes.

de remodelación de la antigua cripta. De tal manera, los primeros enterramientos de la primitiva iglesia, mientras se estaban haciendo los trabajos de remodelación, fueron trasladados, en su conjunto, a un lugar del convento indeterminado a la espera de ser de nuevo enterrados en el nuevo espacio acondicionado a tal efecto. «Donde haya lugar» es lo único que dice la documentación. Este es el espacio que ocuparon los huesos de los primeros enterramientos mientras se realizaban las obras, que terminaron durante un siglo.

En 1698 la nueva iglesia fue consagrada con toda la solemnidad que es propia a estas ceremonias. En este año en la contabilidad del covento se apunta un gasto del traslado de los restos mortales de la iglesia vieja a la nueva.

Este será el dato (nada glorioso, nada mítico, todo él documentado) que permitió avanzar en su búsqueda al equipo de investigación: no hay que buscar tumbas, ni nichos, no hay que buscar ataúdes sino un conjunto de huesos, enterrados directamente en la propia tierra. Este es el destino de los huesos reales de un hombre real por más que su obra lo haya convertido en un mito. Y en efecto, en la cripta, justo en el rincón de la izquierda frente a los nichos, que habían ocupado la atención en los dos primeros meses de excavaciones, a una cota de 135 centímetros bajo el suelo enlosado, se documentó la presencia de una reducción

6.-Miguel de Cervantes, los huesos (a modo de epílogo en construcción)

Trabajos de exhumación de los restos del osario/depositario nº 32.

de huesos, directamente enterrados en la arena. En la organización del terreno de la cripta, se le asignó el nombre de Osario/depositario nº 32.

Después de analizarlo se han podido identificar quince cuerpos diferentes: diez adultos (cuatro hombres, dos mujeres y otros cuatro de imposible identificación) y cinco niños. Además, mezclados con

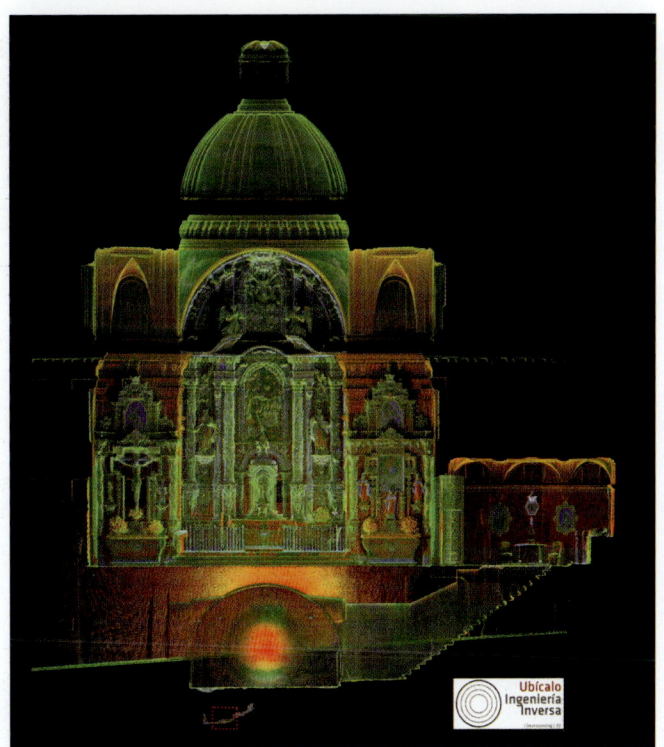

Localización exacta del osario/depositario nº 32 en el Convento de las Trinitarias.

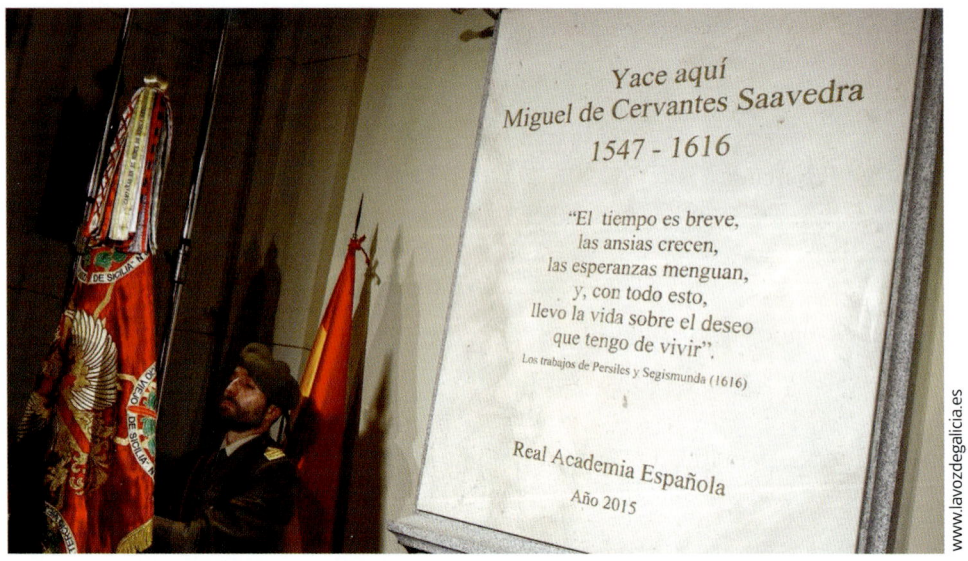

Inauguración de la nueva placa en el Convento de las Trinitarias (2015).

los huesos, hay restos de tejidos del siglo XVII y varias monedas de 16 maravedís de la época de Felipe IV.

Este gráfico de la Iglesia de San Bartolomé en el Convento de las Trinitarias Descalzas muestra claramente el lugar exacto donde terminaron siendo enterrados los huesos de Cervantes —con el resto de los enterramientos primitivos— en 1698, después de las obras de remodelación que sufrió la iglesia.

Los resultados de la investigación del lugar del enterramiento de los restos de Cervantes se dio a conocer en una multitudinaria (sofocante y acalorada) rueda de prensa el 16 de marzo de 2015. El 11 de junio de este año, se inauguró una nueva placa en el interior de la Iglesia de San Bartolomé, que cubre un nicho donde se han depositado todos los huesos encontrados en el osario/depositario nº 32. La Real Academia Española, para la ocasión, eligió un fragmento de la carta dedicatoria al Conde de Lemos del *Persiles*, en que el corrector de algún ordenador le cambió el título a la forma habitual que se tiene de nombrar esta obra, que no es otro que *Los trabajos de Persiles y Sigismunda* (y no el moderno *Segismunda* que ha quedado grabado en la nueva placa).

* * *

Si he querido terminar aquí esta primera parte de la biografía cervantina, con esta noticia que ha dado la vuelta al mundo y que ha permitido comprobar cómo el mito de Cervantes sigue vivo —y bien vivo— al poco tiempo de conmemorarse los cuatrocientos años de su muerte, no ha sido por terminar con una novedad cultural y mediática ni tampoco para denunciar que, por diversas circunstancias, al no contar desde un primer momento con los cervantistas y expertos en la materia (o en la búsqueda documental), se han tirado a la basura cientos de miles de euros de dinero público y el tiempo de arqueólogos y forenses, que han trabajado en balde para la finalidad para la que se les había convocado. Otro cantar es la valiosísima información obtenida de enterramientos de los siglos XVIII y XIX, que permitirá comprender mejor cómo era el centro de Madrid por estos años. Nada de eso. Me interesa acabar con esta historia la primera parte de este acercamiento biográfico a Miguel de Cervantes, el de sus años de construcción, para mostrar la necesidad que tenemos todavía de rescatar al hombre que fue Miguel de Cervantes frente a la montaña de sombras que supone el mito Miguel de Cervantes. Si el uno está lleno de matices, de lugares oscuros, de una supervivencia que lo convierte en un luchador, el mito se ha llenado de bronces, de mármoles, de lugares comunes y de falsedades que se repiten como puños. En estos meses de circo mediático, de largos artículos en la prensa y de debates encendidos en los medios de comunicación, los «cervantistas» de un día han aflorado como las setas en otoño. Hablar ex cátedra desde el mito es muy fácil. Solo hay que saber ensamblar algunos tópicos y hacerlo con la seguridad de saber que al día siguiente tendrás los micrófonos, los platós y los titulares de la prensa a tu disposición. Pero hablar desde el hombre, desde el conocimiento, desde el acercamiento a una época que aún hoy sigue admirando a propios y extraños, como son los Siglos de Oro, eso es otro cantar, el específico de la ciencia, que es necesario reivindicar. Lo único que tiene sentido.

Esta primera parte de la biografía de Cervantes acaba justo en el momento en que nuestro autor vuelve a Madrid, a ese espacio fuera de toda geografía que es la corte. Vuelve para quedarse. Vuelve para hacer de Madrid el espacio en que se desarrollará finalmente como persona, como padre de familia, como escritor, como funcionario de la compleja administración de la Monarquía Hispánica.

Se ha evaluado en más de 200.000 euros el coste directo de la búsqueda del lugar exacto de los huesos de Miguel de Cervantes en el Convento de las Trinitarias, en el corazón del madrileño Barrio de las Letras durante el año en que se ha llevado a cabo la investigación. ¿Y con qué finalidad se ha realizado esta enorme inversión? ¿Para poner una nueva placa en el interior de la Iglesia en sustitución de una imagen de San Antonio de Padua, donde al poder municipal (alcaldesa de Madrid) y académico (director de la RAE), se le añadieron el militar y el religioso, para conmemorar a Cervantes con unos versos del *Persiles y Sigismunda*? ¿Para seguir alimentando un mito que es ya universal, que mira por encima del hombro estas y otras iniciativas realizadas al margen de cualquier conocimiento, viviendo de las rentas de las lecturas mal recordadas en el colegio, con el que muchos de los políticos se creen con la autoridad de pontificar de lo que no saben (que es casi todo)?

El Miguel de Cervantes hombre, el que se construyó, palmo a palmo, día a día, en una de las épocas más fascinantes de nuestra historia, como es la conocida como Siglos de Oro, la época del momento de esplendor de la Monarquía Hispánica, merece también su homenaje. Merece también nuestro recuerdo. ¿Y qué mejor recuerdo, qué mejor homenaje que rescatar no tanto el lugar exacto donde fueron enterrados sus huesos después de haber sido trasladados en el siglo XVII, como los lugares exactos donde vivió, donde construyó su vida, donde escribió y vio la cara a los primeros lectores de sus obras, esas que se imprimieron en las prensas de Madrid?

Madrid es la ciudad de Miguel de Cervantes. La única de las ciudades en que no tiene casa, no tiene un espacio donde se le recuerde. Alcalá o Valladolid tienen sus casas —escenarios míticos de su infancia, de su fracaso siguiendo las huellas del traslado de la corte—. Argel tiene su cueva. Argamasilla de Alba su cárcel. ¿Y Madrid? Madrid dejó morir su recuerdo, su cordón umbilical con Miguel de Cervantes cuando a principios del siglo XIX no hizo nada para preservar la casa que lo vio morir. Corría el año de 1833 cuando Mesonero Romanos publica un artículo en la *Revista Española*, justo el día 23 de abril, denunciando las prisas con que se estaba derribando una casa en el centro de Madrid, concretamente «la casa número 20 de la manzana 228 [de la calle León] que hace esquina y vuelve a la de Francos». Y estando allí pensativo, se le acerca Roberto Welford «joven inglés de ilustre nacimiento» que le pregunta si aquella casa es la suya.

—No, no es mía, ni un sentimiento material y mezquino es lo que me ocupa en este momento; más sublime es la idea que me hacen nacer esas ruinas, y V. sin duda participará mi sensación cuando le diga que en esa casa que desaparece ante nuestra vista vivió y murió pobremente Miguel de Cervantes Saavedra.
—¡La casa de Cervantes...! [...] ¡Es posible!—, exclamó con resolución. ¿Y quién se atreve a profanar la morada del *escritor alegre, del regocijo de las musas*?
—El interés, míster, el interés sin duda.

6.- Miguel de Cervantes, los huesos (a modo de epílogo en construcción)

Y así sucedió finalmente: en abril de 1833, la especulación inmobiliaria de Madrid acabó con la última casa en que vivió Miguel de Cervantes, la casa en la que murió y de la que fue trasladado al cercano convento de las Trinitarias Descalzas. De nada sirvió el interés que el rey Fernando VII prestó al tema después de leer el artículo y su deseo de comprarla antes de ser definitivamente derruida, de nada las presiones del Comisario General de la Cruzada, el Ministro de Fomento o el propio alcalde de Madrid; Luis Franco, su dueño, se salió con la suya y en unos días no quedaba ya memoria de uno de los pocos espacios históricos que recordara la vida de Cervantes en la villa y corte.

Placa en la casa destruida donde murió Cervantes (2015).

Eso sí, al año siguiente se instaló una placa en la fachada del nuevo bloque de apartamentos —con los que el propietario seguramente revalorizó su inmueble—, donde puede leerse aún hoy en día: «Aquí vivió y murió Miguel de Cervantes Saavedra, cuyo ingenio admira el mundo». Y este mismo año de 1834, para cerrar la cuadratura del círculo, el recién nombrado alcalde de Madrid, el marqués de Pontejos, decide realizar un desagravio a la figura y la memoria del escritor alcalaíno, y ordena cambiar el nombre de la calle Francos por el de Cervantes, para que así la puerta de la nueva casa dé a la calle de uno de sus más insignes vecinos (unas casas más allá está la de Lope de Vega). Grave error, pues la casa original, la que nunca debimos perder y siempre debemos recordar, en realidad daba a la calle León, justo al lado del Mentidero de los representantes, y no como la actual.

Miguel de Cervantes se fue construyendo a lo largo de toda su vida. Se construyó desde el infortunio y la ambición. «Yo sé quien soy»… pero sobre todo «yo sé quien quiero ser» será su grito de vida. No es casual que estas palabras salgan de la boca de don Quijote a la vuelta de su primera salida, cuando, solo y herido, derrotado según la perspectiva de los otros, es capaz de levantarse por encima del barro de la miseria cotidiana y cabalgar a lomos de sus palabras, que no son más que sueños hechos realidad en el negro sobre blanco que multiplicará por todo el mundo la imprenta. Y en este engranaje de identidades, de mitos, soñadores y hombres, el Miguel de Cervantes de carne y hueso merece nuestra atención y nuestro respeto. Solo así podremos también nosotros, lectores curiosísimos, acercarnos a sus obras, a sus sueños, con la seguridad de que nos enriqueceremos con su lectura. Con la memoria de su lectura.

Vale.

Bibliografía

AA.VV. (2016): *Cartas autógrafas de Miguel de Cervantes Saavedra. Edición conmemorativa del IV Centenario de su muerte 1616-2016*, Madrid, Círculo Editorial.

ALLEN, John J. (1976): «Autobiografía y ficción: el relato del capitán cautivo (*Quijote*, I, 39-41)», *Anales Cervantinos*, 15, pp. 149-155.

ALVAR Carlos (dir) (2005-2016): *Gran enciclopedia cervantina*, Madrid y Alcalá de Henares (9 tomos).

ALVAR, Alfredo (2004): *Cervantes. Genio y libertad*, Madrid, Temas de hoy.

——, (2014): *Un maestro en tiempos de Felipe II. Juan López de Hoyos y la enseñanza humanista en el siglo XVI*, Madrid, La Esfera de los libros.

Archivo Histórico de Protocolos de Madrid (2001): *20 documentos sobre Cervantes en el Archivo Histórico de Protocolos de Madrid*, Madrid, Comunidad de Madrid, Dirección General de Archivos, Museos y Bibliotecas; Caja Madrid, Obra Social.

ARMIÑÁN, Luis de (1941): *Hoja de servicios del soldado Miguel de Cervantes Saavedra. Espejo doctrinal de infantes y de caballeros*, Madrid, Ediciones Españolas.

ASENSIO Y TOLEDO, José María (1864): *Nuevos documentos para ilustrar la vida de Miguel de Cervantes Saavedra: con algunas observaciones y artículos sobre la vida y obras del mismo autor, y las pruebas de la autenticidad de su verdadero retrato*, Sevilla, Imp. y Litogr., Librería Española y Extrangera de D. José M. Geofrín.

ASTRANA MARÍN, L. (1948-1958): *Vida ejemplar y heroica de Miguel Cervantes Saavedra*, Madrid, Reus.

AVALLE-ARCE, Juan Bautista (1975): «La captura (Cervantes y la autobiografía)» [1968], en *Nuevos deslindes cervantinos*, Barcelona, Ariel, pp. 277-333.

BARRIO GOZALO, Maximiliano (2006): «El corso y el cautiverio en tiempos de Cervantes», en *Investigaciones históricas: Época moderna y contemporánea*, 26, pp. 81-114.

BENNASSAR, B y L. (1989): *Los cristianos de Alá. La fascinante aventura de los renegados*, Madrid, Nerea.

BLASCO, Javier (2006): *Cervantes, un hombre que escribe*, Valladolid, Difácil.

BOUZA ÁLVAREZ, Fernando J. (2012): *«Dásele licencia y privilegio»: Don Quijote y la aprobación de libros en el Siglo de Oro*, Tres Cantos, Madrid, Akal.

BRAUDEL, F. (1953): *El Mediterráneo y el mundo mediterráneo en la época de Felipe II*, México, F.C.E.

BROWN, Kenneth; BLANCO-ARNEJO, María Dolores (1989): «Dos documentos inéditos cervantinos», *Cervantes: Bulletin of the Cervantes Society of America* 9/2, pp. 5-20.

CAMAMIS, Georges (1977): *Estudio sobre el cautiverio en el Siglo de Oro*, Madrid, Gredos.

CAMPOS Y FERNÁNDEZ DE SEVILLA, F. Javier (2000): «Cervantes, Lepanto y El Escorial (nueva interpretación de la historiografía clásica sobre la relación existente entre la batalla naval y el monasterio, a la luz de los documentos de la época y del propio testimonio de Cervantes)», en *Volver a Cervantes. actas del IV Congreso Internacional de la Asociación de Cervantistas. Lepanto, 1/8 de octubre de 2000*, pp. 1-23.

Canavaggio Jean, (1983) *Cervantes*, Madrid, Espasa Calpe (última reedición de 2015).
—, (1989): «Cervantes en su vivir: ¿Un arte nuevo para una nueva biografía?», *Anthropos*, 98/99, pp. 41-49.
—, (1992): *Cervantes, en busca del perfil perdido*, Espasa-Calpe, Madrid.
—, (2000): *Cervantes entre vida y creación*, Centro de Estudios Cervantinos, Alcalá de Henares.
Caro Baroja, Julio (1991): *Las falsificaciones de la historia (con relación a la de España)*, Barcelona, Círculo de Lectores.
Carreño, Antonio (2007): «Que 'en tantos cuerpos vive repetido': Lope de Vega», *Calíope*, 13 (1), pp. 93-113.
Cassol, Alessandro (2000): *Vita e scrittura. Autobiografie di soldati spagnoli del Siglo de Oro*, Milano, LED.
Castronuovo, Marta (2005): «El cardenal Julio Acquaviva y Miguel de Cervantes», en Pere Jordi Figuerola Rotger (ed.), *Cervantes en el Mediterráneo* [catálogo], Barcelona, Museo Diocesano de Barcelona, pp. 53-63.
Cervantes, Miguel de (2014): *La Galatea*, edición de Juan Montero, en colaboración con Francisco J. Escobar y Flavia Gherardi, Madrid, RAE.
—, (2001): *Novelas ejemplares*, edición de Jorge García López, Barcelona, Crítica.
—, (1983): *Viaje del Parnaso*, edición de Miguel Herrero García, Madrid, CSIC.
—, (1987): *Teatro completo*, edición de Florencio Sevilla y Antonio Rey Hazas, Barcelona, Planeta.
—, (2015): *Don Quijote de la Mancha*, edición de José Manuel Lucía Megías, Madrid, Verbum.
—, (2015): *Don Quijote de la Mancha*, edición de Francisco Rico, Madrid, RAE.
Civil, Pierre (1991): «De l'image au texte: portrait de l'auteur dans le livre espagnol des XVIe et XVIIe siècles», en *Le livre et l'édition dans le monde hispanique, XVIe-Xxe siècles: Pratiques et discours paratextuels. Actes du Colloque International CERHIUS* Grenoble, pp. 45-62.
Crespo López, Mario (2002): «Cervantes y la Corte: lecturas biográficas, patrocinio e interpretaciones políticas», *Studia Historica. Historia Moderna*, 24, pp. 255-295.
Estévez, Francisco (2012a): «Asedio genérico a las relaciones soldadescas del Siglo de Oro»» en C. Mata Induráin y A. J. Sáez (ed.) *Scripta manent. Actas del I Congreso Internacional Jóvenes Investigadores Siglo de Oro (JISO 2011)*. Pamplona, Universidad de Navarra, pp. 173-184.
—, (2012b): «La cuestión autobiográfica y el caso de la *Vida del capitán Domingo de Toral y Valdés*», en M.ª P. Saiz y R. Baena (ed.) *Identidad y representación en el discurso autobiográfico*, *Rilce*, 28.1, pp. 125-141.
Fernández, Sergio (2009): *El Mediterráneo de Cervantes, su juventud: Italia y Argel*, México, Fondo para la Cultura y las Artes-UNAM.
Fernández Álvarez, Manuel (2005): *Cervantes visto por un historiador,* Madrid, Espasa Calpe.
Fernández de Avellaneda, Alonso (2014): *Segundo tomo del Ingenioso Hidalgo don Quijote de la Mancha*, edición de Luis Gómez Canseco, Madrid, RAE.
Fernández de Navarrete, Martín (1819): *Vida de Miguel de Cervantes Saavedra,* Madrid, Real Academia Española.
Fernández Nieto, Manuel (1998): «Biógrafos y vidas de Cervantes», *Cuadernos para investigación de la literatura hispánica*, 23, pp. 9-24.

—, (2014): «Cervantes, soldado de la infantería española», en *Revista de Historia Militar*, 116, pp. 207-2014.
FERNÁNDEZ PRIETO, Celia, y Hermosilla Álvarez, M.ª Ángeles (ed.) (2004): *Autobiografía en España: un balance*, Madrid, Visor Libros.
FIGUEROLA ROTGER, Pere Jordi (ed.) (2005): *Cervantes a la Mediterrània / En el Mediterráneo*, Barcelona, Museo Diocesano de Barcelona.
FORONDA, Manuel de (1880): *Cervantes viajero*, Madrid, Fortanet.
FRIEDMAN, E. G. (1983): *Spanish captives in North Africa Early Modern Age*, Madison, University of Wisconsin Press.
GALÁN, D. (2001): *Relación del cautiverio y libertad*, Edición de Miguel Ángel de Bunes.
GALDÓN SÁNCHEZ, Miguel Ángel (2005): *Cervantes en Sevilla. Documentos cervantinos en el Archivo Histórico Provincial de Sevilla*, Sevilla, Junta de Andalucía, Consejería de Cultura, Archivo Histórico Provincial de Sevilla.
GARCÉS, María Antonia (2005): *Cervantes en Argel: historia de un cautivo*, Madrid, Gredos [Original: *Cervantes in Algiers. A Captive's Tale*, Nashville, Vanderbilt University Press, 2002.]
GARCÍA LÓPEZ, Jorge (2015): *Cervantes. La figura en el tapiz*, Barcelona, Pasado & Presente.
GARCÍA REIDY, Alejandro (2013): *Las musas rameras. Oficio dramático y conciencia profesional en Lope de Vega*, Iberoamericana, Vervuert.
GARCÍA REY, Verardo (1929): *Nuevos documentos cervantinos, hasta ahora inéditos*, Madrid, Imprenta municipal
GAYLORD, Mary M. (2001): «El Lepanto intercalado de *Don Quijote*», en A. Bernat Vistarini (ed.), *Volver a Cervantes: Actas del IV Congreso Internacional de la Asociación de Cervantistas (Lepanto, 1-8 de octubre de 2000)*, Palma de Mallorca, Universitat de les Isles Balears, vol. 1, pp. 25-36.
GIVANEL MAS, Juan y GAZIEL (1947): «¿Cómo era Cervantes?», en *Historia gráfica de Cervantes y del Quijote*, Madrid, Plus Ultra, pp. 2-81.
GONZÁLEZ DE AMEZÚA Y MAYO, Agustín (1951): *Opúsculos histórico-literarios*, Madrid, CSIC, 3 vols: en el vol. 1, p. 550 habla de retratos literarios en las portadas de los libros en la época de Cervantes.
—, (1954), «Una carta desconocida e inédita de Cervantes», en *Boletín de la Real Academia Española*, 34: 217-23
GONZALO SÁNCHEZ-MOLERO, José Luis (2004): «La educación principesca en la España Moderna», en AA.VV., *La cultura española en la Edad Moderna*, Madrid, Istmo, pp. 539-567.
—, (2005): «Mateo Vázquez de Leca, un secretario entre libros: 1. El escritorio», *Hispania. Revista española de historia*, 65, nº 221, pp. 813-846.
—, (2010): *La Epístola a Mateo Vázquez: historia de una polémica literaria en torno a Cervantes*, Alcalá de Henares, Centro de Estudios Cervantinos.
GOODWIN, Robert T. C. (2006): «Origins of the Novel in Cervantes's *Información de Argel*», en *Bulletin of Hispanic Studies* 83.4, pp. 317-36.
GRACIÁN DE LA MADRE DE DIOS, fray Jerónimo (2006): *Tratado de redención de cautivos* [1609], Edición y prólogo de Miguel Ángel de Bunes Ibarra y Beatriz Alonso Acero, Sevilla, Espuela de plata.
GRANJEL, L. S., (1974): *El ejercicio médico y otros capítulos de la medicina española*, Salamanca, Universidad de Salamanca.

HERAS SANTOS, José Luis de las (1991): *La justicia penal de los Austrias en la Corona de Castilla,* Salamanca, Universidad.

HORNEDO, Rafael María de, S.J. (1951): «¿Retrató Jáuregui a Cervantes?», en *Anales Cervantinos,* I, pp. 235-247.

IGLESIAS, María del Carmen (2005): *El mundo que vivió Cervantes,* Madrid, Sociedad Estatal de Conmemoraciones Culturales.

JOHNSON, Carroll B. (2004): «Cervantes y la economía argelina, 1575-1580», en *Clm.economía: Revista económica de Castilla - La Mancha,* nº 5, pp. 189-212 (traducido en «The Algerian Economy and Cervantes' First Work of Narrative Fiction.» «Corónente tus hazañas»: Studies in Honor of John Jay Allen. Ed. Michael J. McGrath. Newark, Delaware: Juan de la Cuesta, pp. 271-300)

KAGAN, R. L. (1991): *Pleitos y pleiteantes en Castilla (1500-1700),* Salamanca, Junta de Castilla y León, pp. 40-44.

LAFUENTE FERRARI, Enrique (1935): *Los retratos de Lope de Vega,* Madrid, Imprenta Helénica.

——, (1948): *La novela ejemplar de los retratos cervantinos,* Madrid. Editorial Dossat.

LÓPEZ PIÑERO, J. M. (1979): *Ciencia y técnica en la sociedad española de los siglos XVI y XVII,* Barcelona, Labor.

LÓPEZ TERRADA, M. L. (1999): «La monarquía de Felipe II y el control de las profesiones y ocupaciones sanitarias», en E. Martínez Ruiz (dir.): *Felipe II, La ciencia y la técnica,* Madrid, Actas, pp. 71-90.

LOVETT, Albert W. (1977): *Philip II and Mateo Vázquez de Leca: the Government of Spain (1572-1592),* Ginebra, Libraire Droz.

LUCÍA MEGÍAS, José Manuel (2006): *Leer el Quijote en imágenes,* Madrid, Calambur.

——, (2013), *Miguel de Cervantes Saavedra, natural de Alcalá de Henares,* con ilustraciones de Rep, Azul, Editorial Azul.

——, (2015): «Un personaje llamado Miguel de Cervantes: una lectura crítica de la documentación conservada», *Cuadernos AISPI,* pp. 15-32.

——, (en prensa): «Los compañeros de Cervantes en Argel: el testimonio del Códices L. 120 del Archivo Histórico Nacional», en prensa.

MAGANTO PAVÓN, Emilio (2014): *La familia Villafranca y Miguel de Cervantes. Nuevos documentos cervantinos localizados en el Archivo General de Indias,* Alcalá de Henares, Servicio de Publicaciones.

MANCA, C. (1982): *Il modelo di sviluppo económico delle città barberesche dopo Lepanto,* Napoli, Istituto Universitario Navale.

MARAÑÓN, Gregorio (1947): *Antonio Pérez,* Madrid, Espasa Calpe.

MARÍN CEPEDA, Patricia (2010): «Cuatro personajes en busca de autor para la Topografía e Historia general de Argel: Haedo (Arzobispo de Sicilia), Haedo (Abad de Frómista), Sosa y Cervantes», en Javier Blasco, Patricia Marín Cepeda y Cristina Ruiz Urbón (eds.), *Hos ergo versículos feci... Estudios de atribución y plagio,* Vervuert, Iberoamerciana, pp. 103-140.

——, (2015): *Cervantes y la corte de Felipe II. Escritores en el entorno de Ascanio Colonna (1560-1608),* Madrid, Polifemo.

MÁRQUEZ VILLANUEVA, Francisco (2010): *Moros, moriscos y turcos de Cervantes,* Barcelona, Bellaterra.

MARTÍN, Adrienne L. (1995): «Images of Deviance in Cervantes's Algiers», en *Cervantes: Bulletin of the Cervantes Society of America,* Vol. 15, Nº. 2, pp. 5-15.

Martínez Hernández, Santiago (2002): *Don Gómez Dávila y Toledo, II Marqués de Velada, y la corte en los reinados de Felipe II y Felipe III (1553-1616),* Tesis doctoral dirigida por Fernando Bouza, Madrid, UCM.

——, (2006): «Memoria aristocrática y cultura letrada: usos de la escritura nobiliaria en la Corte de los Austrias», *Cultura Escrita & Sociedad,* 3, pp. 58-112.

Martínez Laínez, Fernando; Sánchez de Toca, José María (2006): *Tercios de España. La infantería legendaria,* Madrid, EDAF.

Martínez Laínez, Fernando (2010): *La guerra del turco. España contra el imperio otomano. El choque de dos gigantes,* Madrid, EDAF.

Martínez Millán, José (dir.), (1994): *La corte de Felipe II,* Madrid, Alianza Editorial.

Martínez Torres, J. A. (2004): *Prisioneros de los infieles. Vida y rescate de los cautivos en el Mediterráneo musulmán (siglos XVI-XVII),* Barcelona, Edicions Bellaterra.

Mateu y Llopis, Felipe (1950): «Las monedas de don Quijote y Sancho», en *Homenaje a Cervantes.* Valencia, Mediterráneo, tomo II, pp. 320-44.

Mayans i Siscar, Gregorio (2006): *Vida de Cervantes* (1738), con estudio introductorio de Antonio Mestre, València, Consell Valencia de Cultura.

——, (1987), *Epistolario,* vol. 7, *Mayans y Martínez Pingarrón, 1,* ed. Antonio Mestre Sanchis, Valencia, Ayuntamiento de Oliva

McGaha, M. D. (1996): «Hacia la verdadera historia del cautivo Miguel de Cervantes», en *Revista Canadiense de Estudios Hispánicos* 20, págs. 548-565.

Mestre Sanchis, Antonio (2006), «Estudio introductorio», en *Vida de Cervantes: por su primer biógrafo, D. Gregorio Mayáns y Siscar,* Valencia, Consell Valencià de Cultura.

Molho, Maurice (1993): «Cervantes and the Terrible Mothers», en El Saffar y Wilson, (eds.), *Quixotic Desire. Psychoanalytic Perspectives on Cervantes,* Cornell University Press, Ithaca, pp. 239-254.

——, (2005): «Yo, Cervantes autobiográfico», en *De Cervantes,* Paris, Editions Hispaniques, pp. 601-616.

Montero, Juan (1995): «Poesía e historia en torno a Lepanto: el ejemplo de Fernando de Herrera», en *Actas del II Congreso de Historia de Andalucía. Andalucía Moderna,* Córdoba, Junta Andalucía y Cajasur, pp. 283-289.

Montiano y Luyando, Agustín de (1753): *Discurso sobre las tragedias españolas,* vol. 1, Madrid, Joseph de Orga

Morel Fatio, A. (1906) «Cervantes et les cardinaux Acquaviva et Colonna», en *Bulletin Hispanique,* 8, 247-256.

Murillo, Luis A. (1981): «El *Ur-Quijote*: nueva hipótesis», en *Cervantes: Bulletin of the Cervantes Society of America,* 1.1-2, pp. 72-98.

Navarro y Ledesma, Francisco (1905): *El ingenioso hidalgo Miguel de Cervantes Saavedra,* Madrid, Imp. Alemana.

Ohanna, Natalio (2011): *Cautiverio y convivencia en la edad de Cervantes,* Alcalá de Henares, Centro de Estudios Cervantinos.

Pazzis Pi Corrales, Magdalena de (2006): «Los tercios en el mar», en *Cuadernos de Historia Moderna. Anejos,* V, pp. 101-134.

Pedraza, Felipe (2006): *Cervantes y Lope de Vega; historia de una enemistad,* Barcelona, Octaedro.

Pellicer, Juan Antonio (1778): *Noticias literarias para la vida de Cervantes,* Madrid, A. de Sancha.

Pelorson, J. (1980): *Les letrados, juristes castillans sous Philippe III: recherches sur leur place dans la société, la culture et l etat* [S. l.; s. n.], Poitiers, Université de Poitiers.

Pensado, José Luis (1987): *Noticia de la verdadera patria (Alcalá) de El Miguel de Cervantes de Fray Martín Sarmiento*, Santiago, Xunta de Galicia.

Pérez Pastor, Cristóbal (1897): *Documentos cervantinos hasta ahora inéditos*, Madrid, Estab. tip. de Fortanet.

——, (1902): *Nuevos documentos cervantinos hasta ahora inéditos*, Madrid, Estab. tip. de Fortanet.

Peyton, M.A. (1962): «The Retrato as Motif and Device in Lope de Vega», en *Romance Notes*, t. IV, pp. 51-57.

Pidal y Mon, Alejandro (1912): *El retrato de Cervantes pintado por Jáuregui y su donación a la Real Academia Española*, Madrid.

Piras, Pina Rosa (2014): *La «Información en Argel» de Miguel de Cervantes: entre ficción y documento*, Alcalá de Henares, Centro de Estudios Cervantinos.

Porqueras Mayo, Alberto (1968): *El prólogo en el manierismo y barroco españoles*, Madrid, CSIC.

Porres, Bonifacio Alonso (1997): *Libertad a los cautivos. Actividad redentora de la Orden Trinitaria*, vols. I-II, Córdoba-Salamanca, Secretariado Trinitario.

Quatrefages, René (1979): *Los tercios españoles (1567-1577)*, Madrid, Fundación Universitaria Española.

Reyero, Carlos (ed.) (1997): *Cervantes y el mundo cervantino en la imaginación romántica*, Madrid, Comunidad de Madrid – Ayuntamiento de Alcalá de Henares.

Rodríguez Marín, Francisco (1947): «El retrato de Miguel de Cervantes. Estudio sobre la autenticidad de la Tabla de Jáuregui que posee la Real Academia Española», [1921], en *Estudios Cervantinos*, Madrid, Atlas, pp. 495-559.

Rodríguez Marín, Francisco (1914): *Nuevos documentos hasta ahora inéditos*, Madrid, Tip. de la «Revista de Archivos, Bibliotecas y Museos».

——, (1916), «Rebusco de documentos cervantinos», en *Boletín de la Real Academia Española*, 3, pp. 210-18, y pp. 336-49.

Rodríguez Moñino, Antonio (1962): «La carta de Cervantes al Cardenal Sandoval y Rojas», en *Nueva Revista de Filología Hispánica*, 16, pp. 81-89.

Rodríguez Mansilla, Fernando (2008): «'Como es uso y costumbre: el retrato autorial en Mateo Alemán y Cervantes», en *Lexis*, XXXII (2), pp. 281-303.

Rodríguez-Rodríguez, Ana M.ª (2013): *Letras liberadas. Cautiverio, escritura y subjetividad en el Mediterráneo de la época imperial española*, Madrid, Visor Libros.

Romera-Navarro, Miguel (1954): *Autógrafos cervantinos: estudio*, Austin, University of Texas.

Rossi, R. (1988): *Escuchar a Cervantes. Un ensayo biográfico*, Valladolid, Ámbito.

Ruta, Maria Caterina (1980): «Le ottave di Cervantes per Antonio Veneziano e Celia», en *Bolletino. Centro di Studi Filologici e Linguistici Siciliani*, 14, pp. 171-185.

Saenz de Tejada Benvenuti, Carlos y Lorenzo Eladio López y Sebastián (1974-1975): «La cueva de Cervantes en Argel», en *Anales cervantinos*, 13-14, pp. 107-136.

Sánchez, Alberto (1973): «Estado actual de los estudios biográficos», en J. B. Avalle-Arce y E. C. Riley (eds.): *Suma Cervantina*, London, Tamesis Books, pp. 3-24 y 411-413.

——, (1989): «La biografía de Cervantes, bosquejo histórico-biográfico», en *Anthropos*, 98/99, pp. 30-40.

—, (1995): «Nuevas orientaciones en el planteamiento de la biografía de Cervantes», en *Cervantes*, Alcalá de Henares, Centro de Estudios Cervantinos, pp. 19-40.

—, (1997): «Revisión del cautiverio cervantino en Argel», en *Cervantes: Bulletin of the Cervantes Society of America*, Vol. 17, Nº. 1, pp. 7-24.

SANTIAGO PÁEZ, Elena (ed.) (2006): *De la palabra a la imagen. El Quijote de la Academia de 1780*, Madrid, Biblioteca Nacional.

SANTOS PUERTO, José; SANTOS VEGA, Elena (2011): «De lo que aconteció cuando Martín Sarmiento se subió a la zebra del moro Muzaraque y encontró a Cervantes en el camino de Alcalá», *Anales Cervantinos*, 43, pp.33-51.

SARMIENTO, Martín, *Noticia de la verdadera patria (Alcalá) de él Miguel de Cervantes estropeado en Lepanto, cautivo en Argel y autor de la historia de D. Quixote y conjetura sobre la Insula Barataria de Sancho Panza*, Biblioteca Nacional de España, MSS/11168.

SERRANO DE MENCHÉN, Pilar (2010): «Don Antonio de Toledo, gran prior de San Juan, valedor en la liberación de Cervantes del cautiverio de Argel», en Francisco Ruiz Gómez, Jesús Molero García (coords.): *La orden de San Juan en tiempos del Quijote*, Congreso Internacional de Historia de la Orden Militar de San Juan (3. 2005. Alcázar de San Juan), pp. 69-84.

SLIWA, Krzysztof, (1988): «Un documento inédito sobre el cautiverio de Miguel de Cervantes Saavedra», *Anales cervantinos*, 34: 341-57.

—, (1997): «Perspectivas en los documentos cervantinos», *Cervantes* 17/1: 175–80.

—, (1999): *Documentos de Miguel de Cervantes Saavedra*, Pamplona, Ediciones Universidad de Navarra.

—, (1999): «Falsificaciones de documentos cervantinos», *Desviaciones lúdicas de la crítica cervantina. Actas del Primer Convivo Internacional de Locos Amenos. Memorial Maurice Molho*. Salamanca, Ediciones Universidad de Salamanca y Universitat de les Illes Balears: 493-503.

—, (2000): *Documentos cervantinos. Nueva recopilación; listas e índices*, New York, Peter Lang.

—, (2001): *El licenciado Juan de Cervantes. Efemérides del licenciado Juan de Cervantes. Documentos y datos para una biografía del abuelo paterno del autor del «Quijote»*, Kassel, Edition Reichenberger.

—, (2006): *Vida de Miguel de Cervantes Saavedra*, prólogo de Kurt Reichenberger, Kassel, Edition Reichenberger.

—, (2013): «Cervantes quería emigrar dos veces a América latina», *Journal of Iberian Studies eHumanista* 25, pp. 25-75.

SOLA, Emilio y DE LA PEÑA, José F. (1995): *Cervantes y la Berbería. Cervantes, mundo turco-berberisco y servicios secretos en la época de Felipe II*, Madrid, Fondo de Cultura Económica.

SOSA, Antonio de (1990): *Diálogo de los mártires (1612)*, edición de Emilio Sola y José María Parreño, Madrid, Hiperión.

TORAL Y VALDÉS, Domingo de (1905): «Relación de la vida del capitán Domingo de Toral y Valdés», en M. Serrano y Sanz (ed.): *Autobiografías y memorias*, Madrid, Bailly Baillière, pp. 485-506.

TORRE Y DEL CERRO, José de la (1923): *La familia de Miguel de Cervantes Saavedra. Apuntes genealógicos y biográficos fundamentados en documentos cordobeses*, Córdoba, Imprenta «La Comercial».

——, (1925): «Cinco documentos cervantinos», en *Boletín de la Real Academia de Ciencias, Bellas Letras y Nobles Artes de Córdoba*, 4/12: 169-83.

ZIMIC, Stanislav (2003): *Los cuentos y las novelas del «Quijote»*, 2.ª ed., Madrid / Frankfurt, Iberoamericana / Vervuert.

ZMANTAR, F. (1980): «Saavedra et les captifs du Trato de Argel de Miguel de Cervantes Saavedra», en *L'Autobiographie dans le monde hispanique. Actes du Colloque de la Baume-lès-Aix, Mai 1979*, Aix-en-Provence, Publications Université de Provence, págs. 185-201.

RECURSOS EN INTERNET
(consultadas el 25 de julio de 2015)

Anales cervantinos: http://analescervantinos.revistas.csic.es/index.php/analescervantinos
Banco de imágenes del Quijote: 1605-1915: http://www.qbi2005.com
Biblioteca Digital Hispánica. Biblioteca Nacional de España: http://bdh.bne.es
Hemeroteca Digital. Biblioteca Nacional de España.
   http://hemerotecadigital.bne.es/index.vm
Biblioteca virtual del Patrimonio bibliográfico:
   http://bvpb.mcu.es/es/consulta/busqueda.cmd
Catálogo Colectivo de las Colecciones de Mapas, Planos y Dibujos de los Archivos Estatales: http://www.mcu.es/ccbae/es/mapas/principal.cmd
Centro de Estudios Cervantinos: http://www.centroestudioscervantinos.es/
Miguel de Cervantes. Biblioteca de Autor. Biblioteca Virtual Miguel de Cervantes:
http://www.cervantesvirtual.com/bib/bib_autor/Cervantes/
Portal de Archivos Españoles. http://pares.mcu.es/
Publicaciones de la Asociación de Cervantistas: http://cvc.cervantes.es/literatura/cervantistas/
El Quijote. Centro Virtual Cervantes. http://cvc.cervantes.es/quijote/

Índice onomástico

Abi-ayad, Ahmad, 245
Acquaviva d'Aragona, Giulio (cardenal),56, 128, 129
Acuña, Diego de, 110, 112
Acuña, Duarte de, 127
Aguilar, Francisco de, 268
Aguirre, Juan, 181
Albiol, José, 39-42
Alcalá Galiano, Antonio, 240
Alciato, Andrea, 24
Aldana, Francisco de, 253
Alemán, Mateo, 20, 21, 128
Alvar, Alfredo, 106, 108
Álvarez, José César, 84
Álvarez de Terán, Concepción, 58
Amadeo I, 272
Amurad III, 143
Antequera, Fernando de, 76
Antich, Jerónimo, 185
Aquaviva, Julio, véase Acquaviva d'Aragona, Giulio
Aragonés, Alonso, 200, 205, 228, 267, 268
Aranda, Miguel de, 223
Arco, Alonso del, 33-35, 40
Ardant Frères, Marcial, 46
Arenas, Fernando de, 76
Argensola (hermanos), 177
Arias Montano, Benito, 121
Armiñán, Luis de, 160, 171
Asensio, José María, 36, 39, 58
Astrana Marín, Luis, 55-60, 74-76, 79, 80-91, 101, 106, 139, 151, 179, 192, 204, 205, 222, 230
Austria, Catalina Micaela de, 112
Austria, Juan de, 14, 146, 149, 153-156, 161, 168-171, 174, 176, 179-182, 206, 207
Avalle-Arce, Juan Bautista, 208
Avellaneda, véase Fernández de Avellaneda, Alonso
Ayala, Bernardino de, 110, 181
Azaña, Manuel, 85

Azevedo, Pedro de, 106

Balaca, Ricardo, 47
Barbárico, Augustín, 159
Barcia, Ángel, 40, 41
Barromero, Bernardo Luis, 159
Bautista Villanueva, Juan, 159, 162
Bazán, Álvaro de, 139, 146, 148, 187
Becerra, Doctor, 261
Bella, Antonio de la, 206, 261, 262
Bembo, Pietro, 131
Benavides, Diego de, 213, 218, 231, 265
Benito de Mena, Francisco, 65
Benito, Nicolás, 65
Berdugo, Alonso, 268
Blanco de Paz, Juan, 212-222, 229, 233
Boccaccio, Giovanni, 131
Bocchi, Pirro, 127
Boqui, Piro, véase Bocchi, Pirro
Bouvier, 35
Bowle, John, 94
Braun, Georg, 130, 190
Buitrago y Peribáñez, Luis, 249

Cabello Lapiedra, 90
Cabello Núñez, José, 59
Cabezas Juan Antonio, 82-85
Cabrera, María, 77
Cano de la Peña, Eduardo, 36, 37, 170
Cañete, Manuel, 249
Caporal Perusino, César, 28
Cárcel, Juan de la, 156
Carlos IV, 60
Carpio, Bernardo del, 22, 24
Carteret, lord, 30, 55
Castañeda, Gabriel de, 156, 182, 224, 247
Castellano, Diego, 213
Castillo (de Bovadilla), José del, 34, 72
Castro, Adolfo de, 251

— 293 —

Catanzaro, Marina de, 138
Cavia, Mariano de, 40
Ceán Bermúdez, Juan Agustín, 57, 60, 62
Cervantes, Andrea (hermana de), 91, 99, 102, 122, 255
Cervantes, Andrés (hermano), 91
Cervantes, Isabel de, 179
Cervantes, Juan (abuelo de), 71-80, 97, 213
Cervantes, Juan de (hermano), 101,
Cervantes, Luisa (hermana), 85, 91, 121
Cervantes, Magdalena de (hermana), 100, 101
Cervantes, María (tía abuela de), 98, 99
Cervantes, Rodrigo (hermano), 91, 101, 177, 180-188
Cervantes, Rodrigo (padre de), 97-101, 182
Cervantes Saavedra, Blas, 89
Cervantes y Contreras, Rodrigo de, 78
Chambery, Bartholomeo Ruffino, 247, 248, 256
Colonna, Ascanio, 256, 257
Colonna, Marco Antonio, 139, 243
Conde de Altamira, véase Pío Osorio Moscoso y Ponce de León, Vicente
Conde de Miranda, 110
Conde de Uceda, 45
Conde del Águila, véase Espinosa y Maldonado, Miguel de,
Condesa de Montijo, 30
Córdido, Diego, 75, 76
Cortinas, Elvira de, 101
Cortinas, Leonor de, 99, 101, 121, 127, 194, 258-267
Courbes, Juan de, 25
Cousa Coutinho, Andrés, 195
Cousa Coutinho, Manuel, 195
Covarrubias, Sebastián de, 84, 165, 245
Croce, Benedetto, 179
Cruz, Juan de la, 30
Cuartas Rivero, Margarita, 62, 99
Cubells, Martial, 159
Cuesta, Juan de la, 69

Díaz, Catalina, 264
Díaz, Diego, 181
Díaz de Benjumea, Nicolás, 178
Díaz de Cervantes, Rodrigo, 71
Doria, Juan Andrea, 139, 148, 155, 159
Duque de Sessa, 26, 62, 72, 176-180

Eguiluz, Martín de, 173
Enríquez, Feliciano, 213, 218

Ensenada, marqués de la, 56
Equicola, Mario, 131
Eraso, Antonio de, 58, 65
Ercilla, Alonso de, 20
Escalante, Bernardino de, 182
Escobedo, Pedro de, 260
Espinosa, Diego de, 115, 118-125, 128, 134, 253
Espinosa, Pedro de, 223
Espinosa y Maldonado, Miguel de, 33, 115
Estéfano, Juan de, 223
Exarque, Onofre, 215, 229-231
Extebarría, Francisco, 274

Federico, Ricardo de, 98
Felipe II, 15, 16, 44, 58, 65, 71, 80, 94, 111-125, 128, 134-136, 139, 142, 143, 149, 152, 161, 176, 183, 184, 196, 228, 234, 252-256, 262, 264, 269
Felipe III, 234
Felipe V, 41
Fernández de Avellaneda, Alonso, 56, 89, 96
Fernández de Navarrete, Martín, 56-60, 90, 94, 128, 169, 224, 230, 268, 272
(Fernández de) Torreblanca, Leonor, 71, 80, 97, 99
Ferrarese, Ali, 232
Figueroa, Juan de, 102
Figueroa, Lope de, 169, 172-177
Figueroa, María de, 89
Figueroa, Mosquera de, 186, 187
Fitzmaurice-Kelly, James, 40
Folkema, Jacob, 166-168
Fondevila Silva, Pedro, 144, 158
Foulché-Delbosc, Raymond, 40
Franco, Luis, 283
Frías, Rodrigo de, 268

Gálvez, Melchor de, 181
Gálvez de Montalvo, 110
Garcés, María Antonia, 245
García de Heredia, 74
García Rey, Verardo, 58
García y Calvo, Sebastián, 88
Garcilaso de la Vega, 25, 131, 253
Gayangos, Pascual de, 249
Getino de Guzmán, Alonso, 112, 113, 116, 127, 260
Gil, Juan, 195, 206, 212-223, 234, 261-269
Godínez de Monsalve, Antonio, 156

Gómez de la Silva, Ruy, 117
Gómez Falcón, Santiago, 88
Góngora, Luis de, 22, 177, 180
González, S. (editor), 46
González, Tomás, 57
González de Torres, Antonio, 195
González Valcárcel, José Manuel, 83
Gormaz, Diego de, 99
Gracián, Diego de, 115
Gracián, Jerónimo de (fray), 199-205
Gracián, Juan, 94
Granjel, 98
Gregorio XIII (papa), 93
Guardo, Antonio de, 23
Guardo, Juana de, 23
Guerola, Miguel Joan, 159
Guevara, Antonio de, 65
Guevara, Luis de, 187
Guzmán, Pérez de, 40

Haarlem, Cornelis van, 35
Haedo, fray Diego de, 189, 234, 235
Hamet, Muley, 175
Hamida, Muley, 175
Harlet, 168
Hartzenbusch, Juan Eugenio, 248, 251
Hause y Menet, 39
Hazán, Bajá, 200, 206, 215, 219, 223-228, 230, 236, 264, 267-269
Henríquez, Pedro, 110
Hernández, María, 75
Herrera, Fernando de, 151
Herrero García, Miguel, 180
Hogenberg, Fran, 130, 136, 190
Hoz, Pedro de la, 74, 75
Hugo, Victor, 94
Hurtado de Mendoza, Diego, 72, 110, 111, 128
Hurtado de Satarén, Lorenzo, 80

Isabel, emperatriz, 104
Isunza, Pedro de, 65

Jáuregui, Juan de, 33, 39, 42, 44, 69
Jesús, María de (sor), 122
Johnson, Carroll B., 232
Juan de Austria, 14, 146, 149, 150, 153-156, 168-174, 176, 180, 182, 206, 207

Kent, William, 30-35, 44, 166, 168,

Lardizábal, Manuel de, 57
Laurent, Jean, 37
Ledesma, Juan, 63
Lemos, conde de, 178
León Maínez, Ramón, 40, 57
Lizcano y Monedero, Ángel, 49
Lope de Vega y Carpio, Félix, 21, 23, 24-28, 103, 108, 116, 117, 131, 133, 188, 245, 283
López, Catalina, 89
López, Andrés, "vezino de Chillarón", 74
López Cervantes, Miguel, 89
López de Hoyos, Juan, 104-108, 115, 116, 119, 124, 125
López Maldonado, Gabriel, 169
López de Mendoza, Íñigo, 77
López de Oñate, Martín, 73
López Baralt, Luce, 245

Madrazo, Luis de, 47
Maganto Pavón, Emilio, 59
Mamí, Arnaute, 206, 209, 223, 233
Mamí, Dalí, 205, 206, 222, 223, 227, 259
Manero, César, 91
Manzano y Mejorada, Víctor, 167
Marín Perellón, Francisco José, 276
Marqués de Casa Torres, 43-45
Marqués de Pontejos, 283
Marqués de Santa Cruz, véase Bazán, Álvaro de
Martín Cepeda, Patricia, 256
Martin del Canto, Alonso, 104
Martínez, Sebastián, 181
Martínez Pingarrón, Manuel, 88, 89
Martínez de Córdoba, Alonso de, 73
Martínez de Lubelza, Juan, 263
Massarolo, Defendi, 232
Maura, Bartolomé, 48
Maximiliano II, 134
Maximiliano, príncipe, 99
Mayans y Siscar, Gregorio, 17, 31, 55, 89, 178
Mechmet, Scorocco, 147
Méndez de Sotomayor, Luis, 72
Mendoza, Andrés de, 180
Mendoza, Diego de, 110
Mendoza, Isabel de, 80
Mendoza, Martín de, 77, 78, 80, 99
Meneses, Francisco de, 224, 247, 261
Mesonero Romanos, Ramón de, 282

Mexia de Ovando, Diego, véase duque de Uceda
Miranda y Marrón, Manuel, 94
Molina, Miguel de, 268
Molina, Tirso de, 194
Moncada, Miguel de, 138
Montiano, Agustín Gabriel, 56, 89
Morán, Jerónimo, 57, 251
Morato, Agí, 230, 236, 237
Morgan, John, 235
Morgan, Joseph, 198
Murad, Hajji, véase Morato, Agí
Musacchi, Francesco, 127
Muzaraque (moro), 96
Muzaqui, Francisco, véase Musacchi, Francesco,

Nanteuil, Célestin, 45
Nasarre, Blas Antonio, 56, 89, 271
Navarrete, véase Fernández de Navarrete, Martín
Nebrija, Antonio de, 98
Núñez, Francisco, 271

O'Donell, Leopoldo, 38, 252
Ojeda, Pedro de, 75
Olfield, John, 31
Ongay, Jorge de, 185
Osorio, Elena, 133
Osorio de Moscoso y Ponce de león, Vicente Pío, 224, 251
Ostia, Diego de la, 112, 113
Otaula, Sebastián de, 185
Ovando, Juan, 120-123
Ovando, Nicolás, 122

Pachá, Alí, 147-149, 196
Pacheco, Alonso, 260
Pacheco, Francisco, 33, 36-38, 41, 121, 128
Palacios, Catalina (esposa de), 179
Palafox, Jerónimo de, 269
Pedrosa, Luis de, 213
Pellicer, Josep Lluís, 47
Pérez, Antonio, 109, 124
Pérez de Hita, Ginés, 244
Pérez de Viedma, Rui, 203
Pérez Pastor, Cristóbal, 58

Pérez Villamil, Juan, 57
Perret, Pedro, 24
Petrarca, Francesco, 11, 131
Pidal, Alejandro, 40, 41
Pío V, 128, 135, 161
Ponzano, Ponciano, 27
Prado, Fernando, 272, 274
Prim, Juan, 38
Promontorio, 176-180
Puyol, José María, 40, 241, 242

Quevedo, Francisco de, 26, 108

Rabadán, Bajá, 207, 223
Raboso, Sanemeterio, 91
Ramírez, Jerónimo, 195, 253
Ramírez Alamanzón, Crisóstomo, 57
Ramírez, Juan, 253
Rendero, Andrés, 101
Reyes Católicos, 71, 72, 104
Riaza, Liñán de, 26
Ribera, Pedro de, 268
Río Ortega, Francisco del, 91
Ríos, Vicente de los, 178
Roca y Delgado, Mariano de la, 48
Rodaja, Tomás, 27, 131, 140, 143
Rodríguez Marín, Francisco, 39-41, 58, 76, 106
Rojas, Ana Franca de, 179
Romano, Gregorio, 99
Romero Gaitán, Francisca, 277
Rueda, Lope de, 101-103, 107, 112, 280
Ruiz de Alarcón, Juan, 178

Sacristán, Estanislao, 40
Salto y de Castilla, Beltrán del, 157
Salvador y Carmona, Manuel, 34, 35
San Pedro, Francisco de, 137, 155
San Román, general, 42
Salazar, Catalina, 271
Sánchez de Córdoba, Pedro de, 107, 260
Sánchez Liaño, Antonio, 57
Sánchez Martos, Pedro, 82
Sánchez Prado, Francisco, 59
Sánchez, Bárbola, 30
Sánchez, Cristóbal, 30
Sánchez-Molero, José Luis Gonzalo, 123, 249, 252, 256
Sandoval y Rojas, Bernardo de (cardenal), 43, 70

Sans de Barrutell, Juan de, 57
Santiesteban, Mateo de, 156
Sanz de Diego, Rafael, 84
Sarmiento, Martín de (padre), 56, 89
Selim II, 134, 161
Sentenach, Narciso, 39
Shakespeare, William, 85, 88, 93-95, 272
Sigura, Antonio de, 129 132-134
Silva, Juan de, 110
Sliwa, Krzysztof, 58, 74, 132, 156, 193, 243
Sosa, Antonio de, 192-195, 198-204, 213, 222-231, 259
Strozzi, Felipe, 186

Tácito, Cornelio, 21
Tasi, Laugier, 192
Tasso, Torcuato, 131
Tejada, Gaspar de, 104
Tempesta, César, 240
Teresa de Jesús (santa), 93
Tomeo y Benedicto, Joaquín, 39
Tonson, J. y R., 30, 55
Torres Lanzas, Pedro, 65
Torre y del Cerro, Jose de la, 62
(Fernández) Torreblanca, Leonor de, 71, 80, 97, 99, 101
Toubin, M. Charles, 240
Tovar, Sancho de, 183, 184

Uchli-Alí (virrey), 174
Urbano VIII, 25
Urbina, Diego de, 130, 138, 153, 171

Val de Erro, viuda de, 44

Valcárcel, Juan de, 231, 232
Valcázar, juan de, 222, 224
Valdivia, Diego de, 140
Valencia, Francisco de, 256
Valois, Isabel de, 108, 111-115, 119, 128
Vanderbank, John, 30, 32, 35
Vanderguch, Gerard, 35
Vargas, Hernando de, 231
Vázquez, Baltasar, 90
Vázquez, Mateo, 94, 109, 117-124, 129, 152, 195, 249, 252-256, 269
Vázquez de Alderete, Diego, 120
Vázquez Sacristán, Baltasar, 90
Vega, Cristóbal de la, 76
Vega, Hernando de la, 217, 220-223
Vega, Garcilaso de la, véase Garcilaso de la Vega
Vega, Juan de, 110
Vega, Lope de véase Lope de Vega
Velázquez, Diego de, 33, 36
Veneziano, Antonio, 248
Vera, Ambrosio de, 78
Viardot, Louis, 36
Vieras, Alonso de, 104
Villalón, Cristóbal de, 143, 220
Villanueva, Juan Bautista, 159
Villar, Luis del, 185
Villegas, Alonso de, 19, 20, 29,
Villena y Melo, María de, 277
Welford, Roberto, 282

Yciar, Juan de, 104
Yourcenar, Marguerite, 11

Zarco del Valle, Manuel, 249
Zorrilla, Juan, 46
Zúñiga y Silva, Juan de, 111, 112, 127

Índice toponímico

Abadía de Párraces, 107
Abadía de Santillana, 77
África, 38, 39, 241
Alanís, 176
Alba de Tormes, 93
Alcalá de Henares, 16, 49, 56, 57, 71-80, 82-101, 107, 121, 122, 131, 195, 200, 239, 243, 253, 266-269, 282
Alcázar de Madrid, 110, 111, 117, 133, 135
Alcázar de San Juan, 88, 89
Alemania, 81, 99
Antequera, 76, 263
Archivo de la Casa de Altamira, 249, 252
Archivo de la Real Chancillería de Valladolid, 80
Archivo de Protocolos de Sevilla, 59, 60
Archivo General de Indias, 57-65, 79, 155, 157, 182, 192, 212
Archivo General de Simancas, 57-65, 75, 132, 172, 189, 260
Archivo Histórico de Protocolos de Madrid, 58, 59, 127
Archivo Histórico Nacional, 43, 58, 79, 93, 222, 261, 267
Archivo Municipal de La Puebla de Cazalla (Sevilla), 59
Archivos de Consuegra, 89
Argamasilla de Alba, 248, 251, 282
Argel, 11-14, 30, 37-39, 50, 56, 60, 62, 70, 89, 103, 108, 117, 120, 123, 143, 147, 155, 157, 161, 169, 174, 181, 184, 185, 188, 189, 191-220, 228-269
Argelia, 174
Asociación de Cervantistas, 18
Asociación de la Prensa, Madrid, 41

Baeza, 263
Barcelona, 37, 47, 72, 145, 167, 206
Biblioteca Centrale, Palermo, 140

Biblioteca de la Real Academia de la Historia, 42, 132, 133, 183, 251
Biblioteca Nacional de España, 33, 40, 41, 43, 65
Biblioteca nacional de Turín, 247
Biblioteca Zabalburu, 252, 256
Brasil, 192

Cabra, 101
Cadaqués, 206
Capilla del Oidor, 90, 93
Cartagena, 116, 140, 143
Castillejos, 38
Castillo de Bovadilla, 72
Cazalla, 63, 176
Chipre, 134, 135, 153
Colegio de San Hermenegildo, Sevilla, 24, 106
Colegio de Santa Catalina, Córdoba, 106
Colonia, 190
Consejo de Indias, Lisboa, 65
Constantinopla, 134, 175, 223, 247, 264-268
Convento Carmelita de la Concepción, de Alcalá de Henares, 122
Convento Carmelita de San José, Ávila, 122
Convento de la Merced, Sevilla, 37
Convento de las Carmelitas Descalzas, 85
Convento de las Trinitarias, Madrid, 51, 270-282
Convento de los Capuchinos, 80
Córdoba, 71, 72, 80, 88, 94, 101-107, 200244, 263
Cuéllar, 236, 238

Denia, 269
Descargamaría, 176

Écija, 263
Escuela de Gramática en Córdoba, 106
Escuelas de Artes y oficios de Oviedo, 39
Esquivias, 164, 176, 243, 246

Estudio de la Villa de Madrid, 103-108, 114, 115

Ferrara, 232
Filadelfia, 46
Flandes, 99, 114, 134, 143, 153, 161, 176, 194, 211, 260

Galapagar, 77
Galería del Jardín del Vicario, 84
Génova, 131, 143, 154, 175, 176, 261, 263
Golfo de León, 143
Golfo de Lepanto, 147-149
Golfo de Navarino, 174
Guadalcanal, 176

Iglesia de Martín Muñoz de las Posadas, (Segovia), 118
Iglesia de San Bartolomé (Convento de las Trinitarias de Madrid), 270-272
Iglesia Magistral de Alcalá de Henares, 84
Iglesia Mayor de Córdoba, 102
Iglesia Santa María la Mayor (Alcalá de Henares), 88-91
Instituto Valencia de don Juan, 45, 196

Jardín d'Essai, 240
Jerez de la Frontera, 57

La Habana, 244
La Haya, 32, 167
La Rambla, 263
Lepanto, 13, 14, 29, 56, 135, 139, 142, 148, 153, 155, 158, 159, 164, 169, 173, 176, 180, 186, 193, 194, 244-246
Lisboa, 12, 68, 134, 138, 187, 270
Lombardía, 138, 140
Londres, 31, 53, 55, 168
Lubelza, 263

Madrid, 12-18, 34, 43, 50, 56-58, 69, 77, 80, 85, 88-91, 101, 103-117, 122-133, 148, 169, 178, 180-200, 212, 224, 256, 258, 260, 262, 267-270, 274, 276, 281-284
Mar Mediterráneo, 13-16, 29, 135, 141, 143, 153, 161, 174, 189, 193, 194, 232, 261
Marruecos, 38, 252
Membrilla, 176
Messina, 131, 177

Mezquita Mayor (Argel), 19
Mezquita del Rey y de los turcos (Argel), 191
Mezquita de Zidi Rabaán (Argel), 191
Mezquita Zidi Bobbadien (Argel), 191
Milán, 138, 140, 153
Museo Casa de Cervantes (Valladolid), 35, 86
Museo Casa Natal de Cervantes (Alcalá de Henares) 80, 81, 84-86.
Museo de Bellas Artes, Sevilla, 37
Museo de Ciudad Real, 48
Museo de Santa Cruz, Toledo, 148
Museo del Prado, Madrid, 48, 49, 170
Nápoles, 131, 132, 138, 154, 176, 181
Nicosia, 134
Nuoro, 138

Orán, 63, 194, 228, 232, 236, 244, 256
Oviedo, 39

Palamós, 207
Paradas, Sevilla, 65
Petala, 148
Plaza del Rollo, Cuenca, 73
Portugal, 58, 186, 192, 264
Posada de Diablo o del Infierno (Madrid), 96
Puebla de Cazalla, La, 59
Puerta de Huete, 74

Real Academia de la Historia de Madrid, 251
Real Academia Española 33, 40-43, 48, 56, 62, 272, 280
Ribadavia, 176
Roma, 15, 56, 108, 111, 115, 127-135, 175, 179, 192, 205, 244

San Benito de Fromesta, 234
Sancti spiritus, 99
Sannazaro, 131
Santa Maura, 148
Sassari, 138
Sepulcro del cardenal Espinosa, 118
Sevilla, 12, 23, 36, 58-65, 80, 88, 94, 101, 105-107, 120, 130-133, 151, 155, 170, 176, 182, 200, 258, 264
Societé des amis des beaux-Arts de Ginebra, 35
Spezia, 176

Talavera de la Reina, 77, 263

Teba (Sevilla), 65
Tetuán, 38, 256
Toledo, 73, 77, 88, 111, 112, 147, 164, 195, 196, 143, 252, 255-257, 263
Tolón, 143

Valladolid, 12, 16, 35, 71, 76, 77, 80, 89, 98-105, 200, 234

Venecia, 194

Wad-Ras, 38

Zaragoza, 39

La juventud de Cervantes. Una vida en construcción
fue terminado de imprimir el 30 de enero de 2016,
un siglo después de que el rey Alfonso XIII,
a propuesta del Conde de Romanones,
firmara en Granada el Real Decreto por
el que se aplazaba indefinidamente
todas las fiestas y solemnidades
programadas para conmemorar
los 300 años de la muerte
de Cervantes.